신화·예술적 상상력이 역사·노동·비극적인 상상력을 거쳐
미래·예술·창조적인 상상력으로 질적 도약할 수 있을 것인가.
그리하여 상처입은 역사·비극적 상상력을 복원할 뿐 아니라,
실패를 출구로 한, 더 거대한 전모(全貌)로 상승시킬 수 있겠는가.

상상하는 한국사 5

백성을 위한 나라

조선 전기편

김정환 지음

도서출판 푸른숲

삶과 분리된 정치학의 실패

　조선은 한반도 역사상 매우 강성하게, 매우 진보적인 정치혁명으로 시작되었다. 그것은 정치적으로 보자면 허무주의의 불교에 맞선 정치·경제학으로서 유학의 결과였지만, 문화적으로는 고려의 여성적 유약에 대한 남성성의 강조였다.

　그런데, 그러나 그 강성함은 점차 여성을 탄압할 뿐, 뼈만 남은 명분의 그것으로 공허화했다. '백성을 위한 정치'라는 구호가 백성의 삶과 갈수록 유리된다. 그리고 한반도가 국제환경 속으로 휩쓸려 들어가는 과정에서 유교 정치학은 자폐의 길을 걸었다.

　치욕의 호란과 왜란을 겪으면서 유교 정치학은 열리지 않았고 오히려 완고해졌다. 마침내 서구열강 및 일본이 구체적으로 조선을 넘보았을 때 조선 유교 정치학의 힘은, 바로 그 완고성으로 탕진된 상태였다.

　조선사에서 우리는 소비에트 사회주의 정치·경제학의 허점을 예견할 수 있다. 삶과 분리된 정치'학'의 실패의 운명을 미리 볼 수 있다는 것이다. 하지만, 아니 그러므로 조선은 백성의 나라였다. 그 백성이 민중으로 변해간다. 그리고 그들이 우리의 현대를 이끌어갈 것이다.

1997년 5월

김정환

■ 제5권   조선전기 편-백성을 위한 나라

이성계가 최영에게, 그러나 정몽주가 이방원에게

1장

진보에 대하여

이성계가 세운 조선은, 역사가 늘 그렇듯이, 고려에 비해 진보적이었다. 수도를 개경으로 하지 않고 한양으로 한 것조차 진취적인 면이 있다. 하지만 그가 진정한 혁명가인가? 군사 쿠데타 주범과 다를 것이 무엔가? 조선은 고려 무신정권의 잔영(殘影)에 불과한 것 아닌가? 청산해야 할 과거—삼국시대의 잔재, 조선 및 세계의 미래에 대한 이성계의 시각은? 그러나 또한 현실은? 이성계가 왕건 및 여타 혁명가들과 비교되고, 전환기 지식인들의 역사 정치관과 실제 생애가 소개된다.

붉은 무덤/붉은 마음/이색(1328~1396년)/권근(1352~1409년)/길재(1353~1419년)/암초/쿠데타, 보수적/하여(何如)와 단심(丹心)/선죽교/왕건과, 최영…/고구려적/여진과…/명당과 꿈

붉은 무덤

위화도 회군 소식을 들은 최영은 왕을 모시고 개경으로 돌아와 대
항군을 모았다. 그러나 얼마 되지 않았다. 몇 번 선방했지만 더 이상
버티는 것은 불가능했다. 그는 자신의 최후를 어떻게 장식했을까?

만일 내게 죄가 있다면 나라에 충성한 죄뿐, 내가 손톱만큼이
라도 내 욕심을 차리고 남을 해코지한 일이 있다면 내 무덤에
풀이 날 것이고, 아니라면 풀 한 포기 나지 않을 것이다.

그는 고려의 죄를 대신 속죄하는 쪽을 택한 것이다. 그렇다, 용맹
하고 충성스러우며 청렴결백한 군인. 그런 군인상이야말로 고려가
목마르게 희구했던 바였다. 그러나 바로 그렇게, 그것은 고려의 끝장
을 상징하는 것이기도 했다.

그가 제 발로 걸어나가 항복한 것은 왕을 보호하기 위함이었으나

우왕은 내쫓겨 강화도로 유배되고 어린 왕자 창이 대를 잇는다. 최영은 그해 12월에 참수되었다. 이 소식을 들은 개경 사람들은 시장을 철시하고 슬퍼했으며 온 백성이 눈물을 흘렸다 한다.

그리고 마치 고려의 마지막 소원을 들어주는 것처럼 최영의 무덤에는 풀이 나지 않았다. 수난의 시각으로 역사를 보기 시작한 민중들은 그런 최영을 깊이 흠모하고 전국 도처에 최영의 사당을 지었다. 최영 신앙은 아직까지도 무당 사이에 이어진다.

그러나 최영은 기본적으로 국제정세에 둔감했고 자신의 위치를 너무 과신, 이성계를 과소평가했다. 그의 딸이 우왕의 정비였다. 그는 분명 권문세가와 신진사대부의 대결은 물론, 자신이 대표하는 구군벌과 신진군벌 사이의 알력을 피부로 느꼈을 터이다.

그런 상태에서 5만 대군, 아니 거의 전군의 지휘권을 신진군벌, 더군다나 작전 자체를 반대하는 이성계에게 맡긴 것은, 군력(軍歷)이 강제한 고답 우매의, 권위주의의 산물이라고 하지 않을 수 없다.

붉은 마음

이성계의 쿠데타로 신진사대부들이 대거 활기를 띠게 된다. 이성계는 정몽주를 품앗이하면서 조준·정도전 등 변혁론자들을 대거 입궐시켰다. 이 둘은 매우 혁명적인 전제개혁안, 그리고 국정 전반을 포괄하는 광범한 체제 개편안을 입안, 거세게 몰아붙인다. 권문세가를 핵으로 한 구파들은 당연히 격렬한 반대론을 펼쳤다. 그러나 균형은 곧 깨어진다.

이 와중에 위화도 회군의 동지였던 조민수가 밀려난다. 조민수야말로 권문세가 출신이었던 것이다. 그뿐인가. 급기야 창왕이, 신돈의 혈통이므로 새 왕을 세워야 한다는 폐가입진(廢假立眞)의 명분으로 폐위된다. 그 뒤를 이은 사람이 공양왕(1389~1392년). 신종의 7대손으로 고려의 마지막 왕이다. 아니, 그는 마무리 담당이었다. 이때 문익점은 구파에, 박위는 개혁파에 섰음은 앞 권에서 말했던 대로이다. 정몽주는 어땠는가. 그는 정말 붉은 마음이었는가.

그는 이성계의 총애를 받았으나 태도가 매우 이중적이었다. 그는 위화도 회군의 정당·부당성에 대해서는 언급이 없었고, 신진사대부가 대거 진출하는 것을 환영했으며 그 대열에 끼었다. 공양왕을 세우는 일에는 적극 가담한다.

그러나 구파 정객들에 대한 논죄가 끊임없이 이어짐을 보고 부당함을 상고했다가 탄핵을 받았다. 그는 물러나려 했지만 이성계가 받아들이지 않았다. 여기까지라면 정몽주는 온건하고 합리적인, 그리고 매우 유능하며 청렴한 명재상으로 남았으리라.

정몽주의 치적으로 불교의식 대신 유교식 제사의식이 관리들 사이에 자리잡게 된다. 지방 수령을 임명하는 데 공명정대했고, 금전과 곡식 출납을 엄정하게 기록하게 했으며, 서울 5부학당과 지방 향교를 세워 교육을 진흥했다.

공무원 기강을 확립했고 의창을 세워 빈민을 구제했다. 수로를 활용한 교통도 그로 인해 편리해졌다. 그러나 그는 갈수록 정치성향이 보수화되어갔다. 그래서 일편단심(一片丹心)인가. 왜냐하면 변혁론자들에게는 변절이 없다. 이견(異見)과 분파(分派)가 있을 뿐.

이색(1328~1396년)

그러나 보수파라 하더라도, 단심이란 게 정말 있기는 있는 것일까. 정몽주와 더불어 여말 3대 유학자로 불리는 이색과 길재는 붉은 마음인가? 그리고 행로가 정반대였던 권근은 어떤가.

여기서 이 세 사람의 생애를 정리해보자. 이색은 이제현의 문인이다. 1348년(충목왕 4년) 국자감 생원 자격으로 원에 가서 성리학을

반(反)이성계파의 입장을 취한 이색(李穡).

공부하다가 부친상을 당하여 귀국했다. 공민왕이 즉위하자 전제개혁, 교육진흥, 불교억제를 골자로 하는 시정개혁안을 올렸다.

2년 후 다시 원으로 가서 각종 과거에 합격하고 원의 관리직을 역임한다. 그는 원 한림원에 등용되었다. 귀국 후 인사행정을 주관하면서 정방을 폐지시켰다. 그리고 유교에 의거한 3년상 제도를 건의, 시행하였다. 홍건적의 난 때는 왕을 호종했다.

1367년 그는 국학을 크게 키우고 성균관 학칙을 새로 제정, 김구용, 정몽주, 이숭인 등을 학관으로 채용한다. 그는 병으로 사퇴했다가 우왕의 요청으로 다시 입궐, 왕의 사부가 되었다. 철령위 문제에 대해 그는 화평을 주장했지만 무력했다.

그러나 위화도 회군 이후 그는 확연하게 반(反)이성계파의 입장을 취한다. 조민수 등과 창왕을 옹립하고 난 후 곧 명에 가서 창왕 입조와 고려 감국(監國), 즉 나라 감찰을 청한다. 이것은 이성계 일파의 세력을 억제하기 위한 것이지만, 얼마나 굴욕적인가.

원과 명을 넘나든 그의 시각이 그 정도밖에 안 되었는가. 이성계 일파는 그를 유배시켰으나 이성계가 그를 석방했다. 그러나 이듬해 정몽주가 피살되면서 모종의 혐의를 쓰고 다시 추방된다. 조선을 세운 이성계가 그를 불렀으나 응하지 않았다.

놀라운 일이다. 스스로는 원을 버리고 명을 취했으면서 이성계에 대해서는 왜 그리 엄정했던가. 이색은 궁극적으로 불교·유교 융화론자였고 점진적 개혁론자였다. 그가 꿈꾸던 것은 태조 왕건 치세의 부활이었다.

그러나 '군인' 이성계의 문민 유교정치 지향은 '경제인' 왕건과 문인들보다 더 강하고 혁명적이었다. 이색의 역사 서술은 성인(聖人)을 대망하는 온전한 유교풍이다. 그는 단심이었을까? 그는 고매하지만 매우 고루하고 또 외세 의존적인 선비였다.

권근(1352~1409년)

권근은 이색의 문하이다. 그가 성균시에 합격한 것은 1368년(공민왕 17년). 그는 정몽주, 김구용, 박상충, 이숭인, 정도전 등 당대 석학들과 교유하면서 성리학 연구에 정진했다.

공민왕이 죽자 정몽주, 정도전 등과 함께 위험을 무릅쓰고 배원친명(排元親明)을 주장했다. 그러나 그후 출세길은 순탄했다. 그러다가 1388년(창왕 1년) 그는 어처구니없는 죄를 짓고 유배된다. 명이 보낸 문서를 상부에 올리기도 전에 몰래 뜯어본 것이다.

2년여 유배지를 전전하던 그는 설상가상으로 옥사에 연루, 청주옥에 구금되기도 하였다. 그럭저럭 겨우 충주에서 연명하고 있다가 그는 조선 왕조의 개국을 맞았다. 그는 '단심'과는 전혀 무관했다.

1393년(태조 2년) 왕이 그를 부른다.

그는 태조가 있던 계룡산 행재소(行在所)로 달려가 새 왕조 창업을 칭송하는 노래와, 이자춘의 비문을 지어 바쳤다. 환심을 사기 위한 곡필(曲筆)이었음은 분명하다. 그러나 그는 여말의 유학을 조선왕조에 이식시키는 일에 누구보다 공이 많다.

그뿐이 아니다. 조선 건국기에 명과의 껄끄러운 외교문제를 해결했고, 명나라 학자들과 교유하며 경사를 강론하고 중국에까지 문명을 크게 떨쳤다. 귀국한 후 그는 개국 원종(原從) 공신에 올랐고, 정종(1398~1400년) 때 사병제도의 혁파를 건의, 단행케 했다.

피비린내 나는 왕자의 난, 그 뒤를 이은 태종 치세(1400~1418년) 때에도 그의 관운은 이어졌다. 말년에 그는 정치와 학문을 엄격히 구별했다.

그렇다. 그의 생애에는 곡학아세(曲學阿世)의 굴절이 분명 있다. 그러나 그는 이규보와는 달리 '비겁했던' 인물은 아니다. 그리고 그가 학문과 문학에 끼친 기여는 이규보보다 훨씬 더 근본적이며 토대적이다. 그의 선택은 역사적으로도 올바른 것이었다. 그가 지은 《입학도설(入學圖說)》은 훗날 이황 등 여러 학자에게 크게 영향을 미치게 된다. 다만 그의 사관(史觀)은, 계백에 대한 부정 일방의 평가에서 보듯, 자기 변명의 틀을 벗지 못하고 있다.

길재(1353~1419년)

길재는 단심이었던가? 그는 공민왕 2년에 태어나 세종대왕의 즉위년까지 살았다. 11세에 이르러 글을 배웠으며 18세에 《논어》, 《맹자》에 접했다. 한마디로 그는 평범한 청년이었다.

그는 아버지를 뵈러 개경에 와서야 비로소 이색, 정몽주, 권근 등 여러 선생에게 배우며 '학문'이란 것을 알게 된다. 공민왕 23년에 국자감에 들어갔고 우왕 9년에 사마감시에 합격했다. 3년 후 청주 목사록에 임명되지만 부임하지 않았다.

이때 그는 이방원과 같은 마을에 살면서 같이 공부하고 깊이 사귀었다고 한다. 1387년 성균관에 들어갔고 이듬해 박사로 승진했는데, 태학의 생도들과 양반 자제들이 그에게 모여들어 배움을 청했다.

그가 나라를 '버린' 것은 창왕 즉위 때이다. 그는 늙은 어머니를 모셔야 한다는 핑계를 대고 관직에서 물러나 고향 선산에 내려온 후 일체의 관직을 사양했고 우왕의 부고를 듣고는 3년 동안 채소·과일류와 간장류를 먹지 않았다.

어머니에 대한 그의 효성이 극진해서 아내 신씨도 그를 본받아 옷

호세 클레멘트 오로스코, 〈옛 질서의 파괴〉.

가지를 팔아가며 시어머니를 봉양했다. 군사(郡事) 정이오가 오동동 묵은 밭을 주어 봉양에 쓰도록 했다고 한다.

1400년(정종 2년) 세자 방원이 그를 불렀지만 글을 올려 '두 임금'을 섬기지 않는다는 뜻을 펴니 왕이 그를 갸륵하게 여기고 세금과 부역을 면제해주었으며 이방원의 치세 즉 태종 치세(1400~1418년) 때는 오동동 전원으로 옮겨 풍부한 생활을 누리게 하였다.

그는 필요한 만큼만 남겨두고 나머지는 돌려보냈다. 그를 흠모하는 학자들이 사방에서 모여들었다. 그는 후학 교육에 진력하여 김숙자 등 많은 학자를 배출하였고 김종직, 김굉필, 정여창, 조광조로 학통이 이어졌다.

이 학통은 확실히 강단이 있고, 조광조에 이르면 매우 변혁 지향적이다. 그는 정말 단심의 소유자였다. 그러나 그의 군왕은 겨우 우왕이었다. 그리고 그 붉은 마음을 섭생시켜준 것이 바로 조선 왕조인 것이다. 그는 너무 단순 소박하다.

암초

정몽주는 어떤가. 그는 정말 조선의 건국 정도가 아니라 역사 자체에서 암초이다. 당시 그의 벼슬은 이성계보다 높았다. 모두 이성계의 배려였다. 1391년 조준, 정도전의 건의에 의해 마침내 전제개혁이 단행된다. 이른바 '과전법'이다.

토지개량이 전 해에 완료되고 종래의 공사전적이 모두 불태워진 터였다. '과전법'으로 기존의 권문세가가 차지했던 사전이 혁파되고 국가 공전이 증가했다. 그리고 관료들에게 과전을 급여함으로써 신진관료층의 경제적 토대가 마련된다.

이때 정몽주는 명의 법률을 참작하여 새로운 법을 제정, 새로운 법질서를 확립하려 애썼다. 그런데 그러던 그가 돌연 이성계 세력에게 공세를 취한 것이다. 명에서 돌아오던 세자를 마중나갔던 이성계가 황주에서 사냥을 하다가 낙마한 것이 계기였다.

이성계가 벽란도에서 눕게 된 틈을 타서 그는 정도전과 조준을 체포, 유배시켰다. 그러나 이것은 사실 어림도 없는 수작이었다. 이방원이 급히 이성계를 개경으로 모셔오고 정몽주 일파는 맥없이 밀려난다. 이때 정몽주는 구제된다. 이번에도 이성계의 배려였다. 정몽주가 왜 그랬을까? 고려 왕조에 대한 단심 때문에? 아니다. 고려 왕조는 실질적으로 와해된 터였고 그것을 그는 누구보다, 최소한 길재보다 더 잘 알고 있었다.

그는 또 길재처럼 단순한 인물이 아니다. 그렇다면 신진사대부 내에 고려 왕조 유지의 점진개혁파와 역성혁명파가 대립했고 정몽주가 전자의 대표적 인물이다? 얼핏 좀더 그럴듯한 설명 같지만 크게 보아 앞 설명의 반복이다.

그렇다면 그는 왜, 무모하고 또 자기 모순적인 공세를 감행했을까? 정몽주가 정도전을 탄핵한 내용을 살펴보면 그 이유가 좀 복잡해지면서 그만큼 그럴듯해진다.

가풍이 부정(不正)하고 계파가 불명(不明)하다…… 천한 터에서 입신하여 당사(堂司)의 자리에 몰래 앉아 무수한 죄를 지었다.

쿠데타, 보수적

정도전에 대한 열등 콤플렉스와 그의 완고하고 관료주의적인 정통 보수주의 세계관이 적나라하게 드러나는 대목이다. 그렇다. 그는 고려 왕조를 지키려 한 것이 아니라, 개혁의 완성인 혁명을 막으려 한 것이었다. 언제부터 그랬을까? 물론 자신의 기득권이 위협당하면서

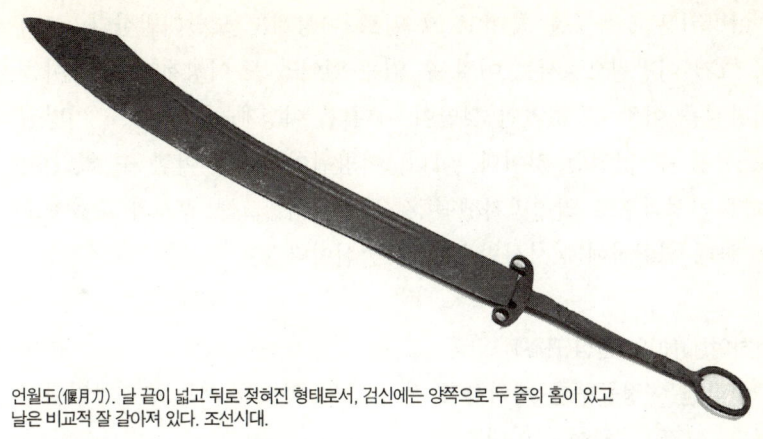

언월도(偃月刀). 날 끝이 넓고 뒤로 젖혀진 형태로서, 검신에는 양쪽으로 두 줄의 홈이 있고 날은 비교적 잘 갈아져 있다. 조선시대.

부터이다.

이성계와 정몽주를 잇는 것도 사실은 이 보수성이다. 이 보수성은 선배 세대인 이성계로서는 견딜 수 있는 것이었지만, 정도전과 같은 혁명적인 동세대, 그리고 조준과 같은 신세대로서는 견딜 수 없는 것이었다.

그러나 이성계가 그들 사이의 조화를 이루어낸다. 이성계는 그의 야망의 크기에 비하자면, 사실 정몽주보다 더 정확한 의미에서 온건 합리주의자이다. 그는 왕건과 달리 자신이 세울 나라의 미래에 대한 전망을 갖고 있었다. 그 전망은 정도전과 조준뿐 아니라 정몽주까지도 자리가 있을 만큼 다양하고 복잡하며 원대한 것이었다. 그러나 도대체 혁명이, 그것도 쿠데타로 시작된 혁명이 어찌 그리 무혈적(無血的)인 온건 합리의 테두리에 갇혀 있을 수 있겠는가.

조화에 대한 이성계의 열망은 그의 아들 이방원에 의해 산산이 부서진다. 열혈방자한 쿠데타·혁명세대인 이방원으로서는 정말 정몽주가 암초였으리라. 아버지 세대가 해결할 수 없는.

이방원은 정몽주를 죽이고 그 일로 이성계는 노발대발한다. 그러나 그건 이방원으로서는 어쩔 수 없는 일이었다. 이성계가 자기 아들 이방원을 어쩔 수 없었던 것만이 아니다. 이성계는 정몽주도 이방원도 어쩔 수 없었던 것이다. 아니, 이방원이야말로 어쩔 수 없었다. 그가 천성적으로 열혈방자했던 것은 아니다. 그는 길재와 교유했으며 한때 원천석에게 사사받은 학자 출신이다.

하여(何如)와 단심(丹心)

이방원은 정몽주를 제거하기 전에 그의 의중을 시조로 떠보았다고 한다. 그것이 〈하여가〉이다.

> 이런들 어떠하리 저런들 어떠하리
> 만수산 드렁칡이 얽혀진들 어떠하리
> 우리도 이같이 얽혀 백년 동안 누리리라.

정몽주는 어떻게 받았을까? 〈단심가〉로 받았다.

> 이 몸이 죽고 죽어 일백 번 고쳐 죽어
> 백골이 진토되어 넋이라도 있고 없고
> 임 향한 일편단심이야 가실 줄이 있으랴

이것은 명백히 정몽주를 위한 일화이다. 우리가 살펴보았다시피 고려 말 정몽주의 장은 그리 단순하지 않았다. 그는 한 임금만을 섬긴 것이 아니었다. 그리고 그도 개혁파였다.

단순화를 통한 정몽주 단심의 강조. 이 배려는 이성계가 한 것, 아니면 이방원이 한 것? 후자일 가능성이 많다. 그도 정몽주를 존경했던 것이다. 이방원은 길재에게 그랬던 것처럼 정몽주를 제거하기 전에 충신으로 기려주었다.

정몽주는 이성계의 병 문안을 다녀오다가 선죽교에서 이방원의 하수인에게 철퇴를 맞아 죽었다. 그전에 불길한 조짐이 있었다. 이성계의 집에서 나온 정몽주는 부친상을 당한 개성 부사 집에 들렀다. 그런데 말에서 내리다가 옷이 말발굽에 밟혀 찢겨졌다. 집 안에 들어가 문상을 하는데 이번에는 사모뿔을 맨 끈이 끊어진다. 이것은 그도 자신의 죽음을 알았다는 뜻일까?

선죽교

그리고 그전에 그의 예감이 있었다. 선죽교 근처에 정몽주가 단골로 들르는 주막집이 있었다. 그런데 웬일인지 그가 말에서 내리지 않고 시종을 시켜 술 한잔을 가져오게 한다. 그는 단숨에 그 술을 들이켜고 선죽교로 향했다. 맨정신으로는 죽음을 맞기가 두려웠던 것일까? 말이 선죽교에 이르자 다리 밑에서 복면을 쓴 괴한이 나타났다.

누구냐? 하고 정몽주가 물었지만 그들은 아무 말 없이 철퇴로 그를 내리쳤다. 정몽주는 질문에 대한 대답을 별로 기다리는 내색 없이 쓰러져 얼마 후에 숨을 거두었다. 그것은 마치 서로 약속이나 한 것 같았다.

공양왕 4년, 1392년 4월 4일의 일이다. 그때 정몽주의 나이는 56세. 그가 죽은 자리에 얼마 후 대나무 한 그루가 돋아났다. 그래서 선죽교이다. 그전 이름은 선지교. 이 모든 이야기는 또 누구의 배려일까? 이성계의 배려일 것이다.

정몽주는 우리가 그에게 단심을 기대하기에는 너무 많은 나이였다. 그가 기억되어야 할 것은 오히려 유능한 행정가로서이다. 변혁의 와중에 정승을 지내면서 그가 찬찬히 진행시켰던 행정상의 개혁들은

일리아 레핀, 〈뜻밖의 손님〉.

조선 왕조 관료체제의 근본바탕이 되었다. 그렇게 그는 정도전보다 덜 화려하게, 그러나 더 일상적이고 구체적으로 기억에 남아야 한다.

단심의 충신이 되려 했던 것은 정몽주답지 않은 과욕이 아니었을까? 그렇다면 그 과욕을 불러일으킨 것은 분명 정도전에 대한 열등감 콤플렉스였다. 이성계는 그것을 알았다.

왕건과 최영…

이성계는 왕건과 달리 미래 지향적일 뿐 아니라 정치·경제학적인 전망을 갖고 있었다. 조선은 고려와 달리 과거에 대한 그리움 같은 것이 전혀 없다. 이것은 물론 유교적인 것이다.

그러나 유교의 핵심적 사관인 '상고주의(尙古主義)'마저 없다! 이 것은 이성계가 건국했던 조선이라는 나라 혹은 왕조가 얼마나 진보적이었던가를 웅변한다. 물론 이 진보성은 정도전, 조준 등 혁명적인 지식인들이 주도한 것이다.

그러나 이성계의 열린 세계관이 없었다면 이들은 반란의 주동자 정도로 전락했으리라. 그 대상이 고려 왕조든 이성계든 간에. 조선 건국 직후 이성계는 이들에게 나라를 혁신하는 전반적인 업무를 맡긴다.

정도전과 조준이 추구하는 바는 이성계의 기준으로 보자면 아마도 '과'했을 것이다. 정몽주에 대한 그의 집착이 그 점을 보여주었다. 그리고 우리는 앞으로 이방원이 이성계에게 치르게 될 정몽주 피의 대가에 직면하게 될 것이다.

그러면 알리라, 이성계는 정몽주가 주도했을지도 모르는 안정·평화의 환상에 갈수록 집착한다는 것을. 그러나 자신의 그러한 지향이나 성향에도 불구하고, 이성계는 정도전과 조준의 체제 혁신을 막지 않았다. 막지 못했던 것은 물론 아니다. 이성계의 권력 장악은 매우 철저하고 완벽한 것이었다. 그렇다면 그의 열린 세계관, 혹은 진취성은 어디에서 연유된 것인가? 그것은 북쪽과 남쪽을 종횡무진 휘젓고 다닌 그의 시야의 넓이와 진취성, 그리고, 상무(尚武)적 체취 등과 연관이 있다.

국내적이었던 최영이 아집과 권위주의로 함몰했던 것과 정반대로 이성계는 어릴 적부터 여진족을 경험하면서 고구려적인 것에 눈떴다. 이성계의 위화도 회군은 결코 '비겁한 짓'의 성격을 갖는 것이 아니다.

왜냐하면 곧 정도전이 북벌 준비에 박차를 가하게 된다. 오히려 최영이 그 점에서는 고려적이다. 그는 북만주 벌판에 시야를 두지 않았다. 최영의 북벌론은 그런 고려적 열등감이 정반대로 표출된 면이 더 많다. 이성계는 고려 자체를 극복했다.

고구려적

이성계의 어린 시절 이야기는 많은 점에서 고주몽을 연상시킨다.

그는 소년 시절에 벌써 활쏘기, 칼쓰기, 말달리기 등의 무예로 함경도 일대에 이름이 자자했다. '대이장군(大耳將軍)'으로 불릴 정도로 귀가 크고 몸집이 크며, 용맹과 위엄에서 따를 자가 없었다. 그의 실수담조차 고구려를 연상시킨다.

자기가 쏜 화살보다 빨리 말을 달려가는 시합이 있었다. 이성계는 공중으로 화살을 날리고 번개같이 말고삐를 잡아채고 달렸다. 순식간에 과녁에 다다른 이성계는 과녁에 화살이 꽂히지 않는 것을 보고는 격노, 칼을 뽑아 자기 말을 내리쳤다. 그 말은 그가 애지중지하던 명마였다. 영문을 모르던 말은 피를 뿜으며 풀썩 쓰러졌고 그는 한 번 더 내리쳤다. 그런데 그때 과녁에 화살이 꽂히는 소리가 그의 귀에 들렸다. 그랬다. 말이 그토록 빨리 달려왔던 것이다.

그러나 이 고구려식 일화는 곧장 고구려의 반성으로 이어진다. 이성계는 자기 잘못을 크게 뉘우치고 통곡한다. 이런 성질로, 불같이 급하기만 한 성질로 어떻게 많은 군사를 거느리며 큰 인물이 될 수 있단 말인가…….

그가 할아버지에게 고해한다.

"서툰 제 활솜씨만 믿고 아끼던 말을 믿지 않아 일을 그르치고 말았습니다……."

할아버지가 그를 다독거린다.

"어허, 장한 일이로다. 남이 깨우쳐주기 전에 스스로 잘못을 뉘우치다니……."

자, 그러면 조선의 건국이념은 고구려적인가? 아니다. 그것은 이성
계와 그 왕자들 대에서 끝난다. 매우 피비린내 나게. 조선은 백성들
의 나라이다. 그러므로 전보다 민주주의적이지만 군데군데 백제적이
다. 이성계의 본관이 전주였던 것은 운명인가.

여진과…

이성계는 16세 되던 해 학상산관 성주 딸 보패와 혼인을 했다. 그
녀는 12세. 매우 아름답고 슬기로운 처녀였다.

그 이듬해 그는 북청 땅 깊은 산 속에서 사냥을 하며 살아가는 여
진족의 우두머리 퉁두란과 만나게 된다. 퉁두란은 온갖 무예에 능통
한 자였다. 당시 여진족은 고려와 원 모두에게 매우 적대적이었다.
이런 사실을 익히 알고 있으면서도 이성계는 여진족이 살고 있는 북
청 지역으로 사냥을 떠났다. 그날따라 사냥감이 별로 없었다. 산 속
을 헤매다 보니 날이 저문다. 할 수 없이 그는 동굴에 이르렀다. 그
런데 그곳이 바로 퉁두란의 소굴이었던 것이다.

퉁두란은 호쾌한 사나이였다. 그는 이성계의 사람됨을 곧 알아보
고 의형제를 맺자고 했다. 누가 형인가? 활솜씨로 정하자……. 퉁두
란은 백 걸음 떨어진 곳에서 화살 한 개로 솔방울 두 개를 떨어뜨렸
다. 그러나 이성계의 활솜씨를 당할 수는 없었다.

그 퉁두란이 바로 앞서 등장한 이지란이다. 이성계는 이지란을 보
패의 조카딸과 결혼시켰고 '이'씨 성을 주었다. 이지란의 생애는 이
성계가 여진족에게 얼마나 열려 있었으며, 고려가 그렇게 여진에 마
음을 열었다면 국력에 얼마나 보탬이 되었을 것인가를 매우 간명하
게 보여준다.

이지란은 1371년(공민왕 20년) 고려에 귀화했다. 황산대첩 이야기
는 이미 했다. 그는 위화도 회군에 참가, 1390년(공양왕 2년) 밀직부

사로 임명된다. 거기서 끝나지 않는다. 아니, 오히려 시작이다. 그는 1392년 명을 도와 여진 추장 월로티무르를 정벌했다.

그리고 귀국하여 이성계를 왕으로 세우는 데 일조한다. 1393년에는 경상도 절제사로 왜구 방어에 진력했고 동북면도 안무사가 되어 갑주, 공주성을 축조했다. 전국토를 방어한 셈이다. '1차, 2차 왕자의 난 때 모두 공을 세웠다.

태조가 영흥으로 은퇴하자 그도 풍양에 은거한다. 그리고 남정북벌에서 많은 살상을 한 것을 크게 뉘우쳐 불교에 귀의했다. 이렇게 충직하고 아름다운 관계가 또 어디에 있겠는가.

명당과 꿈

자 마지막으로, 이성계가 왕위에 오르려면 명당과 꿈이 남았다. 이자춘이 죽었을 때 두 스님이 등장한다.

"명당 자리가 있는데…… 이를 아는 사람이 없군……."

스님이 그러더라는 말을 하인에게 들은 이성계는 장례준비를 하다 말고 두 스님을 쫓아갔다.

"명당 자리를 가르쳐주십시오."

명당 자리는 두 개가 있었다. 하나는 왕이 날 자리고 또 하나는 장군이나 재상이 날 자리였다.

"왕이 날 자리를 가르쳐주십시오……."

두 스님은 눈이 휘둥그레졌다. '왕'씨 성도 아니면서……. 그건 역심(逆心)을 품은 것과 다름없었다. 그러나 두 스님 또한 이성계의 사람됨을 알아보고 명당 자리를 가르쳐주었다.

이 두 스님이 보우와 무학이다. 이 두 스님은 후에 다시 등장할 것이다. 아니, 그전에 이성계의 꿈은 무학과 연관이 있다. 명당 자리를 잡은 지 한참 후. 그가 결혼도 하고 퉁두란과도 만난 후이다.

처가를 다녀오다가 이성계는
안변 근처 작은 절에서 하룻밤을
묵게 되었다. 그런데 바로 그 절
에서 그는 꿈을 꾸었다. 쓰러져
가는 낡은 집에 들어갔는데 별안
간 집이 무너지려 하는 바람에
바로 뛰쳐나왔다.

집은 곧 무너졌다. 이성계는 집
안으로 다시 들어가 무너진 서까
래 세 개를 등에 지고 나왔
다…… 무학대사가 해몽을 해준
다.

조선 태조 이성계 영정. 1892년 조중묵 모사.

"왕이 될 꿈이오. 무너진 집은
고려 왕조이고 서까래 세 개를
짊어진 모양은 바로 '왕(王)'자를 뜻하는 것……."

그런데 사실은 무학대사가 꿈도 주고 해몽도 해준 것이 아닐까?
이성계는 무학대사에게 보기보다 많은 도움을 받은 것 아닐까? 한양
에 도읍을 정한 것은 무학대사의 귀띔이었다. 그런데, 그 이상이 아
닐까?

어쨌거나 이 명당과 꿈 이야기를 아우르는 불교 풍수지리는 이성
계가 지닌 모종의 한계를 암시한다. 그 작은 절은 후에 석왕사(釋王
寺)로 이름이 바뀌었다. 왕이 될 꿈을 풀이한 절이라는 뜻이다.

1392년 7월 17일, 이성계는 배극렴 등 강경파 신하들에게 추대되
어 개경 수창궁에서 왕위에 올랐다. 이때 나이 58세. 고려 신하가 된
지 30년 만이었다. 그는 당분간 국호를 바꾸지 않았지만 모든 것을
새롭게 하겠다고 천명했다.

정치와 정치학, 그리고 정치·경제학 2장

정도전의 〈조선경국전〉과
조준의 〈경제육전〉

이조시대는 참으로 길게 느껴진다. 물론 실제로 가장 길었고 또 현재와 가까운 현실적인 시간이기 때문이겠다. 그러나 더 근본적인 이유가 있다. 고려가 짧게 느껴지기 때문이다. 고대는 시간이 없었다. 삼국시대는 시간이 세 겹으로 진행되었다. 통일신라의 경우 불교의 상상력이 찰나와 영원을 아울렀다. 조선시대는 요순(堯舜)의 태평성대를 유토피아로 삼는 온고지신(溫故知新)의 유교가 지배권력의 정치학으로 자리잡는다. 정치가 아니라 정치·경제학의 시간이 전개된다. 게다가 노년의 의미 자체가 사회의 상부구조를 이룬다. 이것은 고루 진부한 복고 지향적 측면과 20세기 정치·경제학의 시대, 그리고 20세기 현대 예술적인 측면을 함께 갖고 있다.

명나라(1368~1644년)/근세, 민족, 자주, 이중적/직간(直諫)/참회와 건국/승인과 현안, 그리고 정도(定都)/진취적/백성적/포괄적/한양 천도/신도가(新都歌)/미래와 평화/과거와 수복/단절과 탕진

명나라(1368~1644년)

원을 약화시킨 내적인 요인은 크게 두 가지이다. 왕자들간의 내전이 잦았고, 원 관료들이 중국식 생활방식에 젖어들면서 몽고 군대가 그 특유의 기동성을 상실하게 되었다. 외적인 요인은 단연 천재지변.

잦은 천재지변 후에 대규모로 봉기한 농민반란을 원은 막을 수가 없었다. 1368년 고려 공민왕 17년 농민반란군 우두머리 한 명이 원을 북으로 몰아내고 명을 세웠다. 그가 명 태조 주원장이다. 수도는 남경.

주원장은 30년 동안 중국을 다스리면서 전례없는 독재체제를 확립했다. 이 독재체제는 명의 세 번째 황제 성조(1403~1424년) 때까지 이어진다. 공민왕에서 고려 멸망을 거쳐 태조(1392~1398년) — 정종 — 태종뿐 아니라, 세종(1418~1450년)까지 이어지는 기간이다.

이 성조대에 명은 비약적으로 발전한다. 독재가 안정을 낳고 안정 속에 도약의 발판이 마련되는 과정은 태조 — 태종 치세 이후 세종 치세 때 조선이 비약적으로 발전하는 과정과 유사하다. 명 성조는 매우 정력적인 지도자였다.

그는 원의 잔재를 말소하고 수도를 북경으로 옮겨 북경을 재건하는 동시에 대규모 해양탐사 계획을 추진했다. 탐사대는 인도양, 태평양, 페르시아 걸프만, 그리고 동아프리카에까지 이르렀다. 신세계 농작물이 도입되어 농업 생산량이 크게 늘어났다. 인구도 비약적으로 증가, 명 초기에 1억 6천 명이던 것이 말기에 이르면 2억 6천 명에 육박하게 된다. 지적인 활력도 엄청나고 또 진취적이었다. 대대로 개작되어오던 중국 고전 명작소설이 대부분 성조대에 완성된 형태를 갖추게 된다.

그러나 외향적이고 지적인 활력은 성조 치세와 함께 끝난다. 명은 국내로 관심을 돌리고, 해외무역과 계약 건수가 급속히 줄어들었다. 철학도 그 추세를 반영, 체계적인 사물 관찰에서 명상 통찰을 강조하는 쪽으로 기울었다.

그렇게 과학적인 진보나 새로운 기술의 발전이 여러 면에서 가로막히게 된다. 몽고와 남동부 해안의 해적 방비에 든 과도한 국방비, 황제의 권위 추락, 대부들과 내시 간의 갈등으로 인한 행정 마비에 다시 자연재해가 겹쳐 명은 망하고 청이 들어서게 된다.

근세, 민족, 자주, 이중적

조선은? 여기서부터는 중국과 다르다. 명·청 교체기에 또다시 거대한 치욕과 고통을 겪지만 조선은 끈질기게 살아남았다. 그리고 대체로 청과 왕조의 운명을 같이했다. 두 중국 왕조를 조선이 온전히 감당한 것이다.

물론 고려도 송을 만났고 거란을 겪었으며 원에게 당했다. 그러나 그것은 정책과 선택의 결과라고 보기 어렵다. 송은 그냥 있었고 원은 느닷없이 왔다. 거란은 없었기를 바라는 형편이었다. 한마디로 고려는 '자주'적일 처지가 아니었다.

그러나 조선은 다르다. 조선은 친원파와 친명파의 혈투 끝에 미래를 올바르게 예언한 친명파들에 의해 개국되었다. 새로 개국한 명과 북쪽으로 밀려난 원이 표면상으로는 팽팽하게 대치할 때였다. 명은 조선의 친명파에게 고마움을 느껴야 할 처지였다. 그리고 조선의 친명파는 세계사, 최소한 동양사의 대세를 제대로 읽은 만큼 진보적이었고, 그만큼 명에 대해 자주적일 수 있었다.

청은 어떤가? 외교 결정을 잘못한 대가를 조선 왕조는 톡톡히 치르게 된다. 그러나 청은 여진이 대성한 결과이다. 그리고 명·청 교체기에 조선 조정 내에서 벌어진 외교전략 논쟁은 원·명 교체기 때보다 훨씬 복잡하고 또 곡예적이었다.

무슨 말인가. 조선은 명·청 두 왕조에 대해 전대보다 더 뚜렷하게 선택할 능력이 있었고 스스로 선택했으며, 선택에 책임을 지는 위치에 있었다. 그렇게 조선에 들어서며 비로소 자주와 사대의 문제가 시작된다. 왜냐하면 자주와 사대는 동전의 양면까지는 아니더라도, 상대방이 있어야 그 존재 근거가 있는 상호 규제적인 개념이다.

조선에 들어서 우리나라는 비로소 자주할 수 있었고, 사대할 수 있었다. 그 물적 토대는 조선에 들어서면서 시작된 근세사회와 민족의 형성이다. 명과 청, 자주와 사대, 근세와 민족, 그것을 품었으므로 조선사는 또 길기도 한 것이다.

직간(直諫)

고려시대에도 왕에 대한 대신들의 직간은 있었다. 용기 있는 비판도 많았고 치열함이 지나쳐 화를 당하기도 했다.

그러나 고려의 직간은 그 내용이 왕과 권신의 '지나침'에 대한 일

로물로 마치오, 〈정치학〉.

방적 항의 혹은 규탄의 틀을 벗지 못한다. 안(案)과 안이 서로 부딪치며 노선투쟁의 성격을 갖게 되는 것은 유교 정치가 완성되는 조선 시대부터이다. 이것은 물론 아직 민주주의적은 아니다. 이 직간과 토론은 점차 자신의 직책은 물론 목숨까지 저당잡히고 감행된다. 조선에서는 정치와 경제의 거리가 이를테면 소비에트보다 더 밀접하다. 그리고 직간은 소비에트보다 더 피비린내 나는 정치·경제학의 장이었다. 그 점은 후에 조선의 백제화를 초래하게 되었다. 자, 조선 이야기를 계속하자.

태조는 불안한 왕조의 기틀을 다지기 위해 여러 조치를 취했는데, 그 첫 번째가 세자 책봉이었다. 그런데 그게 문제였다. 태조에게는 왕자가 여덟 명 있었다. 위로 여섯 아들은 보패가 낳았고, 아래 두 아들은 현비 강씨 소생이었다. 큰아들은 이성계의 왕조 창업 자체를 반대했고, 그 일로 이성계의 노여움을 샀다. 맏아들을 염려하던 보패, 즉 신의왕후 한씨는 태조가 즉위하기 전에 세상을 떠났다.

제일 먼저 배극렴이 아뢴다.

"시절이 태평한 때는 맏아들을 세자로 세워야 하고 세상이 어지러운 때는 유능한 아들을 세자로 정해야 합니다……."

이것은 명백히 다섯 번째인 정안대군 이방원을 세자로 삼아야 한다는 뜻이었다.

지금은 어지러운 세상이고 이방원은 현재 26세. 그는 조선 왕조를 세우는 데 공이 가장 컸을 뿐 아니라 현재 거느리고 있는 세력도 컸다. 그리고 누가 보아도 왕의 재목이었다.

참회와 건국

그러나 어린 시절 자신의 과오에 대한 참회의식이 아직 남아 있었을까? 태조는 이방원의 성질이 급하고 격한 것을 크게 걱정했다. 그 틈을 정도전이 비집고 들어선다.

"마마께옵서 사랑하시는 아들을 세자에 봉하소서……."

이것은 명백히, 강씨 소생의 막내아들 이방석을 지지하는 발언이었다. 방석은 아직 어려서 태조의 사랑을 독차지하고 있었던 것이다.

정도전이 방석을 가르쳤다는 점을 감안하면 그 지지는 더욱 노골적이다. 태조는 방석을 세자에 앉혔다. 이것은 정말 뼈아픈 실수였다. 이 일로 건국 초 가장 강력한 두 세력, 즉 이방원과 정도전 일파가 후에 대규모 살육전을 벌이게 되는 것이다.

물론 이 책봉 논의 자체가 이미 두 파의 알력을 암시한다. 그러나 정도전과 이방원은 이후 한참 동안 조선 건국에 기여하게 된다. 태조의 '올바른' 판단은 불씨를 제거할 가능성이 충분히 있었다. 설령 아니라 하더라도, 태조의 이 실수가 없었다면 최소한 대규모 왕실 유혈 참극은 없었으리라. 어쨌거나 이 일이 아니더라도, 자기를 닮은 이방원에 대한 태조의 복합적인 감정은 조선의 발전을 여러 모로 더디게 했다.

아마도 군벌 이성계 집단이 사대부 세력과 손을 잡고 세운 조선 왕조의 한계가 왕조·혈통 차원으로 전화된 것일 것이다. 이 복합감정은 태조 이후 세자에 대한 기이하고 병적인 원죄의식의 전통으로 조선 왕조사 속에 자리잡게 된다.

태조 왕자들의 두 차례에 걸친 난으로 왕실은 피로 물들었다. 세종대왕은 그 속죄였다. 그러나 세종이 사망한 직후 세조에 의해 악몽이 재현된다. 이것은 고구려 왕실의 골육상쟁과는 매우 다른 것이다. 정신병적인 것이기 때문이다.

우리는 그 절정을 세자를 뒤주에 가두어 굶겨 죽인 영조에게서 보게 될 것이다

승인과 현안, 그리고 정도(定都)

어쨌거나 새로운 조선 왕조와 명의 관계는 껄끄러웠지만 다행히 분쟁으로 치닫지는 않았다. 어쨌거나, 여기서도 정몽주 — 고려 왕조가 암초였으리라.

조선 왕조 승인, 조공로, 표전(表箋, 왕가의 서한), 통혼 문제, 승인의 표시로 중국 황제가 내리는 고명(誥命)과 인장을 받아오는 문제 등은 곡절을 거치지만 점차 해결되어갔다. 이성계가 올린 '조선'과 '화녕(和寧)' 두 가지 국호 중 명은 첫 번째를 택했다. '조선'은 우리나라의 원래 이름이고, 화녕은 이성계의 출생지인 영흥의 다른 이름이었다. 명의 승인이나 지지는 대외적으로 왕조의 권위를 높이고 대내적으로는 민심을 수습하는 데 필수적이었다. 백성들 대다수가 아직 고려를 '애도'하는 중이었던 것이다.

다른 한편 여진과의 관계, 세공 문제, 그리고 화자(火者, 환관 후보

자)와 처녀를 진헌하는 문제는 오랫동안 현안으로 존재했다. 이 현안은 15세기 초 조선과 명의 관계가 원활해지면서 해소되었다. 조선은 일단 명분과 실속을 다 챙긴 것이다.

그러나 이 시기부터 사대부 간에 사대숭명(事大崇明)의 기운이 뚜렷해지기도 한다. 새 국호 '조선'을 채택한 것은 1393년 3월 15일. 그리고 수도가 한양(漢陽)으로 정해졌다. 지금의 서울이다.

얼마나 격렬한 풍수지리 논쟁을 통해 정도가 이루어졌는지는 3권 끝에서 설명한 대로다. 처음엔 계룡산으로 정해졌고, 궁궐까지 짓다가 한양으로 바뀌었는데, 여기에는 왕사(王師)인 무학의 입김이 크게 작용했을 것이다.

왜 그랬을까? 백제로의 복귀를 그는 막고 싶었던 것일까?

진취적

어쨌든 체제 개편 및 수도건설 작업이 전개되었다. 이 모든 것을 주도한 것은 정도전. 상대적으로 밀려난 이방원과 조준이 동병상련을 느끼게 된다. 그러나 그들은 정도전의 '발 빠른' 진취성을 일단 따를 수밖에 없었다. 동북면 개척에까지 정도전은 매우 진취적이었다. 정권과 병권을 한 손에 주무르게 된 그는 1394년 정월, 재정 및 지방병권에 대한 지휘권까지 장악하게 된다.

그런데 이해 6월 그는 《조선경국전》을 지어 태조에게 바친다. 상하 두 권으로 된 법전이다. 이 행위는 고려 초 《훈요십조》의 경우에 비해 얼마나 체계적인가.

서론은 치국 요강이다. 천지자연의 이치에 따라 인(仁)으로써 왕위를 지켜나갈 것. 국호를 정한 것은 기자조선의 계승이라는 뜻이다. 왕위계승은 장자나 현자(賢子)로 해야 한다. 교서는 문신의 필력을 빌려 높은 수준으로 제작해야 한다……

본론은 주나라 제도인 《주례(周禮)》 6전의 틀을 본떴지만 조선의 현실에 맞게 내용을 수정했다. 치(治, 관리), 부(賦, 국가재정), 예(禮), 정(政, 兵), 헌(憲, 형법), 공(工) 등 6개 부문 주요 소관업무를 서술하고 있다.

치전에서는 군신(君臣)의 직능과 관리선발 방법을 제시하고 있는데, 재상이 실권을 가져야 한다는 내용이 매우 혁명적이다. 고시제도에 의해 관리선발이 이루어져야 한다는 것이 명시되어 있다.

부전에서는 국가수입과 지출의 유기적 연관, 국가수입을 늘리기 위한 군현 및 호적제도 정비, 농상(農商)의 장려를 역설하고 있다. 그뿐인가. 공정한 국가수입을 위해 국민의 토지소유를 균등하게 할 것, 부세를 가벼이 할 것을 강조한다.

국가지출 항목은 왕실경비, 공공행사비, 국방유지비, 공공의료 및 구호비 등을 들면서 되도록 지출을 억제할 것을 주장하고 있다.

백성적

예전(禮典)의 '예'는 질서, 상하(上下)의 차등을 전제로 한 조화를 뜻한다. 조회, 제사, 교육, 외교, 기타 관혼상제 의례의 원칙을 제시하고 있다. 교육에서 서민 이상 신분의 교육참여 기회를 넓힌 것이 획기적이다. 외교에서 사대의 예를 강조한 것이 흠인데, 이것은 공식 문헌으로서 어쩔 수 없었을 것이다. 언로를 개방하여 상하의 의사소통을 원활하게 할 것도 강조되었는데 이것은 사대주의와 뉘앙스가 좀 다르다.

토속·불교적인 의례를 유교식으로 대체할 것도 물론 강조되고 있다. 그런데 여기서 특기할 것은 물질적 낭비의 폐단을 경계한 점이다. 허례허식이 아니라 검소한 의례. 이것은 불교와 유교의 대립을 백성적으로 해결한 것이 아니겠는가.

병(兵)전을 정(政)전으로 한 것은 군제도가 사람을 바르게 하는 도덕서에 기초해야 한다는 의미에서이다. 태조가 군의 힘으로 나라를 세운 것을 감안하면 이것 또한 매우 의미심장한 '문민성(文民性)'이라 하지 않을 수 없다.

기술적인 측면에서는 병농일치(兵農一致), 중앙·지방의 2원체계, 무기개량 및 훈련개선, 군인을 위한 둔전(屯田)의 중요성이 제기된다. 헌전은 형벌이 어디까지나 정치의 보조수단이지 근본은 아니라고 못박고, 예방으로서의 법을 강조하고 있다.

마지막으로 공전은 국가의 각종 물품제조 및 토목공사의 운영·집행 원칙이다. 여기서도 '백성을 위하여' 사치를 금지하고 재정낭비를 경계할 것, 과도한 노력동원을 금할 것 등이 명시되어 있다.

주자초상화(朱子肖像畵). 한국식 학창의를 입고, 얼굴 표정이 맑고 깨끗하여 신기가 돋보인다.

그렇다. 조선시대 건축의 단순 소박미는 명에 대해 자신을 낮추거나, 고층건물은 나라의 기운을 쇠하게 한다는 풍수지리설 이전에 '백성을 위한' 것이었음을 알 수 있다.

조선경국전은 《주례》에서 재상, 과거, 병농일치 제도를 따오고, 한·당의 제도에서 부병(府兵), 군현, 부세, 서리 선발 제도의 장점을 흡수했다. 헌전은 《대명률》에 의거했다.

포괄적

그러나 이 책은 무엇보다 여말에 조준이 올렸던 광범한 사회개혁안을 거의 그대로 따른 결과이다. 조준이 《주례》에 바탕하여 올렸던 개혁안의 골자는 이렇다.

재상의 권한 강화, 대간과 수령의 권한 강화, 양천(良賤) 신분제 확립을 통한 국역(國役)체제 강화, 경연(經筵, 임금과의 경서 토론)과 서연(書筵, 세자와의 경서 토론), 향학 강화를 통한 사장(詞章) 폐지, 사서오경 학습 강화.

《주자가례》를 시행한다, 의창(빈민구제)·상평창(화폐 주조)·사창(곡식 대여)에 관한 법을 시행한다, 환관의 정치참여를 금지한다, 과거시험에 복시제(覆試制)를 행한다…….

이 안이 정도전의 《조선경국전》으로 곧장 일맥상통한다는 것은 의심의 여지가 없다. 다만 정도전은 주자학에서 강조하는 사회정책인 사창제와 향약에 관심이 없었다. 그 대신 한·당의 공리(功利)사상이나 부국강병론을 포용했다.

이것은 정통 성리학의 입장에서 보자면 이단에 속하지만 또한 혁명적이라 하지 않을 수 없다. 천민·서얼 출신을 다독거리고 무신들의 지위를 보장해야 하며, 밭 없는 농민들을 구제해야 하는 개국 현실을 성리학의 원칙만으로 해결할 수는 없었다.

그러나 성리학으로부터의 혁명적 이탈은 동시에 불교·도교·도참설의 수용을 수반한다. 그렇다. 모든 점이 정도전의 정치사상적 기로를 암시한다. 이 책자를 정도전이 집필했다는 것 자체가 정도전의 위세와 함께 그 무리수까지도 암시한다. 정통 성리학자 조준은 어땠는가? 정도전이 혁명적이고 과격한 정치가로 치달을수록 조준은 학자로서 내실을 다져가며 이방원과 협력했다. 그래서 그의 생애는 정도전보다 더 오랠 뿐 아니라, 더 포괄적일 수 있었다.

정도전이 거세된 후인 1397년(태조 6년) 그는 영의정으로서 《경제육전》을 편찬한다. 1388년(우왕 14년)부터 그때까지 시행된 법령과 장차 시행될 법령을 모은 이 책 속으로 정도전의 《조선경국전》이 다시 포괄되는 것이다.

한양 천도

그리고 이 《경제육전》은 조선 창업 군주의 법치주의 이념을 상징하는 참고문헌으로서 절대적 가치를 부여받다가 후에 조선 왕조 치세의 헌법이라 할 수 있는 《경국대전》 편찬에 크게 영향을 끼친다.

그러나 아직은 정도전의 시대이다. 그를 계속 따라가 보자. 《조선경국전》을 짓던 중이던 1394년 4월, 원주에서 다시 삼척으로 보내진 공양왕과 그의 아들들에게 사약이 내려졌다. 이 일을 주도한 것은 세자의 어머니와 정도전. 죄목은 고려 왕조 복원을 모의했다는 것이다. 그러나 이것은 고려를 마감하고 조선시대 건설에 박차를 가하기 위한 정도전 일파의 강경책이었다.

그는 한양 천도를 계획하고 수도 건설에 박차를 가한다. 이해 9월에 대궐 공사를 맡은 신도궁궐 조성도감이 설치되고, 정도전이 그 총지휘를 맡았다. 그 한 달 후 태조가 한양으로 옮겨왔다. 개경 수창궁이 불안하다는 것이 그 이유였다. 여기서도 우리는 정도전의 몰아붙이기식 사업추진의 위력적인 일면을 보게 된다. 태조는 한양부 객사를 수리하여 임시 거처로 삼았다.

궁궐 공사가 진행되는 동안 제도개편도 시작된다. '시중'이라는 고려식 벼슬명을 '정승'으로 바꾸었다. 정도전은 정정승으로 불렸다. 태조가 한양으로 오게 되자 궁궐 공기는 반으로 단축된다. 종묘와 경복궁이 완성된 것은 그 이듬해인 1395년 9월이다. 궁궐에 딸린 여러 건물의 이름도 정해졌다. 왕이 나와 신하들과 조회를 하게 될 곳은

프레데릭 애쉬튼 안무, 〈신데렐라〉중.

근정전(勤政殿), 그후 나라 일을 보는 곳은 사정전(思政殿), 왕이 거처하는 곳은 강녕전(康寧殿)이라 했다.

근정전 동쪽 누각은 융문루(隆文樓), 서쪽 누각은 융무루(隆武樓)였다. 대궐에 네 개의 문을 만들었는데 남문을 광화문, 북문을 신무문, 동문을 건춘문, 그리고 서문을 영추문이라 하였다.

신도가(新都歌)

새 대궐로 조정이 모두 옮겼다. 개경은 개성유후사(留后司)로 개명하고 유후 한 명과 단사관(斷事官) 한 명만을 두어 다스리게 하였다.

경복궁이 완성된 다음달에 곧장 도성축조도감이 설치된다. 한양을 빙 둘러 성을 쌓기 위한 것이었다. 전국 각지에서 20만 명이 부역에 동원되었다. 일꾼들은 밤낮없이 부지런히 일했다.

정도전은 직접 〈신도가〉를 지어 성 쌓는 사람들이 부르게 하였다.

예는 양주 고을이며 신도 경승이샷다
개국 성왕 성대를 이루어샷다
잣다온뎌 당금경 잣다온뎌
성수 만년 하샤 만민이 함락이샷다
아으 다롱디리, 앞은 한강수며 뒤는 삼각산
덕중하신 강산 좋으매 만세 누리소서

나라를 건설하는 신명과 기개, 그리고 충절이 모두 격한 노래이다. 보다 상세한 경관 설명은 죽기 직전인 1398년에 그가 지은 〈신도팔경시〉에 나타난다.

그런데, '이샷다'는 조선적이지만 '아으 다롱디리'와 '잣다온뎌 당금경 잣다온뎌'는, 고려 속요적이 아닌가?

미래와 평화

이것은 정도전이, 아니 정도전도 이미 그리움의 구세대가 되었다는 뜻일까?

아니, 정도전은 이때 생애 최고의 날을 맞고 있었을까? 아니다. 기우는 조짐이 있었다. 권력을 독점한 정도전에 대한 다른 사대부들의 불만이 높아졌다. 그들은 속속 이방원에게 모여들고 있었다. 독살을 염려하여 음식을 제대로 먹지 못할 지경이던 세자 모후의 건강이 극도로 악화되더니 도성의 완성 한 달 전인 1396년 8월 숨을 거두었다. 태조의 상심(傷心)은 정치에 뜻을 잃을 정도로 컸다.

이것은 정도전에게 이중의 타격으로 작용하게 된다. 그는 강력한 미래의 배후와, 현재의 정치적 안정을 상실한 셈이 된 것이다. 도성은 완성되었지만 태조는 별로 기뻐하지 않았다. 이와 상관없이 도성의 위용이 드러났다.

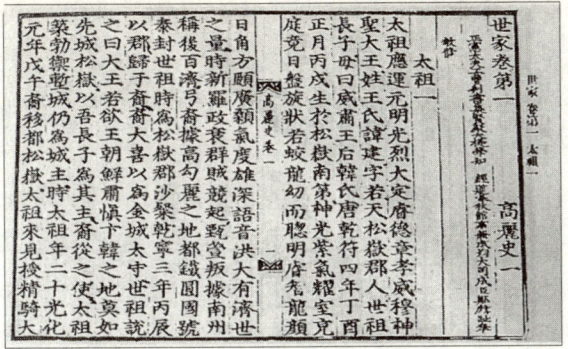

고려사. 조선 세종이 김종서, 정인지 등에게 명하여 문종 때 완성된 고려시대 역사책.

북으로 백악, 남으로 남산, 동으로 낙산, 서로 인왕산이 도성을 감쌌다. 출입문으로는 대문 네 곳과 소문 네 곳이 세워졌다. 남대문은 숭례(崇禮), 북대문은 숙청(肅淸), 서대문은 돈의(敦義), 동대문은 흥인(興仁)이라 이름이 붙여졌다. 각 대문 사이로 동북쪽 혜화(惠化), 서북쪽 창의(彰義) 혹은 자하(紫霞), 동남쪽 광희(光熙), 서남쪽 소의(昭義) 소문이 세워졌다. 광희문은 수구문이라고도 했는데 이 문으로 주검을 실어내갔다.

어쨌거나 한양의 자세한 경관과 건축의 유교·풍수지리적인 의미는 다음 장에서 자세히 살펴보자. 우리는 정도전을 계속 따라가야 한다.

사실 정도전에게 문제의 조짐은 도성 축조 이전부터 나타난다.

과거와 수복

1375년 그가 정총 등과 공동 저술한 《고려사》는 이색, 이인복의 〈금경록〉에 그대로 의거한, 졸속이었으며, 사실(史實)과 다른 점이 많았다. 사관이라기보다는 감정개입이 많았다.

조선 건국과정에 대한 기록도 허술했다. 혁명적 열정은 미래를 향한 엄정한 자기비판을 통해 깊어지고 단련되는 법. 《고려사》는 그 정반대로서 과거의 것을 현재의 감정으로 재포장한 것에 불과하다. 이 《고려사》는 조선 대대로 골칫거리였다. 태종은 당연히 개수를 명했고, 세종대왕도 수차례에 걸쳐 개수를 명했지만 끝내 만족하지 못했다.

도성을 짓던 중인 1396년 정도전이 작성한 표전문에 명 태조가 대노(大怒), 사신 정총을 죽이고 작성자 정도전의 압송을 요구한다. 그는 그것을 거절하고 처음에는 은밀하게, 점차 노골적으로 요동 수복 운동에 박차를 가해 군량미를 확보하고, 진법(陣法) 훈련을 실시했다. 이때 그는 왕보다 권력이 강했지만, 이런 행위는 대체로 자기 힘에 대한 맹신이라는 지탄을 받기에 족했다. 그런 와중에 그는 사병(私兵) 혁파를 추진한다. 그가 겨냥한 것은 이방원이 거느린 사병이었다.

정도전에 대해 불만을 품은 사대부와 무신들이 더 급속히 이방원에게 몰려들었을 것은 당연하다. 조준은 갈수록 이방원과 가까워졌고, 요동 공격을 반대하는 이론적 입장을 폈으며, 이방원에게 《대학연의(大學衍義)》를 읽혔다.

차후 조선 왕조의 철학적 기초를 정통 성리학 쪽으로 확고히 다지려는 그의 노력은 그토록 지극했다. 1397년 12월 정도전은 직접 동북면도 선무순찰사로 나서 군현의 경계를 획정하고 성채를 개축하고 참호를 설치하는 등 요동 수복계획을 좀더 구체화하였다.

그 정도로 자신이 있었을까? 그는 이듬해 권근과 함께 성균관에서 유생들을 가르치고 《불씨잡변(拂氏雜辯)》을 저술, 배불숭유 정책의 이론적 근거를 제공한다.

단절과 탕진
그리고 그해 9월, 진법 훈련을 다시 강화하다가, 그는 이방원 무리의 습격을 받고 절명했다. 이야기는 이어지지만 이 장에서 그를 추모하는 것이 좋겠다.

그는 아버지로부터 노약한 노비 약간 명을 상속받았을 뿐이다. 그리고 오랫동안 유배·유랑생활을 하며 곤궁에 시달렸다. 그는 혈통에 큰 하자가 있었다. 부계가 대대로 향리 출신이고, 더군다나 어머니한테는 노비의 피가 섞여 있었다. 명분을 중요시하는 성리학자들이 그를 배척했고 권문세가가 그의 혈통을 능멸했다.

왜구, 홍건적이 국토를 유린하고 권문세족의 횡포로 정치기강이 문란해지고 민생이 곤핍하던 시절이 그의 청년 유배기였다. 그가 단지 개혁이 아니라 혁명적인 사상을 갖게 된 것은 그리 놀라운 일이 아니다. 그러나 그 곤핍이 그의 세계관을 또한 곤핍으로 물들이지 않았다는 것은 매우 놀라운 일이다. 더군다나 우리는 마르크스와 레닌의 세계관에서조차 '핍박을 당하며 스스로 협소해진' 흔적을 보고 있음에랴.

역경은 그의 세계관에 깊이와 구체성, 그리고 원대함을 주었다. 그는 이론을 실천할 줄 알았고 실천을 이론으로 종합해낼 줄 알았다. 그리고 그 자체가 군인과 사대부의 혁명적 결합이었다. 그뿐이 아니다. 그는 자신의 생애의 쓸모와 길이를 정확히 알았다. 그는 스스로의 혁명성을 모두 탕진하고 죽었다. 그러므로 그에게서 이방원, 조준으로 이어지는 조선사는 결합의 문제가 돌출할 뿐 단절은 아니다.

그는 과연 장자방을 자처할 만하였다. 물론 그에게 고려의 잔재는 있었다. 그러나 그 누구에게 시대의, 젊은날의 잔재가 없을 수 있겠는가. 또한, 그를 천박하다고 해서는 안 된다. 그는 격동의 시대에 기민했다. 그리고 기민함의 긴장과 역동을 자신의 사상체계 속에 심었다. 그것은 시적(詩的) 감각의 깊이였다. 이게 천박이라면, 깊이는 고여 썩는 우물이란 말인가.

한양의 광경 3장

체험자와 증언자

이 장에서 우리는 역대 수도를 조망하면서 한양에 역사적으로 도달해본다. 그리고 한양의 모습을 그려보고 '국보 1호' 남대문을 비롯한 한양 천도 시기 건축물의 특성을 살펴본다. 그것에 담긴 음양오행, 풍수지리, 그리고 조선 지배계급의 통치철학을 파악할 수 있다면 우리는 향후 벌어지는 조선의 일들을 좀더 탄탄하고 넉넉하게, 또 생생하게 이해하게 될지 모른다. 스스로 조선시대의 건축이 되어 역사현장으로서 역사현장을 지켜볼 수 있다면. 새로운 사회가 창조되어 가는 과정도 상상해보자.

수도 서울/서라벌 이후/진보적/소우주/경복궁/국보1호 남대문/보물1호 동대문/해태/새로운 사회, 새로운 제도/과도기, 그후/사농공상(士農工商)과 천민/남은(1354~1398년)과 심효생(1349~1398년)/이숙번(1373~1440년)과 하륜(1347~1416년)

수도 서울

서울은 수도(首都)의 우리말이다.

그렇게 신라의 서울은 서라벌, 고려의 서울은 개경이었다. 서울은 '서라벌' 혹은 '소부리' 등이 변한 것으로 '소'는 수리―솔―솟 등과 통하는 '높다―신령스럽다'라는 뜻이고, 울은 벌―부리가 변한 것으로 벌판, 큰 마을이라는 뜻을 갖고 있다.

한자로는 경도(京都, 크게 번성함)이고 그밖에 황성, 제경, 경사(京師), 경조(京兆), 도읍, 황도, 왕도, 도성, 국도, 수선지지(首善之地)라고도 한다. 수도는 말할 것도 없이, '살기 좋고 적에 대해 유리한', 천연 요새지에 정해졌다.

우리나라의 가장 오래된 서울은 단군조선의 왕검성. 아마 평양일 것이다. 그 다음은 아사달. 해부루는 해모수의 나라를 위해 도읍을 옮겨주었다. 고주몽은 고구려 도읍터를 놓고 기존의 비류왕 송양과 다투었다.

이 당시 도읍은 주로 토성이었는데 흙을 가져다가 쌓은 것이 아니고 석기로 흙을 깎아내려 경사를 더 급하게 한 것이다. 성 안에는 지배계급이, 성 밖에는 피지배계급이 살았다. 고구려의 첫 도읍지는 졸본천. 농경지가 있었고 방비에 유리했다.

그러나 곧 도읍지가 바뀐다. 부족간의 다툼이 치열했던 까닭이다. 유리왕 때 옮겨간 국내성은 졸본성보다 더 천연의 요새였다. 이때의 위나암성은 돌로 쌓은 것이다. 해명태자가 지킨 졸본성은 유사시 피난처였을 것이다.

209년 환도성으로의 천도는 비좁고 험한 곳에서 교통이 편리한 곳을 택한 결과이다. 그리고 평양 천도는 임시적인 것이었지만 결국 장수왕 때 평양이 수도로 정해져 고구려 멸망 때까지 수도로 존속했다.

이것은 평양 곡창을 터전으로, 백두산에서 뻗어내리는 적유령산맥과 묘향산맥, 그리고 압록강과 청천강을 중국에 대한 방어선으로 삼고 남진정책을 취했던 결과이다. 그 예상은 정확했다. 수의 2백만 대군은 두 강을 방어선으로 해서 격퇴되었다.

백제의 첫 수도는 하남 위례성. 지금의 몽촌토성이다. 그러나 고구려와 무리한 싸움을 벌이다가 공주로 밀려나고 다시 부여로 후퇴하는데, 2보 전진을 위한 1보 후퇴였지만 거기서 백제의 운명이 마감되었다.

서라벌 이후

신라는 건국 때부터 멸망까지 1천 년 동안 수도를 옮긴 적이 없다. 천년의 고도 경주는 고구려·백제의 침입을 막기에 매우 유리한 곳인 대신 일본에 등이 노출되었다. 그 지형이 일본과의 관계를 악화시켰을 것이다.

삼국통일 후 세 배로 늘어난 인구와 영토의 조세가 경주로 몰렸고 시장생활이 매우 활발해서 동시·서시·남시 등이 열렸다. 20대 청소년 화랑 5백~6백 명이 무리를 이루어 다녔다. 염불소리와 범종소리가 거리에 은은했다.

발해는 서울이 다섯 개였다. 옛 숙신 땅의 상경, 그 남쪽의 중경, 옛 예맥 땅의 남경, 고구려 발흥 지방의 서경, 혼춘 지방의 동경. 상경에는 당의 규모에 필적하는 가로(街路)가 있었다.

후백제의 수도는 전주, 후고구려는 철원 → 개경 → 철원 모두 풍수지리설에 근거한 것이었다. 궁예를 몰아낸 왕건은 다시 개경으로 수도를 정한다.

개경은 도선이 미리 점지한 곳이지만 서해가 가까워 중국과의 교역이 편하고 대내적으로도 해상·육로교통의 중심지였다. 경주를 동경으로 평양을 서경으로 했는데, 풍수지리설로 인한 천도론이 극성, 정치에 폐단이 많았다.

그러나 개경은 몽고의 침략으로 강화로 천도한 28년을 제외한 4백년 동안 내내 정치·경제·군사·문화·교육·교통·종교의 중심지로 기능했다. 궁성, 종묘와 사직단, 3성 6부, 중추원 등 모든 정부관서가 이곳에 집결했다.

최고 학부인 국자감과 사학 12도가 모두 개경에 있었고, 과거를 보기 위해 사방에서 선비들이 모여들었다. 중앙관료 전원이 의무적으로 개경에 살았고 중앙군 4만 8천 명이 상주했다.

이성계가 태조로 즉위한 것은 개경에서였다. 천도는 조선 개국에 즈음하여 대대적인 민심 일신책 중 핵심적인 항목이었다. 계룡산 신도안 천도를 반대한 것은 하륜. 태조는 무학과 정도전을 보내 한양의 형세를 살피게 했다.

도리스 험프리 무용단, 〈지상의 나날들〉.

진보적

한양 천도를 뒷받침하는 풍수지리는 고려 초 도선의 풍수지리에 비해 매우 진취적이고 시야가 넓다. 그전까지는 북한산을 주산(主山)으로 하여 동쪽 — 좌청룡이 낙산, 서쪽 — 우백호가 인왕산, 남쪽 — 안산(案山)이 목멱(남산)이었다. 조선 개국기에 이 개념은 크게 확대된다.

즉 삼각산을 주산으로 하여 강원도 금강산이 외(外)청룡으로, 제주도 한라산이 외(外)안산으로 되는 것이다. 이것은 조선 건국기 사람들의, 한반도 전체로 넓어진 시야를 풍수지리가 받아들인 결과이지만 건국자들의 진취성을 의미하기도 한다.

사실 풍수지리설이 정도전 사상에 영향을 준 만큼 조선 건국기 풍수지리설은 정도전의 진취성에 각인되어 있다. 자, 이제 한양성 안으로 들어가보자.

북악 아래 경복궁을 정남향으로 하고 그 앞에 남향으로 대로를 내었다. 대로 양쪽에는 의정부와 육조 등 중앙관청이 들어섰다. 도성을 둘러친 성 안에다 성 밖 10리까지 포함하여 한성(漢城)이라 하였다.

가로(街路) 계획은 일사천리 그대로였다. 길은 대로 — 중로 — 소로로 나뉘었다. 대로는 너비가 17미터. 광화문 거리, 광화문~동대문, 남대문~광교까지가 대로였다. 이 길은 일제 때까지 불편 없이 이용되었다. 과연 몇백 년 앞을 내다보았다고 할 만하다.

중로 — 소로는 길이 곧지 않았고, 특히 소로는 자연의 길 그대로였다. 종로 북쪽을 북촌이라 했는데 권세 있는 귀족들이 살았다. 남산 밑 남촌은 가난한 양반들 차지였다.

청계천 양쪽에는 서리들이 살았고 이들을 중인(中人)이라 했다. 서울 한복판에 사는 자들이란 뜻이다.

소우주

한성은 행정구역이 동·서·남·북·중 등 5부로 나뉘었고 그 아래 52방(坊)을 두었다. 한성 인구는 15세기 말 1만 8천 호, 10만 명에 이른다. 종로 대로 곁에는 3천 칸에 달하는 즐비한 상점들이 모여 있어 쌀·베·종이·생선 등을 팔았다.

종묘와 사직단이 경복궁 좌우에 세워진 것은 좌묘우사(左廟右社)의 원칙을 따른 것이다. 종묘는 열성조에게 제사를 드리는 곳. 사직단은 토지신과 곡신에게 제사지내는 곳이다. 국립대학 성균관에 명륜당과 문묘 및 학생기숙사인 동재·서재가 세워졌다.

5부마다 초등학교인 학당이 세워졌지만 북학이 곧 폐지되고 4부학당만 운영된다.

서울은 음양오행설에서 소우주를 상징한다. 북쪽은 양, 남쪽은 음을 상징한다. 양을 받아들이기 위해 북쪽 숙정문을 오랜 시간 동안 열어놓았다. 그러나 너무 양기가 세면 북촌 여자들이 바람날 우려가 있다 하여 닫아두기도 하였다.

도성민의 상여는 동쪽 수구문과 서쪽 서소문으로만 통과하도록 했다. 밤 열시가 되면 종가에서 종이 스물여덟 번 울리고 문이 닫힌다. 이를 인정(人定)이라 했는데, 오늘날의 통행금지이다. 해제는 파루(罷漏). 종이 서른세 번 울린다.

통행금지 시간에는 순라군이 돌고 그들에게 잡히면 도둑으로 취급되어 치도곤(治盜棍)을 당했다. 시골 사람들에게는 이 순라군이 가장 무서운 존재였다. 고관이 지나갈 때 호위병들이 난데없이 '물렀거라!'며 벽제(僻除)하는 것도 봉변이기 십상이었다.

문·무과 최종시험이 실시될 때면 시골 선비와 무사들이 망태기를 지고 서울로 몰려든다. '낙양의 지가(紙價, 종이값)를 올린다'는 것은 이때를 두고 생긴 말이다. 양인들은 주로 2~3개월씩 군역을 하느라 상경했다.

17세기가 되면 한성 인구는 농촌 인구의 유입으로 20만 명에 이르게 된다. 관청을 위한 육의전 외에 서민을 위한 시장 이현(梨峴)과 칠패(七牌)가 생겨나는데 각각 동대문 시장과 남대문 시장의 전신이다.

경복궁

정도전이 지은 경복궁은 390여 칸으로 크지 않았고, 더군다나 임진왜란 때 전소된 후 오랫동안 폐허로 남아 있었다. 지금의 경복궁은 조선 왕조 말기 대원군이 이 대궐을 거의 20배 규모로 중건한 것이다.

신하의 권한을 극대화한 정도전과 왕실의 권위 회복을 최후·결사적으로 노렸던 대원군이 교차되는 대목이다. 경복궁의 명칭은 《시경》〈주아(周雅)〉편 '군자 만년 그대의 큰 복을 도우리라'의 경복(景福)에서 따왔다.

경복궁의 역사는 그리 밝지 않다. 창건 직후인 2대 왕 정종(1398~
1400년) 때 이 궁이 비게 된다. 왕자들간 살육의 여파로 대궐이 개경
으로 옮겨간 까닭이다. 태종 이방원(1400~1418년)이 다시 돌아와,
연못을 넓게 파고 장대한 누각을 지어 경회루라 했다.

임금과 신하가 잔치를 벌이거나 사신을 접대하는 곳이다. 파낸 흙
은 침전 뒤편에 쌓고 아미산이라 했다. 눈썹산. 그 운치가 이만저만
이 아니다. 세종(1418~1450년) 때 왕비의 침실인 교태전(交泰殿), 학
문연구소인 집현전, 시계인 보루각, 천문관측시설 간의대, 천문시계
옥루가 설치되었다.

이때가 경복궁과 조선 문화의 초기 절정기였다. 그후 이곳에서 단
종(14523~1455년)이 쫓겨나고 연산군(1494~1506년)의 무도한 황음
이 행해지고 중종(1506~1544년) 때 조광조가 사정전에서 왕의 사약
을 받더니, 1553년에는 강녕전에 불이 나 북쪽의 전각이 대부분 소
실되고 급기야 임진왜란 때 궁이 전소된다.

전소되기는 창덕궁, 창경궁 등 다른 궁궐도 마찬가지였지만 경복
궁이 길하지 못하다는 의견이 팽배, 결국 창덕궁이 재건되고 경복궁
은 임진왜란 이후 장장 270년 동안 흉한 모습을 면치 못했다. 광해
군(1608~1623년)이 재건을 시도했지만 여의치 않았다.

경복궁의 위치는 도성의 북쪽 북악산 기슭, 즉 주산(主山) 바로 아
래이다. 궁의 전면으로 넓은 시가지가 전개되고 그 앞으로 안산(案
山)인 남산이 보이고 내수(內水) 청계천과 외수(外水) 한강이 흐른다.

참으로 명당이다. 게다가 좌우에 종묘와 사직단. 이것은 중국에서
고대로부터 지켜온 도성 건물 배치의 기본형식인데, 너무 중국적이
라 그랬던가? 대원군이 중건한 후에도 경복궁의 운명은 달라지지 않
았다. 그 이야기는 후에 하자.

경복궁 근정전. 조선 초기부터 역대 국왕의 즉위식이나 대례 등을 거행하던 곳.

국보1호 남대문

국보는 보물 중에 시대를 대표하거나 학술·예술적 가치가 뛰어난 것들이다.

문화재 관리법이 지정되면서 정부가 가장 먼저 지정한 국보는 남대문이다. 조선 건국기의 건축물은 그만큼의 가치가 있는 것이다. 남대문의 건물 구조와 그 의미를 살펴보자.

남대문. 일명 숭례문. 1447년(세종 29년) 개축이 있었다. 홍예형(虹霓形, 무지개) 모양의 화강암 누각 바탕과 마름석축 구조의 기층 중앙에 홍예문이 있다. 그 윗면에 전돌로 담을 돌리고 동서 양쪽에 좁은 문을 하나씩 두어 계단으로 오르내리게 하였다.

기단 양측으로 성벽이 연결된다. 건물 규모는 아래·위층 모두 정면 5칸, 측면 2칸이다. 건물 내부 아래층 바닥은 홍예 윗면과 맞닿은 중앙칸만 우물마루이고 나머지는 흙바닥이다. 위층은 널마루. 기둥은 모두 굵직한 두리 기둥이다.

기둥 뿌리에 나직한 하방(下枋)을, 머리에 키가 큰 창방(昌枋)을 걸었다. 창방과 기둥 위에 널찍하고 두툼한 평방을 돌리고 그 위에 공포를 올렸다. 천장 가설구조는 서까래 형. 지붕은 아래·위층이고 모두 겹처마이다. 사래 끝에 토수(吐首)를 씌웠다.

추녀마루에는 온갖 형상과 용머리를 올렸고 용마루 끝에는 취두 (鷲頭, 망새)를 올렸다. 우(隅)진각 지붕이다. 남대문은 조선시대 목조건축물 수법을 대표적으로 보여준다.

이 건물은 소박한 자긍심, 아니 소박함의 자긍심으로 압축되는 조선 정신의 현현으로서 지금도 매우 편하고 낯익은, 역사에 대한 위엄의 감정을 우리 가슴속에 심어준다고 할 것이다.

'崇禮門'이라는 편액은 세종의 셋째아들 안평대군의 글씨라는데, 세로로 쓰여졌다. '禮'자는 오방에 배치하면 남쪽이지만 오행으로는 '火'이다. 그렇게 '崇禮' 두 글자가 '炎'으로써 화산(火山)인 관악에 맞서는 것이다.

국보1호 남대문. 조선시대 목조건축물 수법을 대표적으로 보여준다.

보물1호 동대문

보물이란 일반적 개념이다. 그러나, 아니 그렇기 때문에 국보1호와 보물1호는 우위를 가릴 수가 없다.

동대문. 일명 흥인문. 동대문도 도성 건축 당시 세워졌고 1452년 (단종 1년)에 건물이 확대·보강되었다. 그리고 조선 말까지 그 상태로 유지되다가 대대적으로 개축되었다.

바탕은 화강암을 잘 다듬은 무사석(武砂石)⋯⋯. 중앙에 홍예를 틀어 출입구로 삼았고, 그 위에 목조의 2층 누각을 세웠다. 문 바깥쪽에는 무사석 한쪽에서부터 반원형 평면으로 옹성을 쌓았는데, 물론 외적에 대한 방비용이다.

도성 여덟 개 중 유일한 이 옹성은 화강암 마름꼴을 앞뒤로 쌓은 뒤 내외 겹으로 담을 돌리고 담에 총안(銃眼)을 만들었다. 거란, 여진 등 북적(北賊)의 침입로였던 것이다. 옹성 위로 파수꾼이 다닐 수 있었다.

누각을 오르내릴 수 있는 좁은 문이 있었다. 누각은 상하층 모두 정면 5칸, 측면 2칸. 그밖의 외형은 남대문과 비슷하다. 하지만 동대문은 대체로 조선 말기 건축기술의 특징을 대표적으로 보여준다.

살미(山彌, 촛가지 장식)가 뾰족이 외부로 뻗었다. 가설 구조는 중앙에 높은 기둥을 일렬 배치하고, 상하층 큰 서까래가 이 기둥에서 양분되면서 서로 맞끼워졌다. 바닥 하층에는 중앙에만 마루를 깔고 상층은 전부 우물마루를 깔았다.

벽 하층은 모두 개방하고 상층은 사방에 판문(板門)을 달았다. 천장은 남대문처럼 서까래, 처마도 겹처마이고 지붕 각 마루에 망새와 용머리, 그리고 온갖 형상을 배치했다.

조선시대 말기를 대변하느라 동대문은 외모가 남대문보다 요란하면서도 뭔가 짓눌리고 찌들린, 그러나 격한 슬픔에 더 가까운 것인

가. 우리는 남대문 품에 안기고 싶다. 그러나 동시에 동대문으로 울고 싶다.

해태

해태는 시비선악을 판단하는 능력을 지녔다는 상상의 동물이다. 생긴 모습은 사자와 비슷하지만 머리에 뿔이 나 있다. 중국 문헌에 해태가 기록되어 있지만 그 소재지는 동북변방이다.

해태는 성품이 충직하여 사람이 싸우는 것을 보면 바르지 못한 쪽을 뿔로 받아버린다…….

즉, 해태는 논리와 법을 지키는 동물이다. 그리하여 법을 심판하는 자를 해치관이라 하여 해태가 새겨진 관모를 쓰기도 했다. 대사헌의 흉배에 해태의 모습이 새겨지기도 했다. 그 모습은 이렇다.

녹각 모양의 뿔이 달린 머리에 갈기가 돋았고 입은 크게 벌렸다. 그리고 포효하는 듯한 경쾌한 몸짓. 꼬리 끝에는 긴 털이 돋아 있다.

해태는 또 화재나 재앙을 물리치는 신령스런 동물로 간주되기도 하였다. 해태라는 이름은 매우 이국적인 뉘앙스를 풍기지만 용이나 봉황보다 더 조선적이다. 그 해태가 광화문 앞에 놓여 있고 경복궁 근정전 처마마루에도 놓여 있다. 이것은 어찌된 일일까, 아마 임금의 공평무사(公平無私)를 비는 뜻을 담았던 것일까?

이것은 더 나아가서, 바로 정도전이 아니었을까? 정도전이야말로 매우 조선적이면서도 선구적인 혁명가이다. 그의 생애는 스스로 격변을 극복할 수 없는 성질의 것이었다. 그 격변의 삶은, 향후 조선시대에 '해태'라는 영원한 상징으로밖에 살아남을 수 없는 것이었다. 정도전은 그것을 알았을까?

새로운 사회, 새로운 제도

한양이 건설되면서 지배체제도 그 틀을 드러냈다. 조선 왕조의 통치이념은 크게 세 가지. 철학에 있어 억불숭유, 외교에 있어 친명, 경제에 있어 농업을 통한 민생안정 등이다.

도성을 5도 52방으로 나눈 후 경기 좌도와 우도의 군현을 새롭게 정리했다. 동북면 군현의 경계도 뚜렷이 한다. 각 도의 군적을 정리하면서 군사제도로 고쳐나갔다. 과거절차를 정하고 무반(武班)의 관제를 고쳤다.

각 주와 부, 군, 현에 농사를 독려하는 벼슬아치를 내려보냈다. 편찬사업을 위해 예문춘추관을 두었다. 번역·통역 업무를 맡아보는 사역원을 설치했고 육학(六學)을 두었다. 그러나 중앙의 주요 권력기관은 그대로 남아 있었다. 그 이유는 두 가지이다. 왕권이 약해서 급격한 제도개편이 불가능했고, 개국공신 특히 정도전 일파가 그 자리를 차지하고 막강한 권력을 행사했다.

권문세가 대신 개국공신들이 자리를 틀어쥔 곳은 도평의사사(都評議使士, 최고합의기관), 문하부(門下府, 정승회의), 삼사(三司, 재정부), 중추원(원로회의) 등. 이곳에서 나라의 대사가 결정되었고, 6조는 그 실무를 집행할 뿐이었다.

정치·경제적 특권의 편중은 후에 이방원이 1차 왕자의 난을 일으키고 정도전을 제거하는 가장 근본적인 원인으로 작용한다. 이방원이 실권을 잡으면서 비로소 왕권강화를 위한 제도개편이 본격적으로 이루어지게 되었다. 무엇보다 정도전이 시도한 군 개혁에 걸림돌이었던 이방원의 사병(私兵)을 이방원 스스로 혁파하면서 군사권을 국가에 집중시켰다.

과도기, 그후

이방원은 도평의사사를 의정부로 고치고 중추원 소관이던 군사관계 업무를 삼군부로 옮겼다. 그리고 왕명전달의 업무는 따로 승정원을 세워 맡아보게 한다. 이것은 왕권강화를 위한 권력분립이었다. 이방원은 또 의정부와 삼군부 고관들이 합석하지 못하게 함으로써 정치와 군사를 분리시킨다.

이것은 정종 치세(1398~1400년) 동안의 임시방편이고 과도기적인 조치이다. 이방원은 자신이 태종으로 즉위하자마자 두 차례에 걸친 체제정비를 단행, 도평의사사와 문하부를 합쳐 의정부만을 두고 고려시대의 잔재인 나머지 중앙권력 기관을 모조리 없앴다. 그 대신 6조의 권한이 크게 강화되었다. 6조 권한은 태종(1400~1418년) 치세 때 계속 늘어나 1414년에는 6조의 일을 의정부에서 재론키로 하는 제도까지 폐지되었다. 이 6조가 왕의 직접 관할 아래 있었음은 물론이다.

왕권강화와 함께 문·무반의 양반제도, 그리고 중인·상민·천민의 사회적 신분도 엄격하게 구분되어갔다. 신분은 대를 잇는다는 점에서 그 어느 것보다 근원적이고 장구한 제도적 틀을 이룬다.

조선시대부터는 사대부 신분에 대한 호칭이 양반으로 바뀐다. 조선 왕조의 지배계층인 양반은 과거를 통해 출세했다. 이때 시험과목은 유학 일반이었고 교육기관은 양반들에게만 열려 있었다.

양반은 교육의 특권만 누렸던 것이 아니다. 군복무나 부역의 의무가 면제되기도 했다. 그러나 그들의 유일한 직업은 관리. 직함이 늘고 놀고 먹는 자가 많았을 것은 당연하다. 관리 중에도 천문, 지리,

루이스 펠리프 노에, 〈희망으로의 안내〉.

법률, 산학, 의업 등 기술관은 중인들이 대를 물려 했다. 문관의 최하급인 서리, 무관의 최하급인 군교(軍校) 등 실무직도 세습직이지만, 양반이 맡지는 않았다. 양반은 농업·공업·상업에 종사하지 않았다.

사농공상(土農工商)과 천민

조선시대 신분제는 초기부터 갈수록 사농공상의 순서가 매겨졌다. 양반·선비인 '사'가 으뜸이고 그 다음이 농민, 그 다음이 대장간·사옹원 등에서 여러 가지 물건을 만들어내는 수공업자, 즉 갖바치, 그 다음이 상인이었던 것이다. 농민의 지위가 크게 향상되었다.

그러나 수공업도 무척 발달했고 상업도 서서히 발전해갔다. 갖바치는 관청 노비인 사람이 많았고 신분상으로 천민이었지만 실제로는 독립된 가정을 이루고 살았다. 조선 초기에 서울 갖바치가 2천8백명, 지방 갖바치가 3천5백 명 정도 되었다. 그리고 갈수록 양민 출신 갖바치가 생겨났다.

천민의 대부분은 역시 노비. 노비 신분도 세습되었다. 그리고 노비를 일정한 값으로 사고팔기도 하였다. 그러나 관노비와 사노비 중 외거(外居)노비는 일정 기간 동안 일해주는 것말고는 농사를 지으며 독립된 가정을 이룬다. 노비의 생활이 갈수록 나아졌다는 이야기이다. 백정·광대·창기 등도 천민 신분인데, 생활은 농민보다 못할 게 없었다.

천민 신분에 주목할 만한 변화가 일어났다는 것은 신라 이후 고려말까지 존속되어온 향·소·부곡 등 천민 집단거주지가 지방행정구조에서 아예 없어졌다는 점에서 분명하게 드러난다. 천민은 제도·인습적인 제약은 받았지만 경제·주거의 권리는 농민과 대등했다는 의미이다. 이렇게 천민 신분조차 고려시대보다 더 높은 삶의 질을 누렸다.

당연하다. 조선은 고려보다 역사적으로 더 발전된 사회니까. 이 내용적인 발전은 주로 태종 치세에 형식·제도·상부구조화되었다. 문제는 그의 '피비린내 나는' 집권과정이다. 이제까지의 세상 형성 과정을 배경으로 그것을 추적해보자.

남은(1354~1398년)과 심효생(1349~1398년)

남은은 공민왕 3년에 났다. 그도 고려 왕조의 성균시에 급제했고, 왜구를 격퇴한 공이 있는 신진사대부로서 이성계 일파의 한 중심을 이루었다. 위화도 회군과 이성계 왕위 추대에 주도적인 역할을 했으며, 조준·정도전 등과 함께 정몽주의 탄핵을 받아 유배되었다가 정몽주 피살 후 풀려났다. 이성계 즉위 후 그도 1등 개국공신에 봉해졌다.

태조 2년 그는 경상도에 파견되어 왜구를 막고 군적(軍籍)을 정리했다. 태조가 이방석을 세자로 책봉하는 데 진력, 그는 정도전 일파의 2인자로 부상했다. 정도전이 작성한 표전문이 말썽이 나자 그는 정도전과 함께 은밀히 요동정벌을 계획한다. 그렇게 그는 정도전과 더욱 밀착된다. 태조 7년, 제1차 왕자의 난 때 그는 동생과 함께 살해되었다. 그렇다, 그때 그는 정도전과 가장 가까이 있었다.

심효생은 남은보다 5년 연상이다. 그도 고려 말 이성계에게로 귀의하면서 순탄한 출세길을 밟았다. 이성계가 문하시중으로 있을 때 그 직속부하였지만 개국에 대한 공은 크지 않아서 공신 등급이 3등에 불과했다. 그러나 태조 즉위 후 고려 왕족 세력을 견제하는 데 매우 기민하고 집요한 노력을 기울였다. 구(舊)왕족 소탕작전에 한창 열을 올리던 1394년(태조 3년) 10월, 그의 딸이 세자 방석의 빈(嬪)으로 들어가면서 정도전 권력 내 그의 정치적 입지는 확고해진다.

표전문 문제 때 그는 요동공격 정책을 지지, 정도전·남은과 삼각 체제를 구축하면서 군사권을 장악했다. 그는 특히 정교한 병기 제작에 능했다. 태조가 서경궁 운영을 계획했으나 그의 반대로 좌절된다.

그렇다. 왕권은 최악의 상태였다. 1379년에 들어서면서 태조는 그나마 병들어 눕게 된다. 정도전 일파는 세자의 즉위를 추진하고 이방원 일파는 이 세 사람에 대한 한판 승부를 노리게 된다. 그것은 불가피한, 더는 미룰 수 없는 격돌이었다.

이숙번(1373~1440년)과 하륜(1347~1416년)

이방원 쪽의 실무 선봉장은 이숙번. 그는 남은보다 19세 연하로서 조선 태조 2년에 문과에 급제한 신세대. 정도전을 겨냥하지만 여러 면에서 정도전을 모방하는 신세대이다. 그는 세자 책봉에서 밀린 바로 그 당시부터 이방원에게 충성을 맹세하고 모반을 충동질했다. 그리고 실제로 모반의 실질적인 토대를 마련해왔다.

또 한 명, 이방원에게 결정적인 자극과 구체적인 지지를 준 사람은 하륜. 그는 심효생보다도 2년 연장이다. 공민왕 때 문과에 급제했고 신돈 일파의 비행을 탄핵한 이유로 파직되었다가 복직되었으며, 최영의 요동정벌을 반대하다가 유배되었다.

위화도 회군 후 그가 복직되었을 것은 당연하다. 하지만 조선 개국 전까지 그의 생애는 부침이 심했다. 조선 개국과 함께 그는 경기좌도 책임자로 있으면서 부역제도를 개편, 전국적으로 실시하게 하였다. 그는 계룡산을 반대하고 한양 천도를 주장, 한양 건설에 적극적으로 나섰다. 이때까지만 해도 그는 정도전과 뜻이 같았다. 둘 사이가 벌어진 것은 명과의 표전문 시비 때.

하륜은 명의 요구대로 정도전을 압송할 것을 주장하며 스스로 명에 들어가 사태를 수습하고 돌아왔다. 그러나 정도전은 실각하지 않고 오히려 그를 좌천시켰고, 항복한 왜구를 도망치게 하였다는 이유로 수원부에 구금시킨다.

그러나 정도전의 위세가 다했음일까? 그가 풀려나 충청도 도순찰사를 제수받는다. 그가 부임 인사차 이방원을 찾아와 말한다. 정도전 일파가 세자 즉위를 서두르고 있습니다. 군사를 일으키셔서 막아야 합니다…….

충청도 관찰사면 충청도 군 통수권을 갖는 지위이다. 이숙번은 능지기. 이방원은 이렇게 자신의 사병은 물론 능지기 군사, 그리고 충청도 군대까지 장악하게 되었다. 그만하면 정도전을 물리칠 만한 군사력이었다.

왕자와 신하들 4장

함흥에 가다

건국 초기 이성계와 그의 왕자들, 그리고 신하들 간에
벌어진 갈등의 내용은 무엇인가. 건국에 동반하는 살
륙의 장을 그들에게 맡겨놓고 은둔을 택한 이성계의
행위는 그를 이해하는 데, 나아가 조선을 이해하는 데
어떤 의미를 갖는가.

전야

8월 어느 날 정도전 일파가 와병중인 태조를 찾아갔다.

"왕위문제로 왕자들끼리 다툼이 심상치 않으니 왕자들을 각각 다른 지방으로 보내 따로 떼어놓으시라……."

그것은 사실이 아니었다. 이것은 이방원을 무력화(無力化)하려는 전술이었다. 진법 훈련은 왕족 및 공신들의 사병 통수권을 속속 와해시켰고, 정도전과 이방원 일파의 대결은 노골적인 수준에 도달해 있었다.

태조는 묵묵부답 말이 없었다. 그는 사태를 정확히 꿰뚫어보고 있었을까? 정도전이 물러가자마자 태조는 이방원을 불렀다고 한다.

"혹 너에게 화가 미칠지도 모르니 몸조심하도록 해라……."

이것이 결정적으로 이방원을 구해준다. 이것은 매우 내밀한, 또 긴박한 정보인 셈이다. 이방원은 집으로 돌아오며 먼저 일을 일으켜야 할 것 같은 직감을 느낀다. 그러나 아직 머뭇거렸다.

정도전도 무언가를 직감했다. 그는 태조에게서 물러나오다가 그날 밤 일을 치르기로 급히 계획을 바꾼다.

"태조의 병세 악화로 침소를 옮긴다고 하여, '어명'으로 왕자들을 대궐로 들게 하라……."

습격작전이었다.

이방원은 집에서 그 연락을 받았다. 확실히 뭔가 낌새가 이상했다. 방금 전까지도 그 정도는 아니었는데……. 여기까지는 모든 것이 유감스럽게도 최충헌의 권력승계 과정을 연상시킨다. 꾸민 이야기인가? 아마 그럴 것이다. 하지만 이야기를 계속 이어보자. 어명은 가짜였을까? 아니다. 정도전은 사후조치를 취했다. 정도전은 다시 대궐에 들어 이번에는 거꾸로 말했다.

"우울하신 듯하온데 모처럼 왕자들을 불러들이면 좀 위안이 되실 것이옵니다……."

기나긴 밤

그 말에 태조는 솔깃하여 왕자를 들게 하였다. 그때도 태조는 무언가를 간파한 것일까, 아니면 결국 정도전의 압력에 굴복했다는 뜻? 어쨌거나 공은 이방원에게로 넘어갔다. 이방원은 왕명이므로 입궐해야 했다. 어찌할 것인가. 이때 부인 민씨가 꾀를 낸다. 조선사 최초로 여성이 정치 전면에 등장하는 순간이다.

"입궐하시되 곧장 침전으로 가지 마시고 먼발치에서 살피십시오……."

그것으로 안심이 되는가? 아니다. 민씨는 갑옷을 속에 입은 뒤 관복을 입으라고 권한다. 과연 슬기로운 여자이다. 그러나 곧 암탉이 울면 여자가 망한다는 속담이 유행하게 될 조선이다. 민씨 일가는 조선조 최초의 외척 세력으로 내내 조선사가들의 지탄을 받게 된다. 이

헨리 무어, 〈왕과 왕비〉.

방원이 대궐로 향하자마자 그녀는 동생 민무질과 민무구를 불러 할 일을 지시하는 한편 능지기 이숙번에게 연락을 취했다.

"광화문 앞에 군사를 대기시켜주시오……."

방원이 대궐 안으로 들어가니 친형 방의와 신덕왕후 소생으로 세자의 형인 방번이 먼저 와 있었다. 세자 방석은? 보이지 않았다. 태조와 함께 있다고 했다.

태조 침전 부근이 어두컴컴했다. 게다가 왜, 누가, 세자만 들여보내고 다른 왕자는 들여보내지 않았는가?…… 그 질문에 아무도 대답이 없다. 이방원은 결심한다. 어명을 어기는 것이다. 왕자의 난은 그렇게 시작된다.

1차 왕자의 난

방원은 슬며시 방의의 옷자락을 잡아당겼다.

"형님, 저를 따르시오. 여기 있다가는 살아남지 못합니다……."

방의는 끌리다시피 영추문 밖으로 나왔다. 방번도 어영부영 따라나왔다.

광화문 앞은 이미 환했다. 이숙번의 군사가 횃불로 밤하늘을 밝혔던 것이다. 다시 한 번 방의를 챙기고 방원은 겉옷을 벗었다. 번쩍이는 갑옷이 드러났다. 처남 민무질이 방원에게 칼을 건네주었다.

방원은 군사를 보내 정도전과 남은을 치게 하는 한편 조준과 김사형 등을 앞세워 태조의 침전으로 향했다. 이숙번의 군사는 신속하고 조직적이었다. 역습을 당한 정도전은 담을 뛰어넘다가 칼에 맞아 즉사했다.

남은도 숨어 있다가 며칠 만에 발각되어 그 자리에서 피살되었다. 며칠이라……. 그렇다. 이제까지의 이야기는 몇 주, 최소한 며칠 동안은 걸렸을 일을 긴박한 하룻밤으로 압축하고 있다. 그뿐인가. 정도전이 방원을 친 것이 아니라 방원이 정도전을 습격했다는 사실을 완전히 씻어내지 못하고 있다. 이 긴박한 시기에 정도전과 남은이 그렇게 넋놓고 앉아 있을 이유가 없지 않은가.

전자의 시각이라면 정도전의 난일 터이고 후자의 시각이라면 왕자의, 방원의 난일 것이다. 진실은 그 두 가지를 섞어야 어렴풋한 모습이나마 드러날 터이다. 어쨌거나 방원의 지시대로 태조의 침전 밖에 꿇어앉은 조준 등 대신들이 아뢴다.

정도전, 남은 등이 난을 일으켜 정안대군(이방원)이 진압하고 목을 베었습니다. 정안대군은 광화문 밖에서 기다리고 있습니다…….

형과 아우

협박이었을까? 그랬을 것이다. 태조는 궁궐의 군사를 챙겼다. 그러자 방원은 이숙번을 들여보낸다. 이숙번은 좀더 위협적이었다.

"세자를 내놓으시오. 세자는 나오시오⋯⋯."

세자가 나오지 않으면 태조까지 없앨 기세였다. 태조는 길길이 뛰었지만 별 도리가 없었다. 방석이 아버지를 살리기 위해 앞으로 나섰다. 방원은 방석을 세자에서 폐하고 유배시켰다. 어영부영 방원을 따라왔던 방번도 같은 신세가 되었다. 그리고 둘 다 유배지로 향하던 중 이숙번이 보낸 자객에게 피살당한다. 불쌍한 방석.

그는 태조와 신덕왕후의 사랑을 독차지했고, 세자로 내정되었다. 그러나 그에 대한 반대는 거세었다. 배극렴과 정도전은 물론 조준조차 '성격이 광망(狂妄)하고 경솔하다'며 반대했던 것이다.

신덕왕후 소생의 두 아들을 모두 잃은 태조의 슬픔은 곧 무서운 증오로 변하였다. 그뿐이 아니다. 민심이 한꺼번에 방원을 규탄하기 시작했다. 이방원은 어떻게 했을까? 세자 자리를 둘째형 방과에게 양보했다. 이 일로 태조의 노여움도 민심도 어느 정도 가라앉는 듯했다. 방과는 권력에 야심이 없었으므로 방원으로서는 일석이조였다.

물론 태조의 노여움이 완전히 가라앉을 수는 없었겠다. 왜냐하면 젊은 날 자신의 실수에 대한 참회가 계속 떠올랐다. 그리고 그것은 앞으로 악화된다. 이방원은 안 된다, 절대로⋯⋯. 그 결심은 갈수록 굳어져갔을 것이다. 방원의 양보는 사태를 단지 연기시켰을 뿐이다. 그리고 그러는 동안 또 한 차례의 살육이 왕실을 물들이게 된다.

정종(1399~1400년)

애당초 대의를 주창하고 개국하여 오늘에 이르기까지 업적은 모두 정안군의 공인데 내가 어찌 세자가 될 수 있는가?⋯⋯ 방과는 그렇게 완강하게 거절했다. 맞는 이야기이다. 그러나 그는 반(半)강제로 왕위에 올랐다. 태조는 상왕으로 물러앉았다. 그 또한 비록 태조가 정치에 뜻을 잃었다고는 하지만, 반강제였을 것이다.

정종은 예상대로 정치에 뜻이 없었고 있었다 한들 별수없었을 것이다. 누가 보아도 1인자는 방원이었고, 앞서 말했듯이 방원은 대대적인 체제정비 작업을 실시했다. 정종은 격구·사냥·온천·연희 등 오락에 탐닉하며 보신책을 삼는다. 그 보신책은 주효했다. 그는 왕위에서 물러나지만, 태종의 우애를 누리며 천수를 다했다.

다만 즉위년 한양 지세 자체가 문제를 안고 있다는 의견을 좇아 잠시 개경으로 수도를 옮겼다. 그러나 즉위 이듬해, 풍수지리설을 비웃으며 2차 왕자의 난이 발생한다. 이번에 난을 일으킨 것은 넷째왕자인 회안대군 방간. 그를 충동질한 것은 지중추부사 박포(?~1400년)이다. 조선 개국공신 2등이고 1차 왕자의 난 때 방원 편에서 공을 세웠다. 그러나 그는 논공에서 2등으로 책정되자 불만을 토로, 유배되었다가 소환된 경력이 있다.

그가 다시 2차 왕자의 난에 주동자로 나서는데 그 경위는 이렇다. 겨울날 그가 방간의 집에 가서 장기를 두는데 마침 우박이 치며 하늘에 붉은 기운이 나타났다. 그는 겨울에 요사한 기운이 있다며 방간에게 근신할 것을 청한다. 방간이 그에게 처신방법을 물었다.

보신과 부추김

"군사를 맡지 말며 출입을 삼가고 의관을 정제하고 행동을 신중히 하소서. 마치 고려조 왕씨의 자손이 그러는 것처럼……."

방간은 마땅찮았다.

"다른 방책을 말해다오……."

박포의 유인책에 넘어간 것일까? 방간이 바싹 달겨든다.

"주나라 태왕에게 아들 셋이 있었는데, 그중 막내아들에게 왕위를 전할 뜻이 있으므로, 위의 두 형은 형만과 태백으로 도망갔는데……."

갈수록 태산이다. 방간은 또 다른 방책을 묻고 그제야 박포가 방간을 낚아챘다.

정안군은 군사가 강하므로 많은 무리가 붙어 있고, 공의 군사는 약하여 위태함이 마치 아침이슬 같으므로 먼저 선수를 쳐서 쳐부수는 것이 낫다…….

뭐, 틀린 말 같지는 않았다. 정안군도 바로 그런 식으로 대권을 쥐었으니까. 그러나 방간의 군사는 너무 적었고, 오합지졸이었다. 공신 중 박포와 장사길만이 따르고 나머지는 모두 방원 편에 선다.

승패는 이미 정해져 있던 것. 방간은 토산으로 귀양가고 박포 등은 방간을 꼬드긴 죄목으로 처형당했다. 이방원은 대신들의 상소에도 불구하고 방간을 죽이지 않았다.

방간은 토산이 군사기지였던 곳이라 위험하다는 의견 때문에 안산으로 옮기기는 했지만 전지와 식읍을 받았고, 매년 정초에는 입궐도 허락되었다. 태종이 즉위한 후에도 마찬가지였다.

태종은 방간이 병들자 직접 의원을 보내주었고 아예 방간을 서울로 불러올리려고까지 했다. 1402년 수렵을 일삼는 등 뉘우침이 없으니 제주로 옮기라는 상소를 받았지만 듣지 않고 순천에 옮기는 것으로 끝냈다.

형제와 부자(父子)

방간은 참 오래 살았다. 태종 이방원은 그를 참 오래도 봐주었다. 태종은 1404년 왜구의 화를 염려하여 그를 익주로, 다시 완산으로 옮겼다. 1416년 형조와 사헌부, 사간원 신하들의 빗발치는 처벌 요구

엔리코 바이, 〈아스페른 - 에슬링 전투의 찰스 대공〉.

가 있었다. 그러나 그와 아들의 공신록과 직첩을 몰수하는 데 그쳤다. 1417년 홍주로 옮겼고, 세종 치세 때에도 누차 치죄 요구가 있었지만 상왕 태종과 세종의 관용을 받았다.

이 끈질긴 우애는 물론 태종의 참회이다. 민심을 수습하고 자신의 피 묻은 손을 정화(淨化)하기 위한 것이었다. 그런데 이 노력은 태조를 누그러뜨리는 데 별 도움이 되지 않았다.

아니 그전에, 태조는 사태를 어디까지 이해했을까? 최충헌의 권력 승계기와 유사한 이야기는 그가, 그 정도로밖에는 이해하지 못했다는, 그도 끝내는 고려 사람이었다는 은유가 아닐까? 그것을 개인의 차원으로 돌려 말하면, 태조는 이방원의 즉위를 막는 것으로 자신의 참회를 완성하려 했다. 그런 그에게 이방원의 우애는 가증스러워 보였을 것이다.

2차 왕자의 난 직후 이방원은 왕세제(王世第)로 책봉되었고 9개월 만에 왕위를 이어받았다. 태종(1400~1418년)이다. 정종은 상왕으로 태조는 태상왕으로 되었다.

태조는 방원이 왕위에 오르자마자 개경을 떠났다. 세상이 싫어졌다…… 그렇게 말했지만 그는 옥새를 갖고 떠났다. 그리고 그 지긋지긋한 한양으로 돌아왔다. 태종에 대한 증오가 인생의 허무, 그리고 자신이 목숨을 앗은 사람들에 대한 속죄의식으로 일반화될 계기를 맞은 것은 아마 한양에 돌아와서일 것이다.

엄정과 희생양

그는 다시 불교로 경도하면서 절을 유람한다. 태조의 행렬은 한양 홍천사, 철원 지장사를 거쳐 금화·양구를 지나더니 인제 한계령 줄기를 타기 시작했다. 그리고 금강산 유점사에 이르렀다.

거기서 그냥 사라져버리면 좋았을 것을. 그는 유점사에 한 달쯤 머무르다가 다시 동북쪽으로 떠난다. 아마 속세에 대한 미련이 작용했을 것이다. 그리고 일반화된 속죄의식이 다시 태종에 대한 증오로 특화되기 시작했다. 안변·덕원·고원을 거쳐 태조 행렬은 태조의 출생지 영흥에 이르렀다. 곧장 흑석리 옛집을 들렀다가 태조는 다시 함주(함흥) 귀주동 그가 장성하던 집으로 향했다.

그곳은 젊은 날 뼈아픈 실수를 아프게 되살렸을 게다. 그는 그곳에서 여생을 보내리라 마음먹는다. 자기도 모르게 이를 부득부득 갈면서. 태조가 거처를 정하자 태종은 곧바로 차사를 보냈다. 문안도 할 겸, 옥새를 물려받으려는 생각에서였다. 태조는 태종의 그런 의도를 간파하고 격분, 차사를 처단하고 그 주검을 들판에 던져버리게 했다.

그뒤로도 태종은 차사를 계속 보냈고 태조는 점점 병적인 증오감에 시달려, 초소를 두어 차사가 오는 것을 살피게 하고는 보고가 들어오면 말을 타고 달려나가서 화살을 쏘아 차사를 직접 죽였다.

이 무슨 어처구니없는 신경전이며 인명경시 풍조란 말인가. 그러나 이 숱한 함흥차사의 희생양들은 거꾸로 조선 왕조 왕명의 엄정함, 목숨을 넘어서는 어떤 의미의 확립을 왜곡된 상태로나마 매우 감동적으로 웅변하기도 한다.

미완성 성석린(1338~1423년)

그 삶의 '의미의 의미'를 모든 신하들이 공유했을 리는 물론 없겠다. 그리고 태종의 개혁이 나라를 강건하게 틀잡아가던 그때에, 충성심으로 가득 찼다 하더라도 그런 사지행(死地行)보다는 미래 건설이 좀더 바람직해 보였을 것이다.

그러나 이때의 차사들이 모두 '나라면 될 것'이라는 공명심 혹은 하루살이의 자기비하감, 둘 중의 하나에 휩싸여 태조를 찾아갔다고 우리가 단정해서는 안 된다. 그들은 대체로 죽을 것을 알면서 나라를 위해 갔고, 나라를 위해 죽었다. 그렇게 그들은 그들 나름대로 미래를 믿었고, 또 보았던 것이다. 고래 싸움에 등 터진 새우가, 세상의 죄를 대신 속죄하는 희생양의 이미지로 전화되는 순간이다.

스스로 차사 임무를 맡겠다고 나선 두 사람의 이야기가 그 과정을 보여준다. 처음은 성석린. 그는 약간 미완성이다.

그는 태조와 어릴 때부터 친구이며 건국을 도와 공신이 된 사람이다. 신돈의 미움을 받아 좌천된 적도 있고 왜구와 싸울 때 혁혁한 전과를 올리기도 했다. 그가 함흥차사로 태조를 찾았다. 그는 인륜의 변고를 어떻게 처리해야 하는가를 진술, 태조의 마음을 다소나마 돌렸다. 그러나 그는 자신이 함흥차사라는 것을 숨겼고, 그것을 알게 된 태조가 그를 죽이려 하자 허둥지둥 달아나 겨우 목숨을 건졌다.

그는 태종 즉위 때 공신이었고 태종 3년 우의정에 올랐으며, 1415
년 영의정에까지 올랐다. 그의 생애는 순탄하고 영화로운 것이지만,
다음의 박순과 비교하면 역시 미완성이다.

희생양 박순(?~1402년)

박순은 정말 어린 양의 이미지에 여러 모로 어울린다.

위화도 회군과 관련된 글을 우왕에게 전한 것이 바로 그였다. 조선
건국 후 그는 상장군에 봉해진다. 함흥차사를 자원했을 때 그의 벼슬
은 판승추부사(判承樞副事). 아마 그도 함흥차사란 것을 숨겼을 것이
다. 그는 망아지가 딸린 어미말을 타고 단신으로 함흥에 갔다. 태조
는 그를 반갑게 맞았다. 그가 새끼말을 나무에 매어놓고 어미말만 타
고 가려니까 어미 말이 걸음을 옮기지 않는다. 태조가 이상하여 그
까닭을 물었다.

새끼말인데 길 가는 데 방해가 되어 매어놓았더니 서로 떨어지
려 하지 않는군요. 보잘것없는 짐승도 지친(至親)의 정이 있는가
봅니다……. 태조는 태종과 자신의 관계를 생각하고 슬피 울었다
고 한다.

그렇게 박순이 함흥에 묵던 어느 날, 둘이 장기를 두는데 쥐가 지
붕 모퉁이에서 떨어졌다. 어미쥐가 새끼쥐를 놓지 않으려고 하다가
같이 떨어진 것이다. 박순은 장기판을 치우고 태조에게 간곡하게 귀
환을 청하였다.

태조도 눈물을 흘리며 고개를 끄덕였다. 여기서 어미말, 쥐는 희생
양의 사촌들인가? 아니다. 이것은 문제의 자연·소박으로의 회귀이
다. 더군다나 쥐는 태조의 생활이 매우 옹색했음까지 암시한다.

여기서 희생양은 박순이다. 박순이 죽어야 이야기가 완성되는 것
이다. 박순이 함흥차사라는 것을 안 태조의 신하들이 태조에게 원칙

을 요구한다. 그러나 태조는
박순을 죽이고 싶지 않았다.

해결과 불교

그는 시간을 끌다가 박순이
충분히 용흥강을 넘었으리라
생각하고 '원칙'을 허락했다.
만일 강을 건넜으면 죽이지 말
고 건너지 않았으면 죽이
라……. 그러나 박순은 급병으
로 지체하다가 이제 마악 배에
오르려던 참이었다. 그는 태조
가 보낸 군사들에게 살해되고

무학대사상(無學大師像)(부분). 경남 양산 통도사 소장.

만다. 태조는 크게 뉘우치고
슬퍼하였다. 박순의 부인은 그 소식을 듣고 자결한다.

이 이상 어떤 것이 더 필요하단 말인가. 여기서 문제는 다 해결된
다. 그런데 이 즈음에 무학대사가 등장한다. 태종이 무학대사를 태조
에게 보낸 것이다. 왜 그랬을까?

무학대사는 태종이 매우 유능한 임금임을 태조에게 설파했다. 며
칠 후 태조는 무학대사의 권고에 따라 함흥을 떠나 개경으로 향했다.

가는 도중에 그는 무학대사의 말을 직접 눈으로 확인케 된다. 과연
세상은 많이 달라지고 좋아져 있었다. 아, 이 아이가 새 세상의 건설
자였던 것을……. 태종에 대한 자신의 몹쓸 짓이 대체로 자신의 젊
은 날 콤플렉스 탓이었음도 알게 되었을까?

그런데 왜 무학대사가 여기서 등장하는 것일까? 무학대사는 태조
가 죽이고 살리고 할 존재가 아니었다. 여기서 그는 불교 그 자체이

다. 그렇다. 앞으로도 불교는 신적이고 외적인 해결사로 등장한다. 불교는 조선 왕조 내내 왕실이 갖고 있는 비이성적이고 비논리적인 문제의 해결사 구실을 할 것이다.

무엇보다 태종과 그 이후 세조가 자신의 피비린내 나는 손을 불교로 속죄함으로써 이성계의 전철을 밟는다. 그 이성·논리 외적인 문제의 근거는 군인 출신의 왕실과 사대부 출신 신하 간의 조화와 부조화이다.

부자(父子)

태종의 치적이 매우 궁금하지만 다음 장으로 미루고, 우리는 태조와 태종의 관계를 계속 따라가보자.

태조는 마침내 개경에 도착하게 되었다. 태종은 개경 밖 멀리까지 나와 아버지 태상왕을 맞을 채비를 차렸다. 태조가 나타나자 태종은 태조 앞에 무릎을 꿇고 머리를 조아렸다. 그때 태조 옆에는 무학대사가 있었다. 태조는 아들 태종을 말없이 내려다보았다. 그러고는 자신도 몸을 굽혀 아들의 손을 잡고 그를 일으켜주었다. 그리고 아들의 손에 옥새를 쥐어주었다.

태종은 1404년 10월 태조를 모시고 한양으로 다시 도읍을 옮겼다. 그리고 창덕궁을 지어 태조에게 바쳤다. 아버지에 대한 그의 효성은 지극했다. 그는 자신에 대한 아버지의 증오가 사실은 참회에서 비롯되었다는 것을 알았을까? 알았을 것이다. 왜냐하면 태종은 정말 태조를 많이 닮았던 것이다. 그뿐이 아니다. 그는 태조의 미래이고 완성이고 이상이었다.

태조는 창덕궁에 덕안전을 짓고 불교에 마음을 쏟았다. 밖에서는 태종의 대대적인 개혁이 온 나라의 틀을 새로 짓고 있었다.

그러기를 4년, 태조에게 죽음이 찾아온다. 태조는 갑자기 병이 깊어져 자리에 누웠다. 태종은 밖으로 억불숭유 정책에 박차를 가하면서도 아버지를 위해서는 1백 명의 중을 불러 부처님께 쾌유를 빌게 했다.

이성계의 나이 74세, 조선을 건국한 지 16년 만에 눈을 감았다. 더 살 수도 없었겠지만, 더 살기를 원하지도 않았으리라. 그는 마음의 안식을 찾았던 것이다.

《태조실록》

태종의 효도는 그것으로 끝나지 않는다. 태조가 죽은 이듬해 그는 하륜, 유관, 정이오, 변계량 등 쟁쟁한 신하들에게 《태조실록》의 편찬을 명하였다.

그것은 분명 시기상조였다. 조선왕조실록 편찬이 처음일 뿐더러 시대가 멀지 않고, 또 당시 활동하던 사람들이 대부분 살아 있지 않은가……. 그런 상소도 소용없었다. 태종은 상소를 물리치고 태조 원년부터 정종 2년까지의 사초 제출을 각 사관에게 명한다. 제출시한은 11월 1일. 이 또한 무리한 시한임이 분명했다.

그러나 그도, 아니 그는 효성에 눈이 멀었던 것일까? 그는 제출 기한을 넘긴 사관의 자손을 금고에 처하고 은 20냥의 벌금을 물린다. 그리하여 사료는 한 달 내에 제출되지만, 엉성할 수밖에 없었다. 어쨌든 《태조실록》 편찬은 이듬해 정월에 시작되어 3년 만에 끝나지만 내용에 문제가 있어 출판 자체가 보류되었다.

그로부터 25년 후 세종 치세 때 《태조실록》은 개정된다. 이것은 태종의 비문에 새겨진 1, 2차 왕자의 난 내용 중 틀린 것이 있다는 논의 때문이었는데 그 비문을 고치는 김에 《태조실록》도 고치게 한 것이다.

역사 기록에 대한 엄정한 태도 또한 조선을 유지해간 건전한 힘

중 하나였을 것이다. 그러한 정신을 통해 우리는《조선왕조실록》이라는 유례 없는 정확도와 길이, 그리고 깊이를 지닌 역사서를 갖게 된다.

《태조실록》은 세종 치세 때《태종실록》이 완성된 후에야 그것과 그 전의《공정왕실록》(정종실록)과 함께 봉안되었다.

피비린 손, 찬란한 세상을 이루다 5장

태종의 치세

태종 이방원. 그는 조선의 기초를 착실하게 다지는, 세종대왕 못지 않은 현군이다. 그의 치적 내용을 살핀다. 그가 후대에 남기는 문제는 무엇일까? 그는 이를테면, 피비린 손이다. 이 점이 시사하는 현실과 유교 정치윤리·이상과의 불일치, 혹은 모순은 세조의 왕위 찬탈 때 폭발하며, 그후 조선 유교 정치학에 벗어날 수 없는 속박으로 작용한다.

명군/이전과 이후, 그 사이 조준/하륜과 이숙번/전면적/6조/승정원, 의금부, 3사/지방제도/군사제도/교육제도/무과와 잡과, 기타/정형(定型)과 내용/토지제도/편년체로

명군

태종이 명군일 수 있었던 것은 원대한 포부, 개국전쟁에 직접 참여한 카리스마 외에, 무엇보다도 실무 준비기가 있었기 때문이다. 어떻게 보면 태조의 증오는 태종을 명군으로 단련시키는 매우 역설적인 효과가 있었다. 정종 실세 시절에 그가 자신의 정책을 구체화하는 능력을 보여주지 못했더라면 그는 오히려 치명적인 곤경에 처했을 것이다.

태종으로 즉위한 후에 이 역설적인 관계가 더욱 확대됨은 물론이다. 태종은 단지 태조의 환심을 사고 즉위의 정당성을 세우기 위해서라도 자신의 통치능력을 보여야 했다. 그리고 혈연적 증오에 목졸린 그가, 스스로 피비린내 나는 손으로 단지 그 증오를 풀기 위해서라도 일구어낸 업적은 정말 놀랍다.

혹시 그는 속으로는, 그 모든 것에 초연했던 것이 아닐까? 만약 그렇다면 그는 자신의 정치를 펴기 위해 공격과 방어, 위협과 복종 등 온갖 수단을 동원했을 뿐이라는, 명분론적으로 불리한 평가를 면치 못할 것이다. 그러나 그렇게 보기는 어렵다. 그는 개국 최대 공신 중 하나였음에도 불구하고 정안군으로 책봉되었을 뿐 개국공신 책록에서조차 제외되었다. 즉, 처음부터 견제에 시달렸던 것이다.

그러므로 시련이 그를 단련시켰고, 놀랍게도 그 시련이 그의 세계관을 누추하게 하지 않았고, 오히려 시련으로써 그의 세계관이 더욱 깊어지고 구체화되었고, 태조의 증오도 마찬가지 역할을 했다고 보아야 앞뒤가 맞다.

그런데 우리는 정도전 평가 때도 이런 내용을 제시한 바 있다. 그렇다. 그는 최대의 적인 정도전의 핍박을 받으면서도 그의 장점을 배웠고, 마침내 그를 압도했던 것이다. 명군이 탄생하는 과정은 그렇다.

이전과 이후, 그 사이 조준

이방원이 정식으로 즉위하기 이전을 보충해보자. 그는 1383년(우왕 9년) 문과에 급제하였다. 1388년부터 이듬해까지는 고려 왕실의 보호를 위한 감국(監國)을 요청하기 위해 명에 파견되었던 당시 문하시중 이색을 수행했다. 이때 그는 아마 이색을 감시했을 것이다. 그는 6년 뒤에 다시 명으로 가는데 그 사이 모든 것이 달라졌다. 한 마디로 고려가 망하고 조선이 들어섰다. 그는 왕자로서 명의 입조 요청을 받아들였던 것이다. 1차 왕자의 난 이후 그는 개국공신 1등에 자신의 이름도 올렸다.

즉위 직전 그의 치세를 특징지을 사건이 발생한다. 민무구와 민무질이 조준을 무고, 투옥시켰던 것이다. 이 희한하게 이름조차 너저분한 무질(無疾)·무구(無咎) 형제는 다름 아닌 그의 처남들. 왕자의 난 때 공이 있기도 했다. 그러나 이들 '외척'은 이방원이 실세가 되자마자 매우 교만해져서 그 폐가 심하였다. 이방원은 우선 조준을 석방한다. 그리고 7년 뒤 무질·무구에게 사약을 내리게 된다.

조준이라……. 그는 1405년에 세상을 떠난다. 그러므로 태종의 개혁에 본격적으로 가담하지는 못했다. 그러나 그는 이미 태종의 개혁안에 철학적인 뼈대를 세워주었을 것이다.

그를 잇는 것은, 장수와 충성을 상징하는 조선의 대표적인 실무형 정승 황희(1363~1452년)인가? 아직은 아니다. 이쯤에서 우리는 하륜과 이숙번의 생애를 마감시키자.

하륜과 이숙번

하륜은 정종이 즉위한 후 정사공신 1등에 올랐다. 그해 명의 태조가 죽자 그가 문상 사절로 명으로 가서 정종의 왕위계승을 승인받고 돌아왔다. 태종이 즉위하고서는 좌명(佐名)공신 1등에 올랐다.

그는 관제개혁 실무를 담당했고, 특히 1401년 저화(楮貨, 닥나무 종이로 만든 돈)를 유통시키는 데 결정적인 역할을 했다. 이듬해에 그는 명 성제 즉위 축하사절로 다시 명에 가서 조선 왕조의 고명(誥命) 인장을 받아왔다.

그로써 명과 조선의 외교문제가 대체로 일단락지어졌다. 조준이 죽던 1405년에는 좌정승 세자사(世子師)가 되고 이듬해에는 고급과거 시험관으로서 변계량 등 10인을 뽑았다. 그후 그는 영의정부사, 좌정승, 좌의정 등을 역임한다.

그러나 그의 말년에는 추문이 그치지 않았다. 그는 말 그대로 태종의 오른팔로서 인사청탁에 무수히 개입했고, 통진·고양포 간척지 2백여 섬지기를 착복하여 대간의 탄핵을 받았다. 미래를 향한 인물은 아니었던가.

그는 노구에도 불구하고 함경도 능자리를 돌아보다가 정평 군아에

아시리아 예술, 〈나무를 부리는 노예들〉.

서 죽었다.

이숙번은 어떤가. 그는 매우 구체적이고 기민한 군사 전략가였다. 1차 왕자의 난은 그의 군사가 주도했다고 해도 과언이 아니다.

2차 왕자의 난 때 박포의 군사를 꺾은 것도 그의 군대였다. 그러나 그의 생애는 하륜보다 비참하다. 태종 2년 안변 부사가 반란을 일으키자 그는 좌도 도통사와 함께 출병하여 난을 진압한다. 이후 1414년까지 그의 출세가도는 문·무 양면에서 거침이 없었다.

그러나 그는 원래 성품이 미치광이 비슷했고, 태종의 총애를 받게 되자 오만방자함이 끝간 데를 몰랐다. 마침내 국왕에게 불충하고 동료들에게 무례한 지경에 이르니 대간들의 탄핵이 빗발쳐서, 그는 결국 관직을 삭탈당하고 경상도 함양에 유배되었다.

그 다음은 더 기막히다. 세종 치세 때 건국신화격인 〈용비어천가〉

를 짓게 되자, 조정은 선대의 일을 잘 아는 그를 한양으로 불러올렸다. 그러나 그는 편찬이 끝나자마자 다시 유배지로 보내진다. 그는 도대체 얼마만큼의 원한을 샀던 것일까?

전면적

이방원, 태종의 치세는, 태조와의 대치상태에도 불구하고 연속적이다. 아니, 집요하고 차근차근하며 목표 지향적이고 집적적(集積的)이며 끈질기다. 동시에 매우 전면적이다. 이것을 연대별로 나열하는 것은 오히려 불필요한 혼란을 초래할 것이다. 우선 그의 치세 때 모양 잡혀진 조선 제도의 대강을 현재적으로 그려보자. 그리고 미진한 부분을 보충할 것이다.

동반(문반)과 서반(무반)은 그 벼슬이 중앙직인 경직과 지방직인 외직으로 나뉜다. 그리고 문·무 양반의 벼슬은 모두 18등급으로 세분되었다. 정1품(正一品), 종1품(從一品), 정2품, 종2품……. 그런 식의 품계이다.

경복궁 근정전 뜰에 각 품계별로 비석이 세워져 있다. 그 위치에 서서 조회를 하는 것이다. 그 규모로 보아 왕의 목소리가 꽤 커야 했겠다. 아마 대신 외치는 사람도 있었을 것이다. 하긴 중국 궁궐은 더 커서 왕과 대신들이 평소에도 뛰어다녔다.

정3품 이상을 당상관, 종3품 이하를 당하관이라 했다. 당상관은 왕의 부름에 따라 조정회의에 참석할 권한이 있는, 이른바 대신들이다. 중앙에는 최고기관인 의정부가 있고, 그 밑에 6조를 둔다.

의정부는 으뜸벼슬인 영의정과 정1품 좌의정, 같은 정1품이지만 그 아래인 우의정 등 삼상(三相) 혹은 삼공(三公), 세 정승이 주재한다. 세 정승 아래 각각 종1품 좌찬성과 우찬성, 그 아래 정2품 좌참찬과 우참찬이 있다.

오늘날의 총리, 부총리 제도와 다를 것이 없다. 의정부는 왕과 육조 사이에 존재하는 (집행이 아니라) 의결기관이었다. 합의된 사항을 왕에게 알리거나 왕의 결재사항을 6조에 전달하여 시행케 했던 것이다. 의정부는 고려시대 도평의사사에 비하면 권한이 훨씬 약하다. 그러나 이것은 고려보다 조선의 제도가 '민주적'인 의결절차를 갖는다는 증거이다. 좀더 발전했더라면 당(黨)과 정(政), 지도와 집행의, 이론과 실천의 구분·결합까지도 가능했을 것이다.

6조

이조, 호조, 예조, 병조, 형조, 공조. 집행기관인 6조의 역할은 고려 때보다 훨씬 중요해졌다.

각조 장관은 정2품 판서이다. 그 아래 종2품인 참판과 정3품 참의가 있다. 오늘날의 장·차관·차관보 체제이다. 이조는 인사를 담당한다. 오늘날의 총무처인가. 그보다 권한이 강했다.

이조는 문관을 선발하고 임명하며 벼슬을 올리고 내렸다. 이조를 통하지 않고 왕이 직접 벼슬을 내릴 경우 칙임관(勅任官)이라 한다.

호조는 오늘날의 내무부. 백성들의 동태 파악을 위한 호구조사가 주업무였다. 그밖에 공물과 세금에 관한 일도 맡아보았다.

예조는 나라의 예법과 음악, 제사 등을 맡아보는 관아이다. 그밖에 외교 및 귀빈 영접 등을 맡았다. 오늘의 외무부와 문화부를 합친 것이겠다.

병조는 국방부이다. 무관 선발 및 임명, 인사와 그밖의 군사업무를 맡았다. 다른 업무도 있다. 체신, 교통, 궁궐과 성문의 수비도 맡았다. 체신부와 경호실 역할도 맡았던 것이다.

형조는 법무부. 법률 집행에 따른 일과 소송업무를 맡았고 감옥을 관리했다. 그밖에 노비에 관한 업무도 형조 관할이었다. 노비는 이를

테면 요시찰 죄인 취급을 받았던 셈인가.

마지막으로 공조는 건설부이다. 산림, 광산, 관개·수리시설 관리가 주업무였고, 토목과 건축공사를 맡았다. 그리고 공산품, 도자기, 악기 생산자(工匠, 陶工, 樂工) 관리도 맡았다.

승정원, 의금부, 3사

왕명의 출납을 맡는 곳을 승정원이라 했다. 비서실이다. 줄여서 정원이라고도 한다.

도승지, 좌승지, 우승지, 부승지, 동부승지 등 5명의 승지를 두는데 특이하게도 모두 정3품이다. 태종은 별 의미 없이 이들의 명칭을 바꾸었으나 후에 다시 도승지로 복원되었다.

의금부는 왕의 특명으로 역모와 같은 중죄를 지은 자를 다스리는 곳이다. 특수 수사대라 할 것이다. 의금부의 수장은 금부도사. 무관이고 종5품이다. 그러나 경호실 역할도 겸했으므로 권력은 막강했을 것이다.

디에고 리베라, 〈점심중인 선원들〉.

3사는 행정부를 견제하는 감찰기관인 사헌부, 왕을 견제하는 사간원, 그리고 왕의 학문을 보좌하는 홍문관을 통틀은 호칭이다.

사헌부는 모든 관리들을 감시하고 살피며 풍속을 바로잡는 일을 하였다. 임명된 관리를 심사하여 가부를 결정하는 서경이라는 기관도 있다. 사헌부의 수장은 종2품

대사헌.

사간원은 왕의 독재를 막는 기관으로 정3품 대사간이 수장이다. 이 기관은 조선 왕조 내내 가장 파란만장했다. 당연하다. 조선시대는 언로는 트였으되 왕의 권위가 서슬푸르렀고, 그러므로 신하가 목숨을 걸고 간하던 시절이다.

홍문관의 으뜸벼슬은 정2품 대제학. 이 기관은 후에 만들어졌다. 3사에는 젊고 유능하며 깨끗한 사대부들이 등용된다. 의정부, 6조, 3사는 왕의 권위가 절대적이라는 것만 다를 뿐, 그 기능이 오늘날 3권분립에 필적한다. 아니, 삼각형이 이루는 긴장은 더 팽팽하고 그 내용이 충실했을 것이다.

지방제도

지방의 행정단위는 도(道)가 으뜸이다. 전국이 경기, 충청, 경상, 전라, 황해, 강원, 함길, 평안 등 8도로 나뉜다.

으뜸벼슬은 종2품 관찰사. 감사라고도 하고 외직 중 으뜸이기에 방백(方伯)이라고도 한다. 도 아래 부(府), 목(牧), 군(郡), 현(縣) 등이 있고 으뜸벼슬은 각각 종3품 부윤(부사), 정4품 목사, 종4품 군수, 종5품 현령(현감)이다

이 모두를 수령이라 하며, 백성들은 이들을 원님 혹은 사또라 부른다. 이들 지방관은 광범위한 권한을 조정으로부터 부여받는 대신, 세력 억제책으로서 임기가 제한되고 출신지 임명이 배제된다. 임기는 관찰사가 1년, 수령이 5년.

방백, 수령 밑에는 중앙의 6조를 그대로 본뜬 6방이 있다. 이방, 호방, 예방, 병방, 형방, 공방. 지방 출신 향리들이 맡았다. 하지만 거기까지이다. 이들은 무보수직이었다. 그래서 갈수록 부정을 저지르고 그로 말미암아 지방행정이 점차 문란해지게 된다.

하지만 그 반대현상도 있다. 군현에는 각각 향청이라는 게 있었는데 지방 양반들로 이루어진 자문기관이다. 좌수와 별감을 두어 수령을 돕고 풍속을 관리하며 향리들을 감시했는데, 세력이 상당했다. 이것은 신라와 고려를 괴롭히던 지방분권 현상이 여기까지 밀려났다는 이야기다. 한마디로 조선시대의 개막은 곧 민정(民政)시대의 완성을 알렸다.

고려시대에는 북쪽 변방에 양계(兩界)라는 군정(軍政)지구가 있었는데, 그것마저 8도 편제 안으로 편입되었다.

군사제도

조선 건국과 더불어 군사제도의 개편 논의가 대대적으로 일어났을 것은 당연하다. 무력을 배경으로 이룩한 나라인 까닭이다. 태조는 의흥삼군부를 두어 군사권을 갖게 했다. 그러나 왕족과 개국공신들이 사병을 길렀으므로 '국군통수권'이란 개념은 무색했다. 이 사병을 없앤 것이 최대의 사병 지휘관이었던 태종 그 자신임은 앞서 말한 대로이다. 군사에 대한 그의 관심은 태조보다 더 강했다. 그는 더욱 무력을 업고 즉위한 까닭이다.

이 삼군부는 또다시 무력을 업고 왕위를 찬탈한 세조 치세 때에 5위도총부로 바뀐다. 시험을 통해 뽑은 전문군인들을 중심으로 중앙군을 구성, 이들을 좌·우·전·후·중의 5위로 나누고, 각각 분담된 지방 병력을 관리하게 하는 제도이다.

그런데 조선 전체의 국방을 위해서는 아무래도 중앙군보다 지방군이 더 중요했다. 지방에는 각 도마다 병영과 수영이 있어 병마절도사와 수군절도사가 관할 지역의 육군과 수군의 지휘를 맡았다. 대개 도마다 병영과 수영이 하나씩 있었지만 함길도는 여진족 때문에, 경상도는 왜구 때문에 병영과 수영이 둘씩 있었다. 전라도에는 역시 왜구 때문에 수영이 둘 있었다. 경상도의 경우 왜구가 자주 육지까지 침범했다는 이야기이다.

병영·수영 아래에는 여러 진(鎭)이 있다. 영진(營鎭)이다. 영진 소속의 군인을 진수군이라 하는데 이것이 또 영진군, 수성군(노동부대), 선군(수군)으로 나뉜다. 여기서 가장 중요한 것은 영진군. 이것은 농민을 중심으로 하는 병농일치군이다.

'잡색군(雜色軍)'이라는 예비군도 있었다. 중앙군과 지방군의 긴급 연락망으로 봉수제가 있다. 봉홧불을 통한 통신방법이다. 평상시 한 번, 적이 나타나면 두 번, 국경에 접근하면 세 번, 국경을 침범하면 네 번, 싸움이 벌어지면 다섯 번……. 글로 내용을 전달해야 할 경우는 역마제가 있다. 전국 곳곳에 역참을 두고 역마를 갖추게 한 것이다. 역마제는 공문서 전달, 나라물품 수송, 관리 왕래에도 이용되었다.

교육제도

교육제도는 관리 등용제도와 동전의 양면을 이룬다. 과거를 통하지 않고는 출세할 길이 거의 없다. 음서제도는 2품 이상의 관리에게만 허용된다. 형식적으로는 양인도 과거를 볼 수 있었지만 교육의 기회는 거의 양반들에게만 독점적으로 허용되었다. 양인이 관리로 출세할 기회가 실질적으로 차단되는 것이다.

과거 시험과목은 익히 알려진 대로 사서오경과 글짓기 솜씨인 문장. 양반 자제들은 어릴 적부터 서당에 나가 초보적인 한문 공부를 시작한다. 그리고 여덟 살이 되면 서울의 경우 4부 학당에, 지방의 경우 향교에 진학한다.

과거에는 문관을 뽑는 문과, 무관을 뽑는 무과, 그리고 기술직을 뽑는 잡과가 있다. 문관 채용시험의 첫단계는 생진과(소과). 이것은 지방에서 보는 초시와 서울로 올라와 보는 복시 두 단계로 행해진다. 두 단계에 모두 합격하면 생원(유학경전) 또는 진사(문장)가 되고, 서울에 있는 최고학부 성균관에 진학할 수 있다. 성균관의 목적은 단 하나, 충성스런 관리의 육성이다.

성균관은 강의실인 명륜당, 공자에게 제사를 지내는 문묘, 유생(학생)들의 기숙사인 재 등으로 이루어져 있다. 왕이 성균관 문묘에 참배할 경우 예고 없이 치르는 알성시도 있다.

성균관에서 유학과 한문 문장을 공부한 유생들은 최종적으로 문과를 본다. 이것 역시 초시와 복시를 거쳐 합격자 33명을 뽑는다. 이 합격자들은 모두 관리로 채용되었다. 그러나 마지막 시험이 남아 있다.

이 33명이 왕 앞에서 치르는 전시(殿試)이다. 가장 뛰어난 자를 장원급제자로 특별 대우, 6품 이상의 참상관으로 임명하는 것이다.

무과와 잡과, 기타

무과 과목은 활쏘기, 달리는 말 위에서 창 던지기, 격구 등 무예와 경서, 병서 등의 학술이다. 문과처럼 초시와 복시가 있고, 최종 합격자를 선달이라 한다. 전시도 있다. 무과는 문과만큼 중요하지는 않았지만 무관을 채용하는 제도가 정식으로 마련됨으로써 양반체제가 더욱 확고해진다.

잡과는 번역·통역관을 뽑는 역과, 의술과 의학담당 관리를 뽑는 의과, 천문·지리가 시험과목인 음양(陰陽)과, 법률·형법 등을 보는 율과의 네 가지였다. 주로 중인계급의 자제들이 잡과에 응시한다.

정식 과거는 3년에 한 번 치러지고 이를 식년시라 한다. 그밖에 나라에 경사가 있을 때 치러지는 증광시(增廣試), 보통 경사 때 치르는 별시문과, 그리고 앞서 말한 알성시가 있다.

성균관 명륜당.

음서나 과거 등으로 채용된 관리들에게는 나라에서 토지를 지급해 준다. 관리직을 물러난 사람에게도 마찬가지이다. 조준이 '강행'했던 여말의 과전법은 관직을 18과로 나누어 관리들의 직위에 따라 토지를 주는 제도였다. 그것을 통해 세금인 조까지 스스로 거둬들일 수 있게 한 것이다.

당시 과전 분배는 경기지방 토지에 한했다. 그리고 대를 물리지 않는 것도 원칙이었다. 그러나 이 두 원칙은 잘 지켜지지 않았다. 과전을 받은 당사자가 죽더라도 아내가 개가하지 않을 경우, 부모가 다 죽고 어린 아들만 남을 경우, 그런 식으로 예외가 인정되더니 실질적으로 세습되기 시작한다.

정형(定型)과 내용

이 모든 것이 태종 치세 때 이루어진 것은 물론 아니다. 그 이전부터 있었던 것도 있고 그 이후에 생긴 것도 있다. 그러나 태종은 이 모든 것의 형태를 1백 퍼센트 정했고, 그의 당대에 그 내용을 95퍼센트 이상 채웠다. 그는 정말 조선의 토대와 미래를 건설했던 것이다. 그가 정도전과 연대할 수는 없었을까? 부질없는 질문이다. 둘이 같이 산 것은 합작·결별·파탄의 기간이지만, 역사적으로 조망할 때 정도전은 이성계와 이방원을 잇는 최선의 매개였다.

태종은 그 매개로 자신의 방향을 일관되게 하여 왕권집중을 통해 '백성을 위하는 정치'를 지향할 수 있었다. 물론 여기서 백성은 조선적이고 유교적인 백성이다. 서얼차별의 악례(惡例)와 향·소·부곡의 폐지, 그리고 노비 구휼이 병존하는.

왕권강화에 대한 의지가 얼마나 확고했는가는 공신과 외척을 대량으로 제거하는 데서 매우 극단적으로 드러난다. 태종은 민무질·무구 형제에게 사약을 내린 지 2년도 지나지 않아서 민무휼·무희 형제까지 처단한다. 그들의 누이인, 너무도 총명한 공신왕후 민씨의 심정은 어땠을까? 맙소사, 그녀는 전혀 딴판으로 변해 있다. 그녀의 과도한 투기, 왕까지 능멸하는 친정과의 사사로운 내통, 그런 것들이 민씨 형제의 방자함과 태종의 분노를 각각 부채질한다.

무질·무구 형제는 태종 2년, 왕이 창종(瘡腫)으로 와병중일 때 대역을 도모했다는 혐의를 이미 쓰고 있는 터였다. 시녀를 시켜 왕의 상태를 염탐하며 호시탐탐 기회를 노렸다는 것이다. 태종은 장인이 죽자마자 무질·무구 형제를 즉각 처단한다.

그리고 왕후가 불손한 언사를 마구 내뱉는 것에 격분, 왕후까지 폐비시키려 했다. 이런 정황이 그의 왕권강화 의지를 더욱 부채질했을까, 아니면 이것 자체가 왕권강화의 한 진풍경일 뿐일까? 후자일 것이다. 태종은 1414년까지 공신을 모두 은퇴시켰고, 말년에는 왕권을 견제할 어떤 신권(臣權)도 존재하지 않았다.

토지제도
태종은 1413년까지 총 120만여 결의 전지를 확보한다. 사전(私田)

규정을 엄격히 하고 별사전(別賜田)을 혁파하고, 사원과 공신전에 대해 세금을 물리고, 1~18과의 과전에서 5결씩을 감하고, 전직관리의 과전을 5~10결로 제한하고, 사원전을 혁파하고, 공신전 세습제를 폐지하고, 관리 수를 줄이고······.

토지를 확보하려는 그의 노력은 정말 꾸준하고 치열했다. 그러나 태종 때 안정을 찾았지만 토지제도는 조선 왕조 존속기간 내내 골칫거리였다. 한마디로 땅덩어리는 좁은데 관리들이 너무 많고, 게다가 땅은 세습되어야 마땅하다는 심성, 토지에 혈연적 애정을 느끼는 심성이 너무도 뿌리깊었다. 1466년(세조 12년) 과전법을 폐하고 현직 관리에게만 토지를 지급하는 직전법(職田法)이 실시된다. 그러나 이 것도 오래 가지 못했다. 1556년(명종 11년)부터는 관리들이 녹봉만을 받게 된다. 토지의 개인 소유가 점점 더 늘어났다.

전통적인 과전과 공신전 외에 지방 유력자에게 지급된 군전(軍田) 도 세습되기 시작했고, 성균관·4부학당·향교 등 교육 시설을 위한 학전(學田)과 절을 위한 사원전도 세습되었다. 나라의 토지는 더욱 부족해졌다.

중앙관청 비용을 충당하기 위해 지급된 공해전이 곧 없어졌고, 지방 향리에게 지급되던 외역전 역시 폐지되었다. 양반관료들은 그냥 토지를 세습했던 것만이 아니다. 그들은 토지에서 얻은 이익으로 남의 토지를 사들였고 새로 토지를 개간하기도 했다. 고려 말 권문세가의 농장이 다시 되살아나는 이러한 추세는 영남 출신 사림(士林)들이 새로운 세력으로 등장할 때까지 계속된다.

편년체로

1401년, 즉위 이듬해의 신문고 설치로 대변되는 태종의 '백성을 위한' 사회정책은 다음 장에서 논의될 것이다. 여기서는 나머지 치적과 사실들을 될 수 있으면 편년체로 기록해보자.

1403년 처음으로 벼슬에 오른 자와 7품 이하 관원에게 주자의 《가례》를 문제로 하여 시험을 치렀고 《가례》를 대대적으로 보급했다. 같은 해에 주자소를 설치하여 계미자 수십만 자를 주조, 유교 교육을 위한 서적 출간의 새 장이 열리게 된다.

1407~1409년에 문묘를 중건하고 문묘제도를 정비하면서 혼인 · 장례 · 관복 등을 제도적으로 정비하더니, 1413년에 단군과 기자를 승격시켜 유교 제사의식 속으로 흡수한다.

1410년 여진족이 경원부에 침입, 병마사를 포함한 관군 15명을 사살했다. 경원부(경흥)는 조선 왕조 선조들의 무덤이 있어 설치된 지방 행정조직이다. 관군이 출동하자 여진족은 곧 달아났지만 그후로도 침입이 잦았다. 여진이 막강했던 것일까? 아니면 태종도 고려 무신의 잔재를 갖고 있었던 것일까? 이듬해 조선 조정은 왕실 선조의 무덤을 함주(함흥)로 옮기고 경원부를 공식 폐지한다. 동북면 영토 일부가 여진족에게 넘어갔다. 대신 서북 국경은 의욕적으로 넓혀 1416년 압록강에 이르렀다.

태종은 내치에 더 관심이 있었던 듯하다. 경원부를 폐지하던 1411년 산에서 내려오는 유수와 생활하수를 처리하기 위해 대규모 수로 개척공사를 일으켜 청계천을 한성 한가운데로 가로지르게 했다. 동시에 중심거리 양쪽에 행랑(연쇄상가)을 지어 시전으로 사용케 한다. 광화문 네거리 동쪽에서 창덕궁 가까이까지 이르는 행랑은 8백여 칸, 종로 네거리에서 숭례문에 이르는 행랑이 1천여 칸이었다. 행랑 10칸마다 화방장(방화시설)이 마련되었다.

3등급의 상세(商稅)를 부과했다. 소금 · 어업에 관한 권리 · 의무도 정해졌다. 그러는 동안 불교와 도참사상에 대한 억압이 강화되었다. 1406년 태종은 전국에 12종파 232사만을 남기고 5~6만 결의 전답

과 8만여 명의 노비를 국가에
귀속시켰다.

1413년에는 처녀 비구니들을
환속시키고, 그 이듬해에는 상원
(上元) 초파일 연등을, 1416년에
는 상원 장등(張燈)마저 폐지했
다. 도첩제가 강화되었다. 공민
왕 때 실시되었던 도첩제는 포 50필
을 받고 도첩(승려증명서)을 주었다.

그러나 태종 때는
그 가격(?)이 세 배
가까이 상승한다. 각
종 부역에 승려를 동원
하기도 했다. 1417년에

목탁. 불구(佛具)의 하나로, 목어(木魚)가 변형된 것.

는 서운관에 소장된 비기도참서를 소각했다. 1413년 호패법을 실시,
16세 이상의 남자는 모두 호패를 차고 다니게 했다. 호패는 주민등
록증 같은 것이다. 그렇게 호구와 인구 파악이 가능해졌다. 노비문제
에 각별한 관심을 가졌던 태종은 고려 말 이래 노비소송을 척결하는
도중인 1414년 종부법(從父法)을 제정, 국역(國役)인구를 확보하면서
노비주들의 세력 약화를 꾀했다.

1415년 김제 벽골제가 1만여 결에 대한 수리를 감당할 수 있는 규
모로 개축되었다. 그 이듬해 국농소(國農所)가 설치됐고, 곧이어 조
종잠실(朝宗蠶室)을 새로 설치하고 각 도에 뽕나무를 심게 했다.

신문고와 종소리 6장

일상 속으로

태종의 치세가 이어진다. 그러나 관점을 달리해보자. 종소리는 불교의 마음의 평화를 상징했다. 신문고는 송사를 상징한다. 물론 그 이전에도 재판은 있었다. 그러나 이제부터는 좀 다르다. 단호한 구형과 정상참작이야 변한 것이 없으되, 잘못의 쌍방성(雙方性)이 갈수록 복잡해진다. 신문고를 통해 접수된 민원은 어떤 내용들인가. 신문고의 운명은 어떠했던가. 형벌은 어떤 것이 있었는가. 그러한 백성들의 법을 배경으로 승려 보우와 무학의 행적이 사라져간다, 어디로? 산 속으로? 그랬으면 좋겠다. 그게 불교의 참 길인지 모른다.

유교의 일상

대가족 제도가 뿌리를 내리면서 가족공동체의 터전이 마련되고 부모에 대한 효도와 형제 간의 우애, 그리고 남녀 간의 도덕, 조상에 대한 공경 등이 강조된다. 그 모든 것이 국가=왕에 대한 충성심의 밑거름으로 작용할 것은 당연하다. 거꾸로도 마찬가지이다. 일부다첩제도 유행한다. 이것은 딱히 유교적인 것은 아니다. 오히려 고려 말 문란해진 혼인제도와 연관이 있다고 할 것이다.

그러나 축첩은 점차 조선 유교사회를 유지하는 하나의 근간으로 작용하게 된다. 유교에 잠재한 남존여비 사상 때문이다. 사실 여자를 천시하는 것이야 불교가 더하다. 그러나 불교는 존재의 심성 혹은 미학 자체가 여성적이다. 그래서 어언간에 천시는 단순한 형식에 불과하고, 예술적이고 섬세하며 풍만한 여성성이 그 내용으로 들어서는 것이다.

유교의 심성 혹은 미학은 그와 다르다. 유교는 스스로 닫히기 쉬우면서도 그 위험을 무릅쓰고 중심을 지향하는 게 본성이다. 이것이 매우 보수·남성적인 심성 혹은 미학으로 귀결될 것은 쉽게 예상할 수 있는 일이다. 그래서 불교에는 숱한 보살이 있지만 유교 성인 혹은 유학자 중에 여자는 눈씻고 보아도 없다.

재혼한 여자와 첩의 자식을 천대하는 서얼금고법이나 삼가(三嫁) 금지법 모두 태종 때 제정된 것이지만, 애꿎은 자손들만 피해를 볼 뿐 축첩제도는 더욱 성행했고 재혼도 막지 못했다. 어쨌거나 양반은 사당을 세워 조상을 받들고, 부모가 세상을 떠나면 3년 동안 상복(喪服)을 입고, 관리는 3년상이 끝날 때까지 벼슬자리에서 물러나 있어야 했다.

유교의 경제, 내용과 형식

임금이 부른다면 예외가 인정되었는데 이것은 신하의 경력 중 매우 특기적인 일이었다. 하여간에 이러한 점들은 엄격한 유교예절과 도덕이 양반 아니고서는 애당초 지킬 수 없는 것이라는 점을 처음부터 드러내고 있다. 권력의 배려이든 부모가 물려준 재산이든, 어느쪽이든 간에 3년 동안 먹을 것이 있어야 3년상을 치를 수 있을 것은 명약관화하다. 백성을 위한 정치의 허구가 살짝 엿보이는 대목이다.

그렇게 우리는 이 장에서 백성들의 고통에, 그리고 그것을 덜어주려 했던 태종의 노력에 초점을 맞추어보자. 고통 중 가장 큰 것은 물론 생활고였다. 태종의 노력 중 가장 획기적인 것은 즉위 이듬해 신문고를 설치한 일이다.

> 송 태조가 등문고(登聞鼓)를 설치하여 하정(下情)을 상달(上達)케 한 제도를 본받으소서……

안성학장 윤조 등이 그렇게 상소를 올린다. 이 상소는 그 의미가 매우 크다. 적어도 형식적으로는 신권(臣權)을 백성권(百姓權)으로 확대시키자는 포부를 담고 있는 까닭이다. 이것이 제대로 된다면 왕의 신격화에 기대면서 완벽한 백성 민주주의로의 길이 열릴 수도 있을 것이다. 그야말로 하느님의 평화이다.

그런데 하느님의 평화? 이 말과 유교정치학은 사실 얼마나 다른가! 종교적인 것이 만민의 평화를 추상적으로 추구, 결국 만인의 정신적 노예화를 면치 못하는 허점을 지닌다면, 정치는 필요불가결한 중간과정을 과학적으로 인식하는 게 급선무이다.

과연 신문고는 숱한 우여곡절을 겪었다. 이 우여곡절은 신격화와 민주주의 간의 모순을 보여주는 점에서도 흥미롭지만, 조선시대 유교정치학의 실상과 한계를 역으로 보여준다는 점에서 더욱 흥미롭다.

구체화

태종은 그 상소를 받아들여 등문고를 설치했다. 그러나 백성은 고사하고 신하들조차 어안이 벙벙할 뿐 별 반응이 없다. 당연하다. 목숨 거는 일에는 이력이 났지만, 아니, 이력이 났으므로 더욱, 권력투쟁도 아닌 일개 송사에다 목숨을 걸 사람이 누가 있겠는가. 얼마 후 의정부가 무척 구체적인 의견을 내놓는다.

1)억울한 일이 있는 백성은 누구나 거주지 관청에 그 사실을 고하고,

2)그 관청에서 수리하지 않을 경우 등문고를 두드려 국왕에게 직접 호소케 하며,

3)접수된 민원은 사헌부가 규명한 후 정당한 것이면 억울함을

마리아 이즈퀴에르도, 〈가난한 어머니〉.

퍼게 하고, 사사로운 원한이나 무고로 인한 것은 그 북 두드린
자를 벌한다.

그렇게 신문고가 탄생했다. 그러나 벌써 위의 문제와 아래의 문제
가 드러난다. 위의 문제는 국왕에게 직접 고하는 절차가 매우 까다롭
다는 점. 아래의 문제는 무고. 위도 아래도 아직 민주주의를 할 만한
역량이 없다는 뜻이겠다. 그리고 무고인지 아닌지는 또 누가 판단하
는가? 사헌부에 불복하게 되면? 송사가 송사를 낳게 될 것이다. 그
것은 위 아래 문제가 겹쳐진 결과이다.
　위 아래의 능력이 없지만, 그런 채로 문제가 끈질기게 이어지고 발
전한다. 어떻게 발전할까?

백성의 현실
고려시대보다 나아졌다지만 조선 농민의 생활은 여전히 곤궁하고

미래가 불투명했다. 게다가 건국 왕조가 민심수습책으로 제시한 청사진에 대한 기대, 혹은 의식의 진보를 감안하면 불만의 질이 더 높았을 것이다. 확실히 나라에 내는 세금은 경감되고 보다 공평해졌다.

'과전'의 경우 나라에 내는 세금은 10분의 1이었다가 세종 때에 20분의 1로 경감되었다. '전등 6등'이나 '연분 9등', 그런 식으로 토지의 질에 따라 6등급으로 한 해 농사의 풍년·흉년 정도에 따라 9등급으로 세분되기도 했다.

그러나 문제는 농민과 나라 사이에 낀 토지 주인, 양반관료였다. 그들이 수확의 반을 가져갔던 것이다. 백성은 각지의 특산물도 공납으로 바쳐야 했고, 별도로 수령·방백에게 진상품도 올려야 했다. 이밖에 성인 남자에게는 역(役)의 의무가 있었다. 국민개병제였으므로 군역이 있었고, 또 일년에 일정기간 동안 나라를 위해 노동을 바치는 용역이 있었다.

사실 태종 때 실시된 호패법은 농민을 토지에 묶고 조세와 공물과 부역을 어김없이 받아내려는 제도에 다름아니다. 그런 처지의 백성들을 나라가 정치경제학만으로 다스릴 수 있을까? 종교의 아편이라도 필요한 것 아닐까? 유학은 그만큼 종교화되고 불교도 그만큼 생명을 유지하게 된다. '가난은 나라도 못 다스린다'는 속담은 이때쯤 태어난 구호 혹은 주문이겠다.

다행인 것은 역시 과학·기술의 발전. 비료를 사용하게 되어 매년 농사가 가능했고 볍씨를 미리 싹틔운 모를 논에 심는 이앙법(移秧法)의 개발로 벼의 생장이 더욱 빨라졌다. 저수지도 많이 만들어져서, 경상도에서만 그 수가 6백을 넘는다.

왕의 현실
태조는 진정 백성을 위한 왕이었는가? 이 질문은 그의 다음 대인 세종에 가서야 질문 자체가 가능할지 모른다.

그는 집권 초기 일년에 세 차례나 명에 사신을 파견하면서 조공과 처녀·환관·말·소 등을 무리하게 진헌한 바 있다. 일본과의 관계에 있어서도 왜구에게 피해받는 백성들을 구제한다는 원칙보다는 무역개방의 관점에 더 비중이 컸다. 1407년 그는 일본 상인과의 무역을 정하고 행장을 발급해준다. 그후 왜인 제약을 계속했다지만 부산포 내이포에 이어 염포까지 개방한다. 그는 세종에게 왕위를 물려주고 상왕으로 물러앉고서야 병선 227척 군사 1만 7천으로 쓰시마 섬을 정벌, 왜구 토벌에 나섰다. 이것은 군사권을 계속 지니려는 욕심과 세종대왕의 민생안정책이 기괴하게 결합한 결과일 것이다. 하여튼, 백성을 '위한' 혹은 '향한' 태종의 진보성은 대체로 왕권강화를 추구한 결과이지 그 반대가 아니다.

호패. 태종 때 실시된 호패법은 농민을 토지에 묶고 조세와 공물과 부역을 받아내려는 제도에 다름 아니었다.

물론 예외는 있다. 그는 신문고를 설치한 이후 1406년 동녀를 선발하여 의약·진맥·침술 등을 가르쳐 부인병 치료에 힘쓰게 했다. 1409년에는 의약활인법을 제정, 현직자가 아닌 의학 수료자에게도 치료할 기회를 주었다.

공물과 중첩되는 호포세를 1410년에, 포백세를 1415년에 폐지했다. 같은 1415년 보충군제를 실시, 양인과 천민이 혼인하여 태어난 자 중 부친 쪽이 양인인 경우 보충군에 편입하여 일정기간 군역을 시킨 후 양인이 되게 했다.

1418년에는 여러 군현에 양봉통을 설치케 했다. 별와요를 설치하여 초가집을 개량했다. 새마을 운동? 어쨌거나, 이것만 해도 백성을 어여삐 여기는 군자의 덕을 유감없이 보여준다 할 것이다.

그러나 이 모든 것도 태종이 추진한 거대한 왕권집중 작업에 비하면 새발의 피다. 신문고는 세운 지 딱 석 달 만에 다시 규정이 '구체화'되었다. 자, 문제가 그 사이 어떻게 발전했을까?

포상과 무고

우선은 아래의 문제. 무고를 방지하기 위한 것이었다. 조치는 지방인의 격고(擊鼓) 절차를 수령·관찰사 → 사헌부 → 신문고로 한다는 것.

두 번째 조치는 두 달 후에 있는데, '위의 문제'가 포함되어 있다. 역모를 고발하는 자에 대한 포상. 신문고가 왕권강화의 한 수단으로 낙착되는 현장이다.

1)정치 득실과 민생 안정책에 관한 것은 의정부 → 신문고의 절차

2)억울한 일일 경우 서울은 담당관 → 사헌부 → 신문고, 지방은 수령·관찰사 → 사헌부 → 신문고, 단 절차를 지킬 것이며 허위이거나 절차를 무시할 경우 죄로 다스린다……

이것은 무고를 이유로 절차를 내세워 백성권을 유명무실하게 하는 조치이다. 그리고 곧바로 본론이 이어진다.

3)반(反)역사적인 일, 종친·훈구대신을 모해하는 일을 발견하는 즉시 신문고를 치고 사실일 경우 상을 준다.

상은 관직 보유자일 경우 논 2백 결, 노비 20구 및 범죄자의 전재산을 주고 3등 서훈, 양인일 경우 논·노비와 범죄자 전 재산을 주고 6품에 제수, 공사 천민일 경우 범죄자 재산을 주고 혼인을 통해 양인으로 삼은 뒤 7품에 제수……. 너무도 끔찍한 국가보안법이다. 태종 치세의 어두운 면이 일순 백일하에 드러난다.

성종대에 이르러서야 이 조항은 표창규정이 폐지되고 처벌규정이 강화되는 방향으로 개정된다. '위의 문제'는 그 정도로 자제되는 것이다.

'아래의 문제', 형벌

그러나 '아래의 문제'는 아수라장을 거듭했다. 신문고 자체가 다른 북소리를 신문고 소리로 오인하는 등 별 우스운 계기까지 겹치면서 그야말로 다사다난한 폐지·재실행의 운명을 겪게 된다. 그러나 격고 사유의 대부분이 개인적 이해, 노비, 형옥·재산문제에 관한 쌍방 무고 일색으로 되었던 것이 더 문제이다. 하긴 그것만 해도 가상한 용맹이었는지 모른다.

신문고는 대부분의 백성들에게는 1)대궐에 위치했으므로 2)격고 절차 위반에 대한 처벌이 과중했으므로 3) '하극상'을 가장 커다란 중죄 중 하나로 여기는 엄격한 신분제에 길들여 있었으므로, 접근이 원천적으로 불가능한 것이었다.

하지만 신문고는 조선의 의사결정 구조에 거대한 배경이 된다. 그것은 하다못해 그 지지부진한 무고조차도, 눈에 보이지 않게 그러나 근본적으로 조선시대의 근세(近世)·백성주의적인 분위기를 꾸려갈 것이다.

이제 백성들이 피부로 느꼈을 형벌제도를 알아보자. 우리는 고조선 8조법에 대해 언급했다. 삼국시대에 이르면 성문법(成文法)이 마련된다. 대체로 참혹했다.

고려에 이르면 당률(唐律)을 본뜬 태(笞, 10~50대), 장(杖, 60~100 대), 도(徒, 노역 1~3년), 유(流, 유배 2천~3천 리), 사(死, 교수형과 참형)의 오형제도가 확립되었다. 그리고 그밖에 삼국시대의 형벌을 계승한 극형이 있었다.

시신을 토막내어 시장에 전시하는 기시(棄市), 참수한 머리를 높은 데 매달아 일반에 전시하는 효수, 시신의 사지를 각각 수레에 매달아 찢고 그것을 공개하거나 지방에 회람하는 거열(車裂), 시신을 토막내어 각 도에 회람시키는 지해 혹은 체해…… 확실히 형벌은 전체적으로 문화화되어가지만 극형은 더 잔인무도해지는 경향이 있다.

조선 고유(固有)

조선은 대명률을 그대로 시행했지만 고유의 형벌이 부가되어 실제로는 대명률보다 더 가혹했다. 능지처사(陵遲處死)는 좌참 혹은 지해하기도 하지만 죄인이 살아 있는 상태에서 사지를 하나씩 베어내고 마지막에 목을 베어 결국 여섯 토막의 시체가 되게 하는 가장 잔인

청나라의 능지처참(陵遲處斬). 팔과 다리를 차례로 자른 후 마지막으로 목을 벤다.

한 형벌이다. 반면, 참형은 대시(待時)와 부대시, 둘로 나누었다.

화폐위조범, 밤을 틈타 작당하여 사람을 죽이는 자는 때를 기다리지 않고 참했고, 유배중 도망자는 춘분~추분 기간을 피하여, 즉 때를 기다렸다가 참했다. 대체로 간도살(奸盜殺) 범죄자, 그리고 삼강오륜범은 부대시참이었다.

그밖의 부가형은 장형을 집행한 후 무기한 군역에 종사하게 하는 변원충군(邊遠充軍), 재물에 관한 범죄자의 팔뚝 등에 글씨를 새기는 자자(刺字), 파직(罷職)·파역(罷役), 남녀의 연을 끊게 하는 이이(離異), 범죄자 재산의 일부·전부를 빼앗아 피해자 혹은 그 가족에게 주는 단부(斷付) 등이다.

1410년 개국 1등공신 조호가 혜민국 가로상에서 거열형을 당했다. 그리고 1420년 세조의 왕위찬탈에 항거한 사육신 중 박팽년과 유성원도 백관 앞에서 거열형에 처해지게 된다. 임금이 사약을 내리는 사사(賜死)는 고관대작의 명예를 존중한 형벌. 이후 단종이, 그리고 조광조·송시열·김수항 등 많은 인재들이 사약을 마시게 된다. 팽형(烹刑)은 중국 한나라에서 유래한 것으로, 솥에 넣고 끓여 죽이는 매우 참혹한 형벌이다. 조선시대에 이 형벌이 실질적으로 집행되지는 않았다.

다만 영조(1724~1776년) 초에 탐관오리를 팽형에 처하자는 논의가 있었을 뿐이다. 의례적으로, 상징적으로 처한 예는 전한다. 탐관오리를 체포하면 종로 네거리 보신각 앞에 큰 솥을 걸어놓고 군막을 친 후 포도대장 이하 포도청 관리들이 도열한다.

죄인을 솥 속에 던져넣은 후 포도대장이 죄목을 낭독하고 불을 피우는 시늉을 한다. 그렇게 의례가 끝나면 죄인은 가족에게 인도된다. 가족은 그가 죽은 것으로 간주, 장례를 치르고 죄인은 내내 은둔생활을 해야 했다.

그밖의 특례

유형의 특례로는 근처에 가족을 두는 부처(付處), 두문불출에 해당하는 안치(安置)가 있고, 육형(肉刑)의 특례로는 발꿈치 힘줄을 끊는 단근형, 장형의 특례로는 곤(棍)형과 원장(圓杖)형 등이 있었다. 곤과 원장 모두 장보다 무겁다.

재산형의 특례는 고려 때부터 내려온 적몰가산, 죄인의 집을 헐고 집터에 못을 만든 파가저택(破家瀦宅). 삼강오륜범에게 과한 것으로 처자를 종으로 만들고 읍호를 강등하며 수령을 파직하는 일도 병행되었다.

연좌제는 처벌범위를 친족에게까지 확대하는 제도이다. 모반·대역죄의 경우 부자, 처첩, 조손, 형제자매, 자의 처첩까지 처벌했다. 이 연좌제는 1894년 갑오개혁 때 비로소 폐지된다. 전가사변(全家徙邊)은 가족 전체를 변방에 옮겨 살게 하는 것.

처음엔 단순한 이주정책의 일환이었지만 점차 형벌의 성격을 띠었다. 읍을 강등하는 것 또한 연좌제의 한 형태이다. 충청도가 공충(公忠)도로 강등된 일이 있다. 다시는 관리를 못 하도록 조처하는 금고 혹은 폐위서인은 자손에게까지 미치는 연좌형. 이것은 조선 고유의 형벌이다. 삼성추국신장(三省推麴訊杖)은 의금부에서 주로 삼강오륜범을 신문하는 고문으로, 의정부·사헌부·가산원 입회하에 행해진다.

조선시대 고문은 매우 잔혹하므로 임금이 금지령을 수시로 내리기는 하였지만, 대부분 형벌로 간주되었다. 오장육부가 있는 등을 치는 태배(背)형, 마구 치는 난(亂)장, 여러 사람이 붉은 몽둥이로 마구 치는 주장당문(朱杖撞問), 다리를 묶고 그 사이를 몽둥이 두 개로 헤비집는 전도주뢰(剪刀朱牢, 주리틀기), 양다리 무릎뼈를 몽둥이로 짓이기는 압슬(壓膝), 양다리와 양손을 묶고 불에 달군 쇠막대를 발가

호세 루이스 쿠에바스, 〈이 세상의 추악한 자들〉.

락 사이에 넣는 포락(泡烙)이 있었다. 이밖에 이름 없는 고문도 무수하게 많다.

곤장 모서리로 정강이 때리기, 곤장 끝으로 볼기 벗기기, 나무집게로 급소 찌르기, 거꾸로 매달고 콧구멍에 잿물 붓기……. 고문을 한 관리는 장 100도 3년에 처하고 고문치사죄는 더 엄한 처벌이 규정되어 있었지만, 거의 적용되지 않았다.

복잡 다양

고문이 형벌과 구별된 것은 근대로 들어와서이다. 그러므로 고문 기술은 더 다양해지고 기술적인 것이 되었다.

고문이 갈수록 악독해지는 것은 내적으로 '폭력이 더한 폭력을 낳는 고문과정 자체의 악순환과, 외적으로 죄를 규명하는 일이 점차 어려워지는, 범죄 수준의 진보와 연관이 있다.

그렇다. 범죄도 따지고 보면 지배층에 대항하는 수단 중 하나이다. 범죄·형벌사에도, 아니 그것에야말로 지배계급과 기층민중 간의 대립과 투쟁이 매우 처참하고 치열한 모습을 드러낸다.

형벌로만 보더라도 조선 사회는 매우 복잡·다양해졌다. 역사의 전면에 백성이 서서히 등장하는데, 이것이 역사서에 기록되기까지는 또 한참이 걸린다. 그러나 행형록(行刑錄)에는 가장 먼저 기록되는 것이다. 그 행형록을 지배하는 것은 사람과 사람의 정치·경제적 관계이지 종교적 관계가 아니다. 그 성격은 조선시대로 들어서면서 거의 돌이킬 수 없는 것으로 된다.

그렇다. 불교는 이제 속세에서 물러나고, 유교가 신앙이 아닌 윤리와 규범으로서, 정신이 아닌 뼈대로서, 일과 삶의 문화로서 하부구조화된다. 이제부터, 물론 예외는 어디에나 있지만, 영웅이 시대를 만드는 것보다 시대가 영웅을 만드는 것의 비중이 더 커지는 시대가 시작된다. 그게 또한 근세의 의미일 것이다.

자, 이제까지의 모든 정황들을 배경으로 우리는 조선 초 위대한 스님 두 분을 보내드리자. 어디로?

은둔 속으로

보우(普愚, 1301~1382년)는 고려시대에 죽었지만 불교도 이성계의 스승이었다. 여말 이성계 쿠데타 및 개혁시기에 그는 어떤 태도를 취했을까?

어머니는 해가 들어오는 태몽을 꾸고 그를 낳았다. 13세에 출가, 19세부터 '만법귀일(萬法歸一)'의 화두를 혼자 연구하였다. 그는 갈수록 선종에 심취하게 된다. 1333년 죽기를 각오하고 7일 동안 정진하였더니 두 아이가 나타나 더운 물을 권했다. 감로수였다. 그는 크게 깨우치고 어버이를 봉양하며 후학을 지도하였다. 원으로 가서 석옥을 만나 도를 인정받았다. 석옥은 그에게 자신의 가사를 벗어주었고 원의 왕족과 귀족들도 그를 우러러보았다. 원 순제가 그의 강설을 청해 들었을 정도이다.

1352년 공민왕이 그를 억지로 불러내어 궁중에 머무르며 설법하게 하고, 1356년에는 그를 왕사로 책봉하여 광명사에 머무르게 했다. 그는 간청을 하다가 들어주지 않자 몰래 빠져나왔지만 왕이 다시 그를 억지로 데려왔다.

1363년 신돈을 '사승(邪僧)'이라 규탄하고 쫓아낼 것을 청했지만 왕이 듣지 않자 왕사 인장을 반납했고, 5년 후에는 신돈의 모함으로 금고에 처해지기까지 했다. 그러나 왕은 이듬해에 다시 그를 풀어주었다.

1371년 왕은 예를 갖추어 그를 국사로 봉한 뒤 영원사에 머무르기를 청했지만 그는 사양하였다. 1382년 여름, 그는 '돌아가자, 돌아가자' 하고 소설산으로 돌아가더니 겨울에 들어서면서 언어와 동작이 불편해졌다. 12월 23일 그가 제자들을 불러모으고 말한다. 내일 유시에 내가 떠날 것이다…… 왕에게 아뢰는 유언을 군수 편에 전하고 대신들에게는 사세장(辭世狀) 6통을 부쳤다. 그리고 예견한 시간에 입적했다.

왕도의 누적된 폐단, 정치부패, 불교계의 타락에 대한 개혁의 필요성을 그는 절감했고, 한양 천도와 정교 혁신을 주장했다. 그러나 받아들여지지지 않았다. '돌아가자, 돌아가자…….' 그 울림이 참으로 크다. 종소리? 그는 현재 대한 조계종 종조로 추앙되고 있다.

신화 속으로

무학에 관한 설화는 도선의 그것과 비슷하게 풍수지리적이다. 어머니가 물에 떠내려온 오이를 먹고 그를 임신했으며, 출산 후 버렸더니 학이 날개로 보호해주었다고 한다.

해인사 동자승 시절에는 상추를 씻다가 절에 불이 난 것을 알고 물을 뿌려 불을 껐다고도 한다. 이성계의 꿈을 해몽하고 새 도읍지를 정해준 것은 이미 말한 대로이다. 한양 천도와 연관하여 재미있는 이야기가 하나 더 있다.

한양 땅을 도읍으로 정했지만 대궐을 지으면 번번이 허물어진다. 무학이 낙담하여 어깨를 축 늘어뜨리고 지나가는데 어느 노인이 논을 갈면서 소를 꾸짖는데, '이랴, 이랴! 이 무학이보다 미련한 소!' 그런다. 무학이 놀라 노인에게 까닭을 물었다.

연유는 풍수지리. 다시 학이다. 한양 땅이 학터인데 등에 무거운 짐을 실으니 날개를 칠 것 아니냐. 그러니까 궁궐이 무너진다. 성부터 쌓아 날개를 눌러라. 그러면 대궐이 무너지지 않는다……. 그 말대로 했더니 과연 대궐이 무너지지 않았다. 노인은 삼각산 산신령이었다 한다. 하지만 날개를 누른 것 자체가 문제 아니었을까?

무학, 즉 자초(1327~1405년)는 18세 때 출가했고 9년 후 원나라로 가서 인도승 지공에게 도를 인정받았다. 그리고 이듬해 나옹을 만나 서로 마음이 통했다. 1371년 나옹이 왕사로 책봉되면서 그에게 의발을 전했다. 그러나 나옹의 부름에 그는 응하지 않았다.

나옹이 입적한 후에 그는 왕사 자리를 제의받았으나 물리치고 전국 명산을 돌아다닌다. 아마 이때 이성계와 알게 되었을 것이다. 태조는 그를 왕사로 모셨고, 그는 유교는 인(仁)을 가르치고 불교는 자비를 가르치지만 본디 하나임을 이성계에게 설법했다.

그의 간청으로 개국시기에 죄수가 대대적으로 방면되었다. 그리고 한양터를 도읍지로 정했다. 그리고……. 이어 무엇을 더하겠는가. 그는 풍수지리를 통해 신화 속으로, 과거 속으로 사라졌다. 개국과 사라짐이라……. 어떻든 풍류의 장관이다.

죽음 속으로

조선은 개국 초부터 억불숭유 정책을 천명
했지만 태조가 보우의 제자였고 무학과
절친한 사이였으므로 급속히 시행하지
는 않았다.

태조는 즉위년에 무학을 왕사로 삼
았고 궁궐에서 승려 2백 명에게 음식
을 주었으며, 연복사 탑을 중창하고 문
수회를 베풀고, 해인사 고탑을 중수하
면서 탑 안에 대장경 인쇄본을 안치하였
다. 1394년에는 천태종 고승 조구
를 국사로 삼고 《법화경》 3부를 금
글씨로 써서 고려 왕씨의 명복을

염주. 염불의 횟수를 기억하는 구슬이라는 뜻.

빌게 했다. 왕비가 죽은 후, 또 왕자의 난을 겪은 이후 불교에 대한 경
도는 더욱 깊어졌다. 승려를 도태시켜야 한다는 여론이 빗발쳤지만 그
는 휩쓸리지 않았다.

그러나 정종이 숭유정책의 첫 단계로 서울에 5부학당을 지었고, 태종
에 이르면 척불정책이 본격적으로 시행된다. 그는 궁중에서의 불사를
모두 폐지했다. 그리고 이어진 불교 탄압정책은 우리가 앞에서 기록한
대로이다.

1406년 2월 조계종 승려 성민이 사원과 토지와 노비를 종전대로 해
달라고 여러 차례 의정부에 호소했지만 의정부는 아무런 답을 주지 않
았다. 당시 정승은 하륜. 성민은 수백 명의 승려를 이끌고 신문고를 치
며 왕에게 직접 호소한다.

그러나 소용없었다. 아니, 오히려 더 부채질을 한 꼴이 되었다. 전국
에 242개 사찰만 남기고 나머지를 폐사시키도록 조치한 것이 바로 이

때이다. 태종은 승려를 시켜 비오기를 비는 기우불사(祈雨佛事)도 없앴고, 산릉 곁에 사찰을 세워 명복을 빌게 하던 옛 관습도 폐지했다.

소망과 죽음의 영역에서도 불교를 지우려 한 것이다. 하지만 그 자신은 말년에 불교에 심취하게 된다. 세종은 더욱 대대적으로 억불정책을 썼다. 세종 치세 동안 승려들이 두 차례나 명에 가서 명 황제에게 구원을 호소했을 정도이다. 세종은 그때마다 유화책을 썼지만 억불의 대세는 지켜갔다.

오죽하면 팔만대장경을 일본에 주려고 했겠는가. 그는 1424년 7종의 종단을 선교 양종에, 사찰 36개소, 토지 7,950결, 승려 3,770명으로 축소 통폐합시켜버린다. 이로써 국가는 엄청난 재산을 취득했다. 연소자의 출가를 엄금하고 도성 밖 승려의 도성 출입을 금한 것도 세종이다.

그러나 세종도 중년 이후에는 불교를 신봉했다. 불교는 정말 허무의 노년과 죽음의 영역을 완강하게 지배했던 것이다. 하지만 이제 우리 역사상 가장 빛나고 왕성한 삶의 영역인 세종 치세를 만나보자. 그 속에서 죽음을 느끼면 삶이 더욱 심오해지리라.

세종대왕의 조정 7장

속죄를 통한 르네상스와 집현전

우리나라 역사상 최고의 현군(賢君)으로 추앙받는 세종대왕. 그의 즉위 과정 및 조정 운영, 신하들, 그리고 치세 업적을 소개하고 평가한다. 다만, '수신제가치국평천하(修身齊家治國平天下)'가 핵심인 세종대왕 전설들이 사실은 전대(前代)에 대한 속죄를 그 기본내용으로 한다는 것도 짚어보자. 이 장은 세종 치세 상부구조의 장이다.

양녕대군(1394~1462년)과 황희(1363~1452년)/이야기의 재등장/충돌/평화의 뜻/왕립학술연구소/당과 행정/편찬사업/신하들/맹사성(1360~1438년)/김종서(1390~1453년)와 허조(1369~1439년)/최윤덕(1376~1445년)/도천법, 요약/즉위 18년, 왕권과 신권

양녕대군(1394~1462년)과 황희(1363~1452년)

이야기는 다시 세자 결정부터 시작된다.

태종에게는 네 아들과 네 딸이 있었다. 양녕대군 시, 효령대군 보, 충녕대군 도, 성녕대군 종, 그리고 정순·경정·경안·정선공주. 맏아들 양녕대군을 세자로 책봉한 것은 1404년, 태종이 즉위한 지 4년째 되는 해였다.

왕자의 난을 직접 치른 태종으로서는 맏아들을 일찌감치 세자로 책봉, 본을 세워야 했다. 하지만 역사의 복수였을까. 그는 차츰 셋째 충녕대군에게 마음이 기울어갔다.

충녕대군이 왕자들 가운데 가장 슬기롭고 어진 것은 분명했다. 그러나…… 양녕대군은 시와 서, 그리고 무예에 뛰어났고 매사냥을 즐겼다. 공부에도 천재였다. 태종은 두 가지로 마음이 복잡했다. 이제는 안정을 찾아야 할 때…… . 정몽주의 덕이 필요한 때…… .

그는 양녕이 정도전으로 보였던 것 아닐까? 양녕대군은 아버지의 그런 마음을 익히 이해했다. 그는 갑자기 표변, 행동거지가 거칠어지고 실성한 듯 괴상한 소리를 내지르며 부랑배들과 거리를 쏘다녔다. 물론 공부도 게을리했다.

마침내 세자를 폐해야 한다는 주장이 고개를 들고 태종이 폐할 것이라는 소문이 돈다. 태종이 세자를 폐할 것을 거론하자 황희가 반대한다. 황희(1363~1452년)는 그렇게 재등장한다. 그는 고려가 망하자 두문동에 은거한 선비들 중 하나였는데, 2년 후 조선 조정의 요청과 두문동 동료들의 천거로 성균관 학관에 제수되었던 인물이다.

그 또한 고려에 대한 신의가 깊었다. 그러나 어떻든 백성이 불쌍하지 않은가. 최소한 한 사람은 백성을 위해 봉사해야 한다……. 동료들의 생각은 그랬다. 이렇게 그는 태조가, 또 태종이 그토록 바랐던 정몽주의 역할을 세종에게 해주게 된다.

이야기의 재등장

황희에게는 또 이런 일화가 있다. 그가 적성 고을에서 아이들을 가르치고 있을 때이다. 푹푹 찌는 날씨에 늙은 농부가 두 마리의 소를 부리며 밭을 갈고 있었다. 참, 소도 농부도 자주 나온다. 그들은 물론 유교 농사천하지대본 철학의, 그리고 묘하게도 노장사상(老莊思想)의 현자들이다.

노인이 쟁기질을 마치고 소들을 풀밭에 풀어주고는 황희가 앉아있는 나무 그늘 쪽으로 왔다. 황희는 벌떡 일어나 자리를 권했다. 둘이 이런저런 이야기를 나누는데 소들이 어슬렁거리며 노인에게로 온다.

한 마리는 검정 소, 한 마리는 누런 소였다. 황희가 묻는다. 두 마리 다 노인 댁 소입니까? 노인의 눈이 휘둥그래졌다. 아니, 웬 소를 두 마리씩이나. 하나는 빌려온 거요……. 노인이 그렇게 핀잔을 준다. 세상 물정을 그리도 모르겠냐는 뜻이다.

황희가 머쓱했다가 다시 물었다. 두 마리 중 어느 놈이 일을 더 잘합니까? 이번에는 노인이 대답을 안 했다. 한 번 더 물었으나 역시 대답이 없다. 소가 좀 멀찌감치 물러나자 노인이 황희에게 귀 좀 빌리자 하더니 나지막하게 속삭였다.

황소가 일을 더 잘해. 기운도 세고……. 황희가 되묻는다. 아니, 대단한 비밀도 아닌데 노인장께서는……. 노인이 대답한다. 아무리 말 못 하는 짐승이지만 누구보다 못하다는 이야기를 들으면 싫어할 것 아닌가……. 황희는 노인의 말에 크게 깨달았다.

남을 두고 이러쿵저러쿵 함부로 지껄이지 말자……. 이 일로 그는 남을 가르칠 자격이 없다며 선생 노릇을 그만두고 글공부와 정신수양에만 힘썼다. 조선조를 통틀어 가장 위대한 정승 황희는 그렇게 태어난다.

위의 일화는 황희를 위한 일화이자 조선적 재상의 출현을 위한 일화이다. 두 일화를 통해, 황희는 조선을 위한 고려의 유일한 이어짐인 동시에 가장 조선적인 재상이 되는 것이다. 자, 이야기가 갑자기 풍성해진다. 잘되려는 징조인가?

충돌

그러나 마지막 충돌이 남았다. 황희는 정몽주를 극복할 수 있었고 극복한 인물이다. 그런데, 태종이 세자를 폐하려 하는데 그 황희가 반대하고 나선다. 이때 그는 이조판서였다.

한 번 정한 세자를 바꾸는 것은 법도가 아니다. 가벼이 바꿀 수 없다. 세자를 바꾸면 언제나 혼란이 따랐다…… 황희의 반대는 매우 격했고 태종의 비위를 건드렸다. 아니, 아픈 데를 건드렸을 것이다.

그렇다면 나로 인해 세상이 혼란스러워졌다는 뜻? 다른 대신들은

입을 다물어버렸다. 태종은 양녕대군을
세자에서 폐하고 셋째 충녕대군을
세자로 책봉한다. 그리고 황희를
유배보냈다.

이것은 역사의 복수였을까? 역사
는 태종에게 정몽주도 황희도 허락
하지 않았다. 그는 역사상 위대한 왕
중 가장 외로운 경우이다.

양녕을 폐하고 충녕을 세운 것은

별전(別錢), 세자 책봉을 경축하는 용
도로 발행한 동전.

그가 할 수 있는 최대의 속죄였다.
그가? 아니다. 속죄를 주도한 것은 조선 전체이다. 태종도, 양녕도,
효령도, 황희조차도 조선을 위한 속죄의식을 치르고 있는 것이다.

셋째 충녕이 세자로 책봉된 후 둘째 효령은 중이 되었고 첫째 양
녕은 자유분방한 생활을 즐겼다. 효령이 불공을 드리는 데 와서 양녕
이 고기를 구워먹기에 효령이 핀잔을 주었더니 양녕은 이렇게 말했
다 한다.

"살아서는 임금의 형, 죽어서는 부처의 형이니 나는 얼마나 행복한
가……."

이것은 불교의 속죄인가? 그렇다. 그리고 이 모든 것을 주도한 사
람은 양녕이다. 양녕은 임금(세종)이 된 충녕과 매우 우의가 깊었다.
그렇지 않았다면 그는 제명에 죽지 못했으리라. 양녕은 제1의 요시
찰 대상이었다. 행동이 거침없었으므로 그를 처벌하라는 탄핵이 숱
했다. 그러나 세종은 그를 우애로 감쌌고 양녕도 그에게 충고를 아끼
지 않았다.

평화의 뜻

태종은 충녕을 세자로 책봉한 후 2년 만에 임금 자리를 물려주었다. 세종(1418~1450년)의 탄생이다. 실로 파격적인 일이었다. 군사권은 여전히 장악하고 있었음은 앞서 말한 대로이다.

태종이 쓰시마 섬 정벌을 감행한 것은 세종 즉위 이듬해였다. 어질고 후덕한 학자 임금 세종이 평화의 찬란한 뜻을 지상에 구현시킬 토대가 그렇게 마련되었다.

세종은 어렸을 때부터 공부를 게을리하지 않았고 남다르게 슬기로웠다. 9세 때 《경사》《제자백가》에 이르기까지 읽지 않은 책이 없었다고 한다. 무슨 책이든 백 번을 읽었다. 그리고 《좌전》《초사》 같은 책은 백 번을 더 읽었다. 태종은 그의 건강을 염려하여 어느 날 책을 몽땅 치워버리게 했다. 그런데 마침 병풍 사이에 책이 하나 남아 있었다. 구양수와 소식 사이에 오고간 편지들을 모은 《구소수간》.

그가 그것을 읽고 또 읽었음은 물론이다. 태종은 1421년 세종에게 맏아들을 세자로 책봉하라고 분부했다. 그리고 세자 책봉이 있은 몇 달 후 덜컥 병석에 누웠다.

이제 무엇이 남았을까? 황희. 그렇다. 황희가 남아 있었다. 태종은 자신의 '불운'을 알고 있었던 것일까? 그는 스스로 황희를 천거한다. 이때 황희는 귀양살이를 시작한 지 5년째였다.

황희는 이듬해 2월 귀양에서 풀려나 참찬으로 복직했다가 다음해 예조판서에 임명되었다. 그 석 달 후 태종은 눈을 감았다. 그토록 염원하던 평화의 시기를 눈앞에 두고……. 비극이 아직 끝나지 않았다는 것을 그는 알았을까?

태종 때는 오키나와·자바 등과도 교류가 있었다. 특히 오키나와에서는 왜구에게 잡혀간 포로를 송환해오기도 했다.

왕립학술연구소

집현전은 한나라 이래 중국에 있었고 당 현종 때 자리가 잡혔다. 우리나라에도 고려 인종 이래 그리고 조선 정종 때에도 설치되었다. 그러나 집현전이라 하면 대체로 세종 즉위 이듬해에 설치된 기관을 가리킨다.

목적은 학자 · 인재 양성과 문풍 진작. 유교주의적 의례와 제도를 확립해야 했고 명과의 사대관계를 원만하게 처리해야 했다. 그렇게 집현전은 세종대왕 혼자서 설치한 것이 아니다. 그러나 집현전에 대한 세종대왕의 열성은 완강하고 또 지극했다.

설치 당시의 직제는 정1품 영전사 1인 아래에 정2품 대제학 및 종2품 제학 각 2명, 그 아래로 부제학, 직제학, 직전, 응교, 교리, 부교리, 수찬, 부수찬, 박사, 저작, 정자 순이다. 정자는 정9품. 제학 이상은 겸직으로 사실상 명예직이고 부제학 이하가 전임학사.

부제학을 행수(行首)라고도 했는데, 실무책임자라는 뜻이다. 집현전은 37년 동안 존속되다가 세조에 의해 혁파되는데, 그 기간을 대략 3기로 나누어볼 수 있다.

1기는 창립 때부터 세종 9년까지이다. 활동은 미미했지만 매우 충실한 준비기이자 학문 수련기였다. 그러나 이 시기에 벌써 집현전은 경연관과 서연관 및 종학(宗學) 교관으로서 시강과 왕실교육을, 강서원관으로서 사대(事大)문서 작성을, 가(假)성균관직으로서 명 사신 접대를, 사관으로서 사필(史筆)을 담당했다.

그밖에 집현전은 시관으로서 예조와 함께 과거를 주관했고, 지제교(知製敎)로서 왕의 교명(敎命)을 제작했으며, 국왕의 사자로서 제사 · 임명장 환급 · 사신문안 · 반교(교서 반포) 등을 맡았고, 풍수학관으로서 풍수학 연구까지 맡았다.

당과 행정

정치적 지위가 낮은 학문연구 단체였지만, 동시에 강력한 자문·
비서업무 집행기관이었던 것이다. 정치와 철학의 결합이었달까.

제2기(세종 10~18년)는 집현전이 정치·철학기관으로서 순수한 당
(黨)의 역할에서 행정부서의 역할로 옮겨가는 과도기이자 가장 활기
찼던 시기이다. 집현전 정원이 16명에서 32명으로 증가한다. 주요 사
업은 고제(古制, 옛 제도)연구와 편찬. 고제연구는 의례제도의 상정을
위해 하·은·주나라 등 고대 이상국가의 제도를 연구했으나 점차
당면한 정치·제도적 문제의 해결에까지 개입하게 된다.

그리하여 집현전은 세종이 자신의 소신을 독단적으로 밀어붙일 때
유용한 도구로 작용했다. 즉 중신들의 반대를 물리치는 명분을 집현
전이 이론적으로 제공하게 되는 것이다. 이것이 세종의 독재를 초래
하지는 않았다. 왕권과 신권은 매우 바람직한 균형을 이미 이루고 있
었다.

하지만 집현전이 갈수록 행정에 깊게 관여하는 것은 후에 커다란
문제를 초래하게 된다. 여기서 문제는 학문과 정치의 분리가 아니다.
문제는 정치·치세를 위한 학문과 행정의 바람직한 구분과 결합이
다. 학문과 행정의 어설픈 절충은 거꾸로 학자들의 이상론과 실무자
들의 현실론을 양극화시킬 우려가 있다. 우리는 후에 세조의 왕위 찬
탈 때 그 참혹한 결과를 보게 될 것이다. 어쨌거나 집현전 2기는 조
선 초 황금시대라고 불리는 세종 치세 32년 중에서도 최고의 융성기
였다.

편찬사업

편찬사업의 주종은 우리나라와 중국의 각종 사서 편찬 및 주해. 정
치에 귀감으로 삼고 영구히 후세에 남기기 위한 것이었다. 사서 및

해시계. 이러한 시계는 삼한시대부터 제작되었을 것으로 생각되며, 조선 세종 이후부터는 앙부일구(仰釜日晷)가 널리 보급되었다.

주해서들은 그야말로 쏟아져나왔다. 유교 윤리서와 유교 의례제도를 다룬 서적들이 편찬되었다. 그러나 그뿐만이 아니다. 중국 법률과 문학서, 정치귀감서, 지리서, 천문, 역술서, 농서 등 사회 전분야에 걸쳐 다양하고 방대한 종합정리서 편찬작업이 진행되어 백성 전체의 문화 수준이 크게 높아졌다.

가히 문화혁명이라고 할 만하다. 이 모든 편찬사업은 세종의 의도에 따른 것이었고, 세종 자신이 직접 참여하는 일도 많았다. 정도전의 《고려사》 정정에 그가 얼마나 집요한 노력을 기울였는가는 앞에서 말한 대로이다.

〈자치통감훈의(資治通鑑訓義)〉의 편찬은 집현전 학자를 포함한 53명의 지식인들이 동원되어 3년의 세월이 걸린 대사업이었는데, 세종은 경연까지 중지하고 밤늦게까지 직접 교정을 보았다고 한다.

그러나 이 시기에 가장 중요한 것은 훈민정음, 즉 한글의 창제이다. 이에 대해서는 다른 과학문명의 발전과 함께 뒷장에서 다루자.

집현전은 대궐 안에 있었고, 학사들은 아침 일찍 출근하여 하루종일 공부하다가 저녁 늦게 퇴근했다. 왕의 특별한 배려가 있었음은 물론이다. 사가독서제라는 것도 있었다. 학사 중 뛰어난 사람을 뽑아서 휴가를 주어 오로지 독서에만 전념케 하는 제도이다. 필요한 모든 비용은 국가가 부담했다.

그렇게 배출된 집현전 학자들은 권토, 남수문, 유의손, 신석조, 성삼문, 최항, 어효첨, 박팽년, 이개, 하위지, 유성원, 정인지, 양성지, 신숙주, 이석형, 변계량, 설순, 최만리 등등. 우리는 그들에 대해 다시 듣게 될 것이다.

신하들

아니, 이들은 이후 조선의 정치와 문화에 커다란 영향을 끼치게 된다. 어쨌거나 그들은 지금 세종 곁에, 집현전 안에 있다. 의정부에는 황희와 맹사성, 허조, 그리고 김종서, 최윤덕 등 쟁쟁한 인물들이 재상으로 포진해 있다.

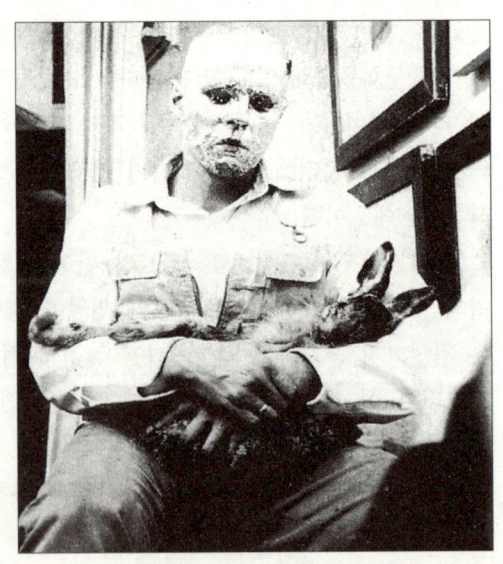

요셉 베유이스, 〈죽은 토끼에게 그림을 설명하는 법〉.

황희는 지금에 이르기까지 우여곡절이 딱 한 번 있었다. 예조판서에 임명된 이듬해 기근이 만연한 강원도에 관찰사로 파견되어 백성을 구휼했다. 그 이듬해인 1424년 찬성, 이듬해 대사헌을 겸직했고, 그 이듬해인 1426년 이조판서를 거쳐 우의정에 발탁된다.

그리고 다시 좌의정. 모친상으로 사직했으나 왕이 다시 불렀다. 좌의정에 재직하던 1430년(세종 12년), 그는 뜻하지 않은, 하지만 그다운 실족을 하게 된다. 국마(國馬) 담당자가 업무를 등한시하다가 말 천여 필을 죽게 한 죄로 사헌부에 구금되었다. 황희는 '죄를 가볍게 다스려달라'고 사헌부에 건의했다. 사헌부가 발칵 뒤집혔다.

일국의 대신이 죄를 다스리는 데까지 개입하다니, 더군다나 형량에 개입하다니······.

그는 사헌부의 탄핵을 받고 파직되어 파주에 은거한다. 그리고 그 이듬해에 다시 영의정부사에 올랐다. 지금도 그는 영의정이다.

그는 장장 18년 동안 국정을 통괄하게 된다. 그는 너그럽고 어진 성품에 침착하고 사리가 깊었다. 청렴과 충효가 지극했고 학덕이 높았다. 태종대에 그는 곡식종자를 배급하고 각 도에 뽕나무를 심게 하는 등 농사 및 개량에 진력했었다.

북방 야인과 남방 왜인에 대한 방비책을 강구했고, 조선의 예법을 새로 가다듬었다. 또 천첩 소생의 천역을 면제하는 등 인권에도 신경을 썼다. 맹사성은 또 누구인가.

맹사성(1360~1438년)

그는 최영의 손녀 남편으로 조선 태조 때 예조의랑이 된 이래 계속 벼슬이 올랐다. 태종 치세 때 대사헌으로 태종의 사위 조대림을

보고도 하지 않고 잡아다 고문한 죄로 사형에 처해질 뻔했으나 영의
정 성석린의 도움으로 겨우 살았다.

그가 음률에 정통했으므로 영의정 하륜이 그를 다시 서울에 머무
르게 조처했다. 그뒤로는 승승장구했다. 1416년 예조판서, 1418년 공
조판서, 이듬해 세종이 즉위하면서 그를 이조판서 겸 예문관 대제학
에 제수했고, 1427년에는 벼슬이 우의정에 이르렀다.

그는 우의정 재임시에 세종과 부딪쳤다. 《태종실록》이 완성되자 세
종이 그것을 들여다보려고 했다. 이때 그가 간한다.

  왕이 실록을 보고 고치면 반드시 후세에 이를 본받게 되고, 그
  렇게 되면 사관이 두려워서 직분을 다할 수 없을 것입니다……

세종은 그의 말을 따랐다. 왕의 치세에 대한 현장적이고 객관적인
평가인 《실록》의 전통이 확립된 것은 이때이다. 군주도 신하도 모두
탁월했던 이때. 그렇다면 우리는 이제 신권과 왕권의 문제를 비로소
따져볼 수 있겠다.

그런데 맹사성이 이미 연로하다. 그를 보내자. 그는 현재 좌의정이
다. 곧 그는 나이가 많아서 벼슬을 사양하고 물러난다. 고려장인가?
아니다. 고려장의 해결이다. 세종은 나라에 중요한 정사(政事)가 있
으면 반드시 그에게 자문을 구하였다.

그는 사람됨이 소탈하고 조용하였다. 엄하지 않았다. 벼슬이 낮은
사람이 찾아와도 반드시 공복을 갖추어 입고 대문 밖으로 나와 맞아
들였고 윗자리에 앉혔으며, 배웅도 공손하여 손님이 말을 탄 후에야
돌아왔다. 효성이 지극하고 청백리였다. 식량은 늘 녹봉으로 받은 쌀
에 한했다. 출입할 때 항상 소를 탔으므로 사람들이 그가 재상인 줄
을 알지 못했다. 그러나 영의정 성석린이 그를 알았다.

성석린은 맹사성의 선배인데, 맹사성의 집 앞을 오고갈 때는 말에서 내렸다고 한다. 맹사성은 스스로 악기를 만들어 즐겼다. 어질고 부드러웠지만 조정 중대사를 논할 때는 매우 단호했다.

김종서(1390~1453년)와 허조(1369~1439년)

김종서는 태종 때 급제하여 세종 즉위년 감찰로 강원도에 파견되었고, 그 이듬해 다시 충청도에 파견되어 진휼상황을 조사했다. 그는 1426년과 1427년에도 전라도와 황해도에 민정시찰을 나갔다.

그에 대한 세종의 신임은 컸다. 그는 1433년 12월 함길도 관찰사가 된 후 황희의 든든한 지원을 받으며 북경 지방에서 6진을 개척했다. 그의 7년여에 걸친 노력으로 조선은 드디어 두만강을 국경선으로 확정하게 된 것이다. 그는 단순한 무장이 아니고 뛰어난 학자이며 유능한 관료였다. 윤관의 후예인 것이다. 그의 이야기는 앞으로 자주 나온다. 비참한 최후를 맞게 되지만.

허조는 조선 왕조가 개창되면서 예악제도를 바로잡는 데 힘쓴 인물이다. 태종이 즉위하면서 사헌부에 발탁되었지만 강직한 발언으로 왕의 분노를 사서 좌천되었다가 다시 등용되었다. 그는 집현전 대제학으로서 세자를 가르쳤다.

1408년 맹사성 사건 때 연루되어 그도 충주로 귀양갔으나 곧 풀려났다. 태종조에 숱한 예악제도가 거의 그의 손을 거쳐 정비되었다. 그는 평안도 순찰사로서 평안도 조세를 감면해줄 것을 청했고 왕에게 수렵을 삼가라고 극간하기도 했다.

그는 세종이 즉위한 후에 예조판서로서 고소(告訴)금지법을 제의하여 시행했고, 세종 4년에는 이조판서로서 특정 관리의 임기를 제한하는 구임법(久任法)을 제정했으며, 죄수가족 연좌제를 폐지했다. 이듬해에는 《속육전》 편찬에 참여했다.

1426년 이조판서로서 대간들의 간언을 두둔, 언로를 넓힐 것을 주장했다. 그도 육진 개척을 주장했다. 평안도에 성곽을 쌓고 전선을 마련해야 한다……. 하지만 1433년 파저강의 여진족들이 함길도 변경에 침입했을 때 그 정벌에 반대하기도 했다.

최윤덕(1376~1445년)

이 여진족들을 대파한 것은 최윤덕. 그는 이 공으로 우의정에 특진된다. 그는 이듬해에도 변방에 침입한 적을 무찔렀다. 그렇게 그는 현재 재상이다. 무관으로 재상에 오르는 것이 부당하다며 전임을 요청했지만 세종이 허락하지 않았다.

최윤덕은 좀 특이한 성장배경을 갖고 있다. 일찍이 어머니를 여의었고 아버지는 국경수비에 전념했다. 그를 기른 것은 양수척(무자리, 천민)이다. 어려서부터 힘이 세고 활을 잘 쏘았다. 산에서 호랑이를 만났는데 화살 하나로 쏘아 죽였다고 한다.

음서로 기용되어 여러 번 전공을 세우고 낭장, 호군, 대호군으로 승진하다가 1410년 무과에 급제했다. 1413년 경성 등지의 절도사로서 북경 지방에서 야인들을 물리쳤다. 세종 즉위년에는 이종무와 함께 쓰시마 섬 정벌에 나섰다.

1421년 공조판서에 오르지만 곧 평안도절제사로 제수받는다. 그의 활동영역은 압록강 지역이었다. 1428년 병조판서로서 다시 파저강 여진족들의 진압에 나서게 되는 것이다. 압록강에 여연·우창·자성·우예 등 4군이 설치되고 압록강이 조선의 경계로 확정된 데는 그의 공이 매우 컸다.

그는 1435년 좌의정으로 승진한다. 성품이 자애롭고 또 근검하였다. 틈나는 대로 묵은 땅에 농사를 지었다. 또 한 여인이 호랑이에게 잡아먹힌 남편의 원수를 갚아달라고 호소하자 그는 호랑이 배를 갈라 남편의 뼈를 찾고 장사까지 지내주었다.

허조는 현재 예조판서이지만 그의 생애가 2년밖에 남지 않았다. 그도 여기서 보내자. 그는 과거시험 때 사장(詞章)보다는 강경(講經)을 중시해야 한다고 주장했지만 성사시키지는 못했다. 1438년 그는 세종을 도와 신숙주 등 진사 1백 명과 하위지 등 문신급 제자 33인을 뽑았다.

이듬해 좌의정에 오르지만 곧 사망한다. 그는 성품이 강직하고 효행이 지극했다. 《소

에밀 놀데, 〈예언자〉.

학》《중용》을 즐겨 읽었고, 조선 초기 유교적 윤리관을 보급하는 데, 예악제도를 정지하는 데 제1의 공적을 남겼다. 그는 관리임명에 공정했던 것으로 유명하다.

도천법, 요약

이들만 해도 대단하다. 그러나 거기서 그치지 않는다. 또 한 무리의 명신(名臣)들이 등장하는 것이다. 세종은 과거제도 외에 도천법(道薦法)을 실시, 숨어 있는 인재들을 찾아나섰다.

우리나라에…… 덕행선거(德行選擧)의 법이 없음은 매우 유감스럽다. 이후 각 지방 선비로서 덕행이 높고 뛰어난 사람, 지혜

가 남보다 앞선 사람을 각 도의 관찰사는 조정에 알리라······.

관찰사는 추천의 권리와 의무를 지게 되었다. 적절한 인물을 천거하면 벼슬을 높여주는 등 포상이 따르지만 추천이 잘못될 경우 엄한 벌을 받게 된다. 이렇게 추천된 지방인재들을 세종은 적재적소에 배치했다. 정말 인재군단이라 할 것이다. 이중 으뜸은 역시 정승 황희. 그런데 그의 특장은 지휘 통솔이다. 그가 없었다면 민심 진정이 난관에 봉착했을 것이다.

북경의 4군 6진을 개척하는 일도, 외교·문물제도를 정비하고 집현전을 중심으로 한 문명을 진흥시키는 일도, 원활하지 못했을 것이다. 토지제도를 정비하고 국가재정을 튼튼하게 하고, 형벌제도의 공정성을 높이고, 노비의 인권을 강화시키고······.

한마디로 세종대의 모든 업적, 아니 세종의 수신제가치국평천하(修身濟家治國平天下)는 황희가 없었다면 그렇게 전반적이거나 총체적이지 못했을 것이다.

그런 세종과 황희의 치세·관직 말년에 매우 특기할 만한 일이 벌어진다. 불교에 심취한 세종과 이에 반대하는 유학자 신하들 간의 충돌을 그가 중화시키는 것이다. 그래서 그의 설화가 그토록 도교적이었던가?

그런데 마찰이라····· 그렇다. 우리는 이제까지 세종과 신하 간의 마찰의 조짐을 꾸준히 읽어왔다.

재위 18년, 왕권과 신권

즉위 18년째에 세종은 6조를 의정부 직속으로 함으로써 재상들의 권한을 강화시킨다. 그러나 동시에 집현전의 위상도 강화된다. 그렇게 왕권과 신권이 서로를 자극하며 강화되는, 우리로서는 매우 부러운 이상적인 관계가 과연 오래도록 가능할 것인가?

당분간은 그랬다. 의정부 대신들은 중후했고 관료들의 정치기강이 건전했다. 그리고 상소·간언·탄핵 등 언관의 언론도 자유롭고 긍정적이었다. 그런 균형을 토대로 사회·경제·문화의 대강은 발전을 계속했고 무엇보다 백성들의 형편이 점점 더 나아지게 된다.

그러나 정치분야에서는 더 이상의 발전이 불가능했고, 비극의 씨앗이 이미 이 시기에 싹트게 된다. 집현전의 정치적 위상이 서서히 높아졌다. 1442년(세종 24년) 세종의 병이 중해지자 세자의 정무기관으로 첨사원이 설치되는데, 그 직책을 집현전 학자들이 독점한다.

집현전은 세자 '교육(서연)'뿐 아니라 행정까지 총괄하게 되는 것이다. 이 결합은 어떤 결과를 낳았는가? 집현전은 언론기관으로 그 성격이 변해갔다. 실무를 통한 이론의 심화가 아니라, 학문의 언론화를 낳은 것이다. 학자들이 갈수록 언관화(言官化)하고, 학문이 명분론으로 변질한다.

세종 사후 문종대에는 언관들이 급기야 사헌부 대간(臺諫)직을 독점하고, 집현전은 툭하면 간언을 일삼고 명분에 집착하는 기관으로 변해버린다. 왕위를 찬탈한 세조와 집현전 학자들의 충돌은 그런 성격 때문에 더욱 많은 희생을 초래했다.

그리고 '고루한' 대의명분 대(對) '더러운' 현실참여의 극단적인 2분법도 조선의 운명으로 굳혔다. 황희가 있던 시절에…… 이것은 참 아이러니컬하고 가슴 아픈 이야기이다. 우리는 이 정치적 후진성을 아직 못 벗고 있다.

세종은 '가난한 백제'가 아니라 근세가, 민족과 국가 '개념' 자체가 시대적으로 요구했던 현군이었다. 그는 최선을 다했고 그럴 능력을 갖고 있었다. 그랬는데 이 이상의 실족(失足)은 얼마나 가슴 아픈가. 세조와 타협한 집현전 학자들은 세조·성종조 정치구조의 상부구조를 이루었다. 하지만 학문(사상·철학)과 정치·경제의 바람직한 결합의 기회는 영영 멀어지게 되고, 유교정치학의 공리공론화는 갈수록 대세가 된다.

훈민정음, 백성을 위하다 　8장

소리가 그림이 되기까지, 근세, 기타

한글은 그냥 학자들에 의해 고안된 기호가 아니다. 소리가 아주 오랜 세월 동안 발음(發音)되면서 어떤 '발음의 형상(形相)'을 가진 듯한 착각을 불러일으키면서 형상적 인식을 강요하게 된다. 그 형상을 기호화한 것이 집현전 학자들이다. 물론 이 말은 그들의 공을 폄하하자는 것이 결코 아니고 그 정반대다. 형상적 인식이야말로 예술가의, 신의 능력 아니겠는가. 훈민정음은 또 매우 근세적인 현상이며, 세종의 업적을 '하부구조'의 측면에서 살펴볼 수 있는 매개이다.

글자

뜻글자는 상형이 그 원천이다. 사물을 그린 회화가 단순·제도화 되면서 글자로 자리잡는 것이다.

소리글자는 어떤가? 소리를 그린 결과이다. 당연히 말이 먼저 있어야 한다. 그리고 '나'라는 소리가, 아니 'ㄴ'과 'ㅏ'라는 소리가 'ㄴ'와 'ㅏ'의 그림으로 어렴풋이 자리잡는 데는 천 년 이상이 걸릴 것이다. 그것이 단순화·제도화되는 데는 또 그만큼의 세월이 걸린다.

그러나 그것을, 그 소리의 모습을 정말로 '그려내는' 사람이 없다면, 그 '그림'은 예감일 뿐, 머리와 느낌 속의 희미한 그림자일 뿐이다. 이 '그려냄'은 장구한 세월뿐만 아니라 용기와 예술적 감각을 겸비한 인간들의 조직 또한 요구한다. 그 조직화가 거꾸로, 장구한 세월을 요하는 것이기도 할 터이다.

세종은 바로 용기와 예술적 감각을 가진 인간이었고 그 '시간의 조직화'를 '공간의 조직화'로써 달성할 조직능력도 있었다. 왕에 의한 위로부터의 문자 창제라는 세계사상 희귀한, 어떻게 보면 황당한 일이 가능하게 된 연유는 그렇다.

그러나 한글을 창제하게 된 이유가 하나 더 있다. 백성을 위한 마음이다. 훈민정음. 백성을 가르치는 바른 소리. 그 서문의 내용은 대체로 이렇다.

나랏말이 중국과 달라 한자를 모르면 그 생각을 글로 쓸 수가 없다. 백성들의 고충이 얼마나 클 것인가. 새로 28자를 제정, 반포한다. 쉽게 배워서 일상에 편하게 쓰기를 바란다.

그런데 '백성을 위하는 마음'은 임금이 어질어서 그렇기도 하지만 백성이 그것을 요구하는 까닭이기도 하다. 무슨 소리인가?

민족과 국가

그렇다. 훈민정음의 제정·반포야말로 세종조가 근세를 맞고 있으며, 누구보다 세종이 그것을 잘 알고 있었다는 증거이다. 백성들의 생활과 의식 수준이 높아지고 있었다.

백성이라는 총집합이 단지 다스려야 할 대상이 아니라 국가의 담지체라는 자각이 거대하게 일고 있었다. 한마디로 유교정치학이 근세를 형성한 것이 아니고, 근세적인 하부구조가 유교정치학을 요했던 것이다.

근세적인 의미의 민족과 국가의 개념이 명확해지고 있었다. 왕조는 왕권을 강화시키면서 백성들을 국가와 민족의 개념으로 한데 묶어야 했다. 그때 백성들이 읽고 쓸 수 있는 문자언어의 부재는 거의 치명적인 장애로 여겨졌을 것이다.

물론 한자 외에도 이두, 거란문자, 그리고 인도 범어까지 쓰였다. 그러나 이것들은 부재를 더욱 확연하게 드러낼 뿐 채우지는 못했다. 그렇게 훈민정음이 곧바로 백성들에게 전파되고 널리 쓰였다면 세종 대에 동양적으로 변형된 '위로부터의 시민혁명, 입헌군주제 혁명'을 겪게 되었을지 모른다는 추론도 무리한 것은 아니다.

그러나 결론부터 말하자면 그렇지 못했다. 훈민정음이 상당기간 동안 언문(諺文)으로 격하되며 실용화가 늦어진 것은, 집현전의 '정치적 실패'를 단적으로 표현한다. 왜 그렇게 되었을까? 물론 사대주의가 근본원인이다. 하지만 세종의 성급함에도 문제는 있었다. 군신 모두에게 '근세적'이라 하기에는 미흡한 점이 있었다는 이야기겠다.

물론 백성들에게도 문제가 있었다. 왜냐하면 그들이야말로 자발적인 한글 사용자여야 했다. 한글은 당분간은, 아이러니컬하게도 불경 번역 사업을 통해 보존·발전되었다. 훈민정음은 1864년 갑오경장 이후에야 비로소 '한글'로 그 빛을 발하게 된다.

헨리 퓨젤리, 〈오르페오의 죽음〉.

최만리(?~1445년)

한글 창제 반대자라는 오명을 쓰고 있는 집현전 출신 최만리의 생애가 이유의 복잡성을 보여주는 좋은 사례일 것이다. 그는 고려시대 '해동공자' 최충의 12대 손이다. 세종 1년에 급제, 그 이듬해 집현전 박사로 임명되었다. 그는 매우 유능한 관리이고 대학자였다. 그의 벼슬은 1437년 직제학, 1438년 부제학, 1439년 강원도 관찰사를 거쳐 다시 부제학으로 복귀한다.

그가 훈민정음 창제를 반대하는 상소를 올리는 것은 4년 후인 1444년. 여러 학사들의 합작으로 보이는 이 상소문은 그 내용에 한글 무용론을 분명 담고 있다. 전체 분위기가 사대주의적이기도 하다.

그러나 우선, 사대주의는 그 당시 국시와 같았던 것이니 유독 그를 탓할 것은 없다. 그리고 한글 무용론의 진의를 자세히 들여다보면, 그가 반대한 것은 한글 창제 자체가 아니라, 아직 '미비한' 한글 발음체계를 '광대하고 다양한' 한자 발음에 무리하게 적용하려 한 것이었다. 실제로 그는 훈민정음이 완성될 때까지 한글 창제를 반대한 일이 없다. 오히려 세종의 뜻을 잘 받들어 조력을 아끼지 않았다. 그리고 그 한글 발음체계를 한자 발음체계에 적용하려는 계획이 비밀리에, 소장파를 중심으로 추진되었다.

좀더 정확히 말해서 원나라 웅충이 엮은 《고금운회거요(古今韻會擧要)》의 자음을 일체 한글 자음으로 달려는, 과감하지만 성급하고 무지한 계획이었다. 이것이 집현전 소장파와 중진 간의 의견 대립을 불러일으킨 것이었다.

왜 그런 과욕을 부리고 무리를 범했을까? 세종이 얼마나 조급했는가는 상소 당일 최만리를 친국한 것에서, 그리고 무엇보다 친국 내용에 생생하게 드러난다.

"내가 만일 이 운서를 바로잡지 않는다면 누가 바로잡을 것이냐……."

세종의 독단과 무지가 적나라하게 드러나는 대목이다. 《고금운회거요》의 번역사업은 《동국정운》 사업으로 이어졌지만 그 한자음이 실시될 수 없었다. 최만리의 반대는 정당한 것이었다 할 것이다.

운명

최만리는 친국 다음날 석방, 복직되지만 사직하고 고향에 돌아가 그곳에서 여생을 마쳤다. 그는 부정과 타협을 모르는 깨끗한 관리였고 진퇴가 뚜렷했다. 부제학 취임시 그가 올린 상소는 열네 번이다. 불교 배척 상소가 6회, 첨사원 설치 반대 상소가 3회, 일본과의 교역에서 과도한 대가를 준 것에 대한 책임 추궁 1회, 한 번은 진사시에서 시의 출제법이 잘못된 것을 지적했고, 또 한 번은 사형결정이 모호하다는 이유로 감형을 주장했다.

그도 언관이었을 뿐인가. 그래서 그랬는지 그는 매우 정직하고 성실했지만 훈민정음의 의미를 제대로 헤아리지 못했다. 그런 점에서 그는, 보수주의자라기보다는 상아탑 · 언론 풍토의 희생자이다.

그러나 한글 창제에 직접 종사한 소장파들 또한 진보적이었던 것은 아니다. 그리고 그들의 운명은 최만리보다 더 비참했다.

한글 창제 집필자들은 정인지(1396~1478년), 신숙주(1417~1475년), 성삼문(1418~1456년), 최항(1409~1474년), 박팽년(1417~1456), 강희안(1417~1464년), 이개(?~1456년), 이선로 등 집현전 8학사.

정인지는 7대 임금을 섬기면서 네 차례 공신에 봉해졌다. 국문학사에 커다란 기여를 했지만 역사에 변절자란 낙인이 찍혔다. 신숙주는 세조 때 명신 구실을 했지만 역시 변절자. 그의 변절은 특히 충격적이었던 듯하다. 숙주나물은 잘 쉬기 때문에 그의 이름을 따서 붙인 것이다. 성삼문은 신숙주의 1년 연하로 세조가 내쫓은 단종의 복위

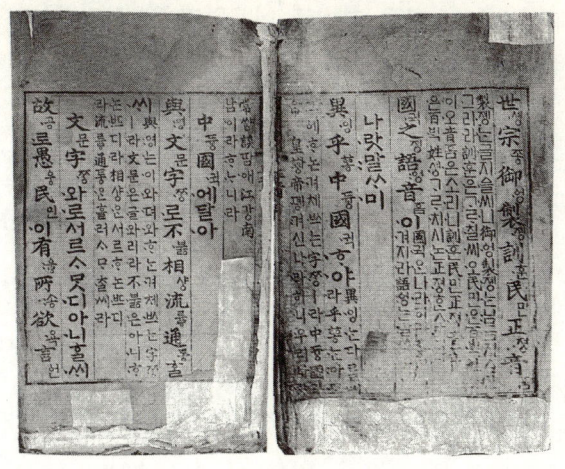

훈민정음. 한자와 이두를 사용하다가 세종 때에 이르러 우리글을 창제하였다.

를 꾀하다가 처참하게 살해된다. 나머지도 둘 중 하나이다.

박팽년은 성삼문과 운명이 같다. 강희안은 시·서·화, 삼절(三絶)로 이름이 높았지만 단종복위 음모에 가담한 혐의로 죽을 뻔했다. 그를 살려준 것은 성삼문이다. 이개는 성삼문과 운명이 같았다.

구성

《훈민정음》은 1)본문, 2)해례, 3)정인지 서문으로 구성되었다. 본문은 앞서 인용한 것으로, 훈민정음 창제 목적을 밝히는 〈어제서문〉과 새 글자의 음가(音價) 및 운용법을 설명한 〈예의〉가 그 내용이다.

해례는 제자(製子)원리, 제자기준, 자음체계, 모음체계, 음상(音相)에 대해 설명한 〈제자해〉, 초성을 다시 설명한 〈초성해〉, 중성을 다시 설명하고 중성글자를 합쳐쓰는 법을 설명한 〈중성해〉, 종성의 본질과 사성(四聲) 등을 설명한 〈종성해〉, 초성·중성·종성 글자가 합쳐져서 음절 단위로 표기되는 실례를 보이는 〈합자해〉, 단어 표기 사례를 보이는 〈용자례〉가 그 내용이다.

중국 36자 모표에 나오는 한자를 그대로 이용하지 않고 전래(傳來) 자음을 이용하여 글자의 음가를 설명하는 것이 독특하다. 그리고 당시 고도로 발달한 성리학의 영향으로 일종의 언어철학이 개진되고 있다.

〈제자해〉는 첫머리부터 태극·음양·오행 이론과 결부시켜 글자를 설명한다. 훈민정음의 창제도 목소리에 따라 음양의 이치를 다했다고 밝히고 있다. 그리고 제자에 있어 상형(象形)의 원리가 강조되고 있다.

자음은 조음(造音)방식 혹은 조음위치를 상형하여 만들고 발음이 세게 나는 정도에 따라 기본 문자에 한 획씩 더했다. 혀 꼬부라진 모습인 'ㄴ'에다 획을 하나씩 더하여 'ㄷ', 'ㅌ'으로 되는 것이다. 그러나 이것은 상형이라기보다는 육체적 상상력에 가깝다고 하겠다. 소리글자의 상형성은 앞서 말했듯이 매우 오랜 세월을 거쳐 구현되는 것이지 발성기관의 모양과는 거리가 멀다.

그 다음 오행설을 적용, 각 자음을 오행·계절·음계·방위 등과 연결시켰다. 그리고 중국의 전통적인 어두자음(語頭子音) 분류방식에 따라 자음을 분류, 설명하고 있다. 또 오성의 음상을 오행은 물론 발음기관의 특질과 연관시켜 설명한다.

중성글자의 기본 모음자는 천원(天圓, ㅏ), 지평(地平, ㅡ), 인립(人立, ㅣ), 세 글자를 '상형'하여 만들었다. 종성은 자음으로 끝나는 음절발음이다. 한글의 종성은 ㄱ, ㅇ, ㄷ, ㄴ, ㅂ, ㅁ, ㅅ, ㄹ, 8자면 족하다 했다. 그렇게 하여 〈용자례〉는 90단어를 시범으로 표기한다.

위와 아래, 그리고 박연(1378~1458년)

〈정인지 서문〉은 훈민정음 창제 이유, 창제자, 훈민정음의 우수성, 편찬자, 편찬 연월일을 밝히고 있다. 한문으로는 의사소통이 힘들다.

이두는 사용이 불편하다……. 훈민정음은 1443년(세종 25년) 겨울에 창제되었다. 그렇다. 훈민정음은 위로부터 아래를 향해 만들어졌다. 그러나 그 내용은 아래에서 위로 강제한 것이다. 훈민정음에서 상부구조와 하부구조가 중첩되고 총괄된다. 이것은 한글을 창제한 세종의 공을 폄하하고자 함이 아니다. 오히려 그 반대이다. 훈민정음 창제야 말로 세종이 가장 현군적인 면모를 보이는 대목이다. 그는 시대의 요구와 백성의 요구에 적극 응답하였다.

이제 그런 훈민정음을 매개삼아, 그것이 암시하는 '근세·민족·국가'라는 개념을 염두에 두고 세종대에 발전한 과학문물 이야기로 넘어가자. 아니, 그전에 박연을 만나야 한다.

그는 불세출의 음악가였다. 어릴 때 어머니를 여읜 슬픔을 피리로 달랬는데 그때부터 뛰어난 재질을 보였다고 한다. 세종대에 이르면 그는 탁월한 음악이론가이자 연주자로 성장해 있게 된다. 그는 집현전·사간원·사헌부 등 요직을 두루 거쳤다. 그러나 그가 일생 동안 전념한 일은 단 하나, 조선의 음악을 정립하는 것이었다. 그가 세종을 만난 것은 천운이다. 세종 또한 음악에 관심이 많고 조예가 깊었다.

1427년 그는 새로운 악기인 황종과 신경 한 틀을 만들었다. 종은 쇠로 만드는 것이니 문제가 없다. 그러나 경은 경석으로 만드는데 그게 매우 귀했다. 박연은 남양 땅에서 그 돌을 발견한다. 사람들은 하늘과 땅이 그의 음악을 도왔다고 했다.

그가 만든 경은 명에서 보내온 것보다 맑고 아름다운 소리를 냈다. 귀 명창이었던 세종은 크게 흡족해 하며 박연에게 나라의 음악 전체를 총괄 정비하는 일을 맡겼다. 조선·근세판 만파식적의 장이다.

음악과 즉흥

그는 천여 년 동안 전해내려오는 아악·당악·향악의 모든 악기와 악곡·악보를 개량했다. 새로운 악기에 이어 아악보가 탄생했다. 이 아악보는 1431년(세종 13년) 신년 축하의식에 처음으로 사용되었고 그 후 종묘제사에도 쓰였다. 평화의 음악으로 쓰였던 것이다. 그의 음악은 세조 때 약간 수정이 가해진 것말고는 오늘날까지도 그대로 이어져 내려온다. 국립국악원에서 해마다 연주하는 아악이 바로 그것이다.

후에 막내아들 이우가 박팽년 등의 단종복위 운동에 연루되어 죽음을 당하는데, 그도 화를 입을 뻔했지만 세 임금에 걸쳐 봉직한 공을 인정받아 연좌를 면했다. 하긴, 어떻게 그를 죽인단 말인가. 그는 평화의 음악 그 자체였다. 왕위찬탈 과정이 피비린내 나면 날수록, 더욱 그럴 수 없었을 것이다. 중국 순 임금 시대의 유명한 음율가 기에 비견되는 박연은 음악에 대한 상소만 무려 39편을 올렸다. 그렇다. 그 또한 훈민정음이었던 것이다.

세종은 경연중에도 무슨 생각이 떠오르면 즉시 시행하도록 하는, 매우 실천적인 사고의 소유자였다고 한다. 그의 시대에 이르러 실천적인 과학이 급속도로 발전한다. 그의 치세 때 조선 과학은 급속도로 실용화된다. 천문학과 역학은 농업에, 수학은 나라의 회계에 직결되었다.

세계와 개인

이것은 근본적으로는 아라비아 과학 문명의 영향 때문이다. 아라비아 과학은 8~12세기 동안 세계에서 가장 높은 수준을 자랑했다.

수학, 천문학, 화학, 의·약학의 수준은 정말 놀라울 정도였다. 그 아라비아 과학 문명이 시간적으로 그리스·로마, 르네상스 이후와 근대 세계를, 공간적으로 동양과 서양을 잇는다.

아라비아 과학 문명이 우리나라에 들어온 것은 고려 말이다. 그러나 고려도 조선 개국기도 이 과학 문명을 제대로 소화시키지 못했다. 이것을 종합하여 한 단계 더 끌어올리는 일은 세종 치세에 들어서야

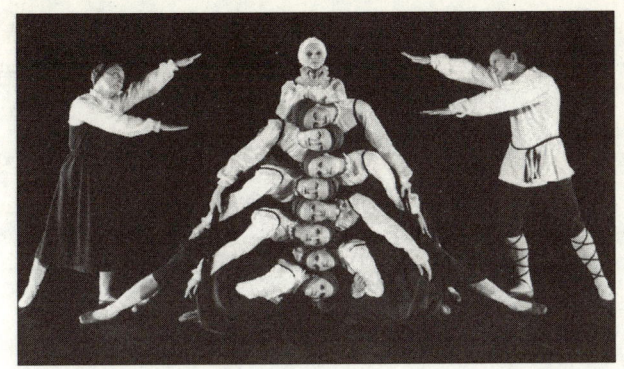

스트라빈스키 발레, 〈결혼기〉 중.

가능했다.

　그렇다. 언제나 그렇듯이 세종 치세 때의 놀라운 과학·기술 문명의 발전은 세계의 추세와 민족·개인의 실천의 합작물이다. 그 합작은 조선에 형성된 근세적 하부구조의 결과물인 동시에 그 하부구조의 근세적 성격을 강화시켰다. 이것을 과학·발명 분야에서 적나라하게 현현하는 것은 아마도 장영실의 생애일 것이다. 그는 중국계 귀화인과 동래현 관기 사이에 태어나 관노로 살던 자이다. 생몰년 미상. 그는, 아니 그도 세종과 만나면서 생의 결정적인 계기를 맞는다. 하지만 그전부터 시작하자.

장영실(?~?)

　그는 6세 때까지 동무가 없을 정도로 홀로 지냈는데, 개울을 막아 물레방아를 돌리거나 나무를 깎아 수레를 만들며 소일했다. 그는 손재주와 관찰력이 뛰어났다. 관노로 살면서 곧 쇠붙이를 마음대로 다룰 수 있는 사람으로 인정받는다. 관가의 기계를 고치거나 무기를 수리하는 일도 그가 도맡아했다.

그의 관심 영역은 다양했다. 어느 해 매우 심한 가뭄이 들자 나라와 고을에서 기우제를 드리게 되었다. 장영실은 개울물에서 물을 끌어오면 논에 물을 댈 수 있지 않겠느냐고 이방에게 말했다.

개울은 마을에서 십 리나 떨어져 있었다. 대체 무슨 수로? 장영실이 대답한다. 십 리 아니라 백 리 밖이라도 길만 제대로 틔워주면 물은 쉬지 않고 달려온다⋯⋯. 이방이 고개를 끄덕였고 물길 내는 공사가 벌어졌다.

그 고을이 가뭄을 면했음은 물론이다. 그 소문은 순식간에 나라 안에 퍼졌고 세종의 귀에도 들어갔다. 세종은 그를 중국에 파견, 천문기기를 연구하게 하였다. 천민인 그를 곧장 중용하기에는 왕권이 아직 약했고 대신들의 반대가 너무 심했다.

장영실이 귀국한 것은 1423년(세종 5년). 세종은 황희의 도움을 받아 중신들의 거센 반대를 무릅쓰고 장영실을 면천하여 등용했다. 궁중기술자로 임명된 그의 활약은 정말 눈부셨다. 등용 이듬해에 그는 중국 것을 참조하여 경점(更占)을 새긴 청동기를 만들었다. 물시계이다. 이 공로로 그는 곧 정5품직으로 승진한다.

그러나 장영실도 혼자 힘만으로는 천출의 천재 발명가 수준을 벗어나지 못했을 것이다. 그에게는 인운(人運)이 따랐다. 체계적인 이론으로 무장된 무신 과학자 이천(1376~1451년)이 그 곁에 있었던 것이다.

이론과 실천

이것도 세종·근세의 한 표현일까? 이천은 태조 2년 17세의 나이로 별장에 임명되었고, 태종 2년에는 무과에 급제했다. 세종 때 들어서는 왜구 정벌에 공을 세우고 충청도 병마도절제사를 제수받고 병선을 만드는 일에 주력했다. 이때부터 그가 물리학자로 두각을 나타내기 시작한다. 그는 기계장치의 원리를 연구했는데, 특히 금속공예와 주조법에 조예가 깊었다. 세종은 그를 공조참판으로 임명하고 새로운 청동 활자인 경자자를 만들게 했다.

1432년 세종은 즉흥적 실천력을 발휘, 수많은 천문 관측기기를 만드는 계획을 시행한다. 장영실과 이천은 서로의 장점을 합쳐 기본 관측기계인 간의와 혼천의를 우선 제작한 후, 1437년까지 더욱 전문적인 대간의·소간의를 비롯, 숱한 종류의 휴대용 해시계까지 만들었다.

장영실 곁에 이천말고도 김빈이 있었다. 장영실은 그와 함께 자신의 최대 걸작인 자격루를 만든다. 이것은 일종의 자동 시보장치를 갖춘 물시계인데, 중국과 아라비아의 자동 물시계를 비교 연구, 한 단계 더 높은 시계를 만들어낸 것이다.

그것뿐인가. 그는 이천과 다시 합작, 경인자를 개량한 갑인자와 그 인쇄기술을 완성하였다. 20여만 개의 대소 활자로 주조된 갑인자는 그후 조선의 활판 인쇄기술을 대표하게 된다.

자격루를 만든 공으로 장영실은 대호군으로까지 승진했고, 그 보답으로 1438년 다시 천사시계와 자동 물시계를 만들었다. 이것은 그가 중국과 아라비아의 온갖 문헌들을 철저히 연구한 후에 만든 매우 독창적인 작품이다.

두 사람

하지만 이론과 실천의 합작은, 세종 치세의 한계를 증거하듯이 이쯤에서 중단된다. 세종을 위해 직접 제작한 가마에 문제가 발생하자 장영실은 순식간에 처형 위기에 몰리게 되는 것이다. 세종이 대신들의 빗발치는 상소를 물리치고 목숨만은 살려주었으나, 그는 궁중에서 쫓겨났고 그후 언제 죽었는지 기록조차 없다. 아마 다시 관노로 복귀했던 것이 아닐까? 가장 낮은 자가 가장 높은 자를 도와주고 다시 가장 낮은 곳으로 사라졌다. 이것도 근세의 표현인가?

이천은 문종 1년에 사망했다. 그는 말년까지 매우 행복한 삶을 살았고 과학기술 연구를 이어갔다. 평안도 도절제사가 되어 평안·함경도 변방 여진족들의 침략을 막았는데, 그때 여진족들에게서 중국의 제철기술을 배웠다. 그리고 그것을 바탕으로 무쇠를 연철로 만드는 기술을 익혔다. 이 기술은 구리 대신 쇠로 대포를 만드는 데 아주 유용하게 쓰였다. 병선 제작에 대한 연구도 수준급에 달하여, 판자와 판자를 이중으로 붙이는 갑조법(甲造法)의 시행을 주장하기도 하였다.

그는 매우 선구적인 과학자이자 과학이론가로 역사 속에 기록되어 있다. 국방에 바친 그의 열정, 그리고 이론과 기술을 결합한 그의 실천 능력 또한 우리가 존경해야 마땅하다. 하지만 그에게 묻고 싶은 것이 한 가지 있다. 여진에게서 제철기술을 배운 그가 왜, 여진이 그토록 강성해져서 훗날 청나라로 조선을 유린하게 될 것을 미리 알지 못했을까?

《용비어천가》

'용이 하늘로 날아오르는 노래'. 이것은 이성계 선조인 목조에서 태종에 이르는 6대의 행적을 권제·정인지·안지 등이 125장의 노래로 읊은 건국신화이다.

> 뿌리 깊은 나무는 바람에 아니 흔들리고
> 꽃 활짝 피고 열매 풍성하나니
> 샘이 깊은 물은 가뭄에 아니 그치고
> 내를 이루어 바다에 이르나니

첫 행의 현대역이다. 시상(詩想)도 절묘하지만, 이제 마악 문자를 만든 나라답지 않게 문체가 그야말로 물 흐르듯하다. 그러나 더욱 강조해야 할 것은 그 고난과 끈질김의 이미지이다.

그렇다.《용비어천가》또한 건국신화의 중점을 신성(神性)에서 인성(人性)으로 옮겨왔다는 점에서 근세의 확고한 상징이다. 이것은 신화가 아니라, 고난과 역경을 헤친 불굴의 용기와 무용담을 담은 서사시인 것이다.

물론 영웅성은 상존한다. 태조는 백전백승의 용장이면서 뛰어난 정치적 역량에 우애와 겸양의 덕까지 갖춘 인물이다. 태종은 그의 '훌륭한

용비어천가 제1장.

자손'이다. 전승 설화와 민속적인 요소를 차용한 것도 눈에 띈다.

그러나《용비어천가》는 합리적이고 현실적인 유교사상을 표방하는 데 대체로 성공하고 있다. 무엇보다 건국신화가 본질적으로 요구하는 '신성(神性)'을 하늘로 대치, 백성의 뜻과 동일시하는 것이다.

이 신성의 백성화야말로 세종조 시대정신의 역사적인 진보성의 압축된 표현이다. 그뿐인가,《용비어천가》는 가장 높은 수준의 예술성을 갖추고 있다. 건국신화가 정치철학으로 정제되면서 동시에 문학으로 승화한다.

그러나 다시 여기서 끝이다.《용비어천가》이후로《석보상절》《월인천강지곡》이 이어지면서 세종이 수양대군으로 이어지고, 유교가 불교로 이어지고, 그렇게 민본사상과 왕권·신권의 절묘한 조화는 심각한 위협을 받게 된다. 우리도 그 길을 따라가보자.

수양대군과 단종, 그리고 신하들 9장

왕위 찬탈의 정치·경제학

찬란한 광채 이후 유혈참극. 어째서, 어떻게 그런 일이 벌어졌을까? 조카인 단종과 숱한 충신들을 참살하고 왕위에 오른 '폭군' 세조의 시대를 총체적으로 국내·국제적으로 조망해본다. 그러면 세종 치세의 광채 이후 피비린 살륙과 찬란한 업적이 교차하는 그 광경을 우리는 이해할 수 있게 될까?

말년의 불교/《석보상절》과 《월인천강지곡》/수양대군(1417~1468년)과 문종(1450~1452년)/다시, 김종서/황보인(?~1453년)과 신권/등장/최후와 음모, 계유정난/집현전 출신, 훈민정음 그후/문사와 무사/이징옥(?~1453년)의 난, 그후/단종(1452~1455년)의 사람들/1455년 세조 즉위 전후/무사와 문사

말년의 불교

세종은 병약해지면서 매우 급격하게 불교에 심취하게 된다. 세종이 강경한 불교 탄압책을 시행했다고는 하지만 불교 전통을 한꺼번에 뿌리뽑은 것은 아니었다. 기우·구병(求病)·명복을 비는 불사는 계속 이루어졌다.

세종 14년 승려가 된 형 효령대군이 한강에서 7일 동안 수륙제(水陸齊)를 행하는 것을 세종은 막지 않았다. 세종 17년부터 24년까지는 흥천사 증축 및 행사 설치를 유신들의 강력한 반대에도 불구하고 강행했다. 하지만 이것은 억불을 더욱 유연하게 시행하려는 세종 특유의 온건책의 일환이었다. 세종의 불교 억압정책은 매우 끈질기고 일관된 면이 있었다.

하지만 건강이 갈수록 악화되던 세종 24년 광평대군을, 그 이듬해에 평원대군을 잃고, 28년 소헌왕후마저 죽고 나서는 세종이 달라진다. 죽음에 한 발을 딛고 스스로 불교의 지배를 받아들이는 것이다.

그러한 세종의 영향으로 둘째아들 수양대군과 셋째아들 안평대군은 아버지보다 더 독실한 신자가 되었다. 이것은 매우 심각한 문제의 씨앗을 잉태하게 된다.

왕권이 약화된다. 불교를 둘러싸고 세종에 맞서면서 집현전 출신 유신들의 명분주의·언관적 성격이 더욱 강화된다. 그렇게 악화된 불교와 유교의 매우 야만적인 충돌의 가능성이 가시화되는 것이다. 치세 30년 세종은 신하들의 반대를 무릅쓰고 내불당을 세웠다. 이때의 충돌은 황희에 의해 무마되었다. 그러나 그것은 미봉책이었다. 더 큰 폭발의 씨앗이 잉태되고 있었다. 이 폭발은 장차 피비린내 나는 독재에 의한 위대한 문화 중흥이라는 기현상을 낳게 될 것이다.

《석보상절》과 《월인천강지곡》

세종은 수양대군에게 불경을 한글로 번역할 것을 명한다. 왕후의 명복을 빌기 위한 것이었다. 수양대군은 《석보상절》을 편역했다. '석보'는 석가 일대기, '상절'은 요긴한 것을 상세히 하고 그렇지 않은 것은 생략한다는 뜻이다. 하지만 이 책에는 석가의 일대기 외에 《법화경》《아미타경》 등 여러 불경이 포함되어 있다.

《석보상절》은 특히 그 유려한 한글 산문으로 인하여 후대의 고전소설에 깊은 영향을 끼쳤다. 《월인천강지곡》은 수양대군의 《석보상절》에 화답하여 세종이 지은 부처 공덕 칭송가이다. 부처의 본체는 하나이지만 백억세계에 화신으로 나타나 중생을 교화하는 것이 마치 달이 수천의 강에 비치는 것에 비유하여 '월인천강(月印千江)'이라 이름붙였다.

이 작품은 《용비어천가》와 함께 가장 오래된 국문시가이다. 서경과 서정이 뛰어나고 문학성과 종교성이 절묘하게 어우러져 인도 문학의 걸작 《불소행찬》에 비견된다. 또 《용비어천가》와는 달리 서사성이 일관되어 가사, 즉 이야기체 노래문학의 형성과정에서 징검다리 역할을 하고 있다.

그러나 문제는 문학과 종교의 조화가 아니라 그 각각과 정치의 조화이다. 이 조화는 세종 말년에 무척 흐트러진다. 세종이 죽고 세자가 문종(1450~1452년)으로 즉위하면서 세종은 수양대군에게 '병약한 형'을 잘 보필하라는 유시를 내린다. 이 유시는 매우 잘못된 것이었다. 세종대에 세계 최초의 측우기가 만들어졌다. 그러나 이 측우기는 후에 비가 아니라 피눈물을 재게 된다.

수양대군(1417~1468년)과 문종(1450~1452년)

세종의 말년에 태종 때와 유사한 권력의 과도기가 형성된다. 이것은 세종이 자초한 반복이었다. 그리고 후대의 반복은, 전대보다 못하다는 뜻이다. 세종은 18명의 왕자를 슬하에 두었으면서도, 태종보다 단순한 결정을 내렸다. 수양대군이 명군감이었다면 그에게 왕위를 물려주어야 했으리라. 굳이 장자로 이어야 했다면 수양대군을 철저히 격리시켰어야 했다.

그는 불교와 유교의 대립을 형성해놓고 게다가 절충을 시도했던 것이다. 아마 첫 번째 안이 더 나았을 것이다. 수양대군은 어려서부터 영특하고 명민했으며 학문과 무예에 골고루 뛰어났다. 그는 음악에도 조예가 깊었다.

병약한 문종은 유신들의 '통제하'(?)에 있었다. 그렇게 이루어진 권력구조는 수양대군이라는 큰 그릇을 도저히 감당할 수가 없게 된다. 수양대군은 세종의 유시대로 형을 보필하려 했으나 문종은 그를 가까이 하지 않았다. 이때 왕권은 매우 위축되어 있는 상태였다. 물론 문종은 있는 힘을 다해 세종의 업적을 이으려 노력했고 노대신 황희, 그리고 충신 황보인과 김종서가 그 곁에 있었다. 신숙주, 성삼문, 박

필로벌러스 무용단, 〈DAY TWO〉 중.

팽년, 이개 등이 문종의 가까운 벗이었다.

그러나 수양대군의 세력은 소외된 만큼 갈수록 커져갔다. 문종 즉위 2년에 황희가 세상을 떠난다. 왕은 갈수록 건강이 나빠졌다. 세자로 책봉된 홍위는 어렸다. 수양대군은 문종이 자기를 불러 어린 세자와 나라의 앞날을 부탁할 것이라고 믿었다. 그러나 문종은 끝내 그를 부르지 않았다. 왕의 유시를 받은 것은 성삼문, 김종서, 황보인, 박팽년, 신숙주, 이개 등이었다. 수양대군에 대해서는 오히려 경계를 당부했다.

다시, 김종서

그 동안 김종서는 무얼 했을까? 1445년 충청·전라·경상 3도 순찰사를 지낸 그는 1449년 타타르인 야선이 요동지방을 침략하자 평안도 도절제사로 파견되기도 했다. 다른 한편 그는 사헌부·사간원 이력을 쌓으며 엄정·강직한 면모를 보였고, 형조·예조 판서를 거쳐 우찬성에 이르며 관료학자의 경력도 눈부시게 쌓았다. 이때 그의 전공은 고제(古制) 연구.

김종서에 대한 세종의 신임은 절대적이었다. 1449년 권제·안지 등의 《고려사》 개수작업이 미진하자 세종은 김종서와 정인지에게 고쳐 쓰기를 명한다……. 그는 유일한 비(非) 집현전 출신으로 최고위직 집현전 학사와 그 출신들을 지휘하는 것이다. 그는 창작에도 능해 국문학사상 불멸의 시 한 수를 남겼다.

1449년 용감한 장수 이징옥과 함께 마침내 여진족을 두만강 바깥으로 몰아내고 종성·회령·경원·경흥·온성·부령 등 6진을 이룩, 압록강 지역 4군과 함께 조선의 국경을 압록·두만강으로 확정케 한 후 지은 것이다.

　　삭풍은 나무 끝에 불고 명월은 눈 속에 차다
　　만리 변성에 일장검 짚고 섰다
　　긴 파람 큰 한 소리에 거칠 것이 없어라

가히 대장부의 기개가 절제된 호방·강직의 미학으로 형상화되었다고 하겠다. 사람들은 그의 기상에 감탄, '대호(大虎)'라는 별명으로 불렀다. 국방문제에 진취적이었던 세종이 죽은 후 압록강의 4군은 철폐되지만 6진은 그대로 유지되었다.

그는 병약한 문종을 보필한다. 1451년 새로 편찬한 《고려사》를 문종에게 올리면서 편년체 고려사 편찬을 제의, 그 이듬해에 《고려사절요》를 완성한다. 같은 해 《세종실록》 편찬에도 그가 책임자였다.

황보인(?~1453년)과 신권

그러나 거기서 끝이다. '12세의 어린' 단종이 즉위한 후 그는 우의정으로 '전횡과 독단이 심하다'는 평을 듣게 된다. 아니, 그 혼자가 아니었다. 좌의정 김종서, 영의정 황보인, 우의정 정분(?~1454년)이 포진한 의정부의 권력이 왕권을 초월하고 있었다.

황보인은 1430년 추위에 인마(人馬)를 방치하여 죽게 했다는 이유로 파면되었다가 이듬해 복직된 것말고는 세종의 총애를 한몸에 받았던 인물이다. 평안도와 함길도 방비에 있어 그가 세운 공은 김종서와 쌍벽을 이룬다.

그는 사은사로 명에 파견되었다가 문종의 부름을 받고 귀국, 영의정에 올랐다. 1452년 문종의 국상을 그가 총괄했다. 명실상부한 1인자로 등장하는 것이다. 그 또한 학문이 깊어 김종서와 함께《세종실록》을 펴내지만 점차 전횡 쪽으로 기운다. 대사헌 이기건이 왕권을 넘는 신권에 대해 따지자 황보인을 그를 제주 목사로 보내버린다. 정분은 단종 즉위년에 김종서의 천거로 우의정에 오른 사람이다. 그는 전횡을 부릴 시간이 없었다.

수양대군(세조)은 애초부터 왕위에 욕심이 있었다. 그는 이를테면 능력과 처지가 태종과 유사했다. 그러나 그가 매우 유혈적인, 태종보다 더 유혈적인 방법으로 왕위를 찬탈하게 되는 데는 김종서와 황보인의 '왕권을 넘는' 위세가 적지 않은 작용을 했을 것이다.

그때 집현전 언관들은 무얼 했는가. 정인지, 최항, 신숙주, 성삼문, 하위지 등은 매우 비판적이었지만 그 대응이 불평 수준을 넘지 못했다. 그 불평은 후에 왕위찬탈을 둘러싸고 현실·협조파와 명분·저항파로 속절없이, 그러나 극렬하게 양분된다.

등장

학문과 무력, 그리고 행정능력의 이상적인 결합을 암시했던 의정부는 과한 수준에 도달했다. 왕권을 현저하게 누르는 신권에 위협적인 존재는 세종의 둘째아들 수양대군과 셋째아들 안평대군 둘이었다. 두 사람은 성격이 달랐다. 수양은 처음부터 정치적 야심을 품고 문무에 뛰어난 사람들을 끌어모았다.

안평은 정치적인 관심이 적었고, 문학과 예술을 좋아했으며 그 방면의 사람들과 사귀었다. 김종서와 황보인 등이 안평대군을 포섭하려 하자 수양대군은 바싹 긴장하게 된다. 이때 등장하는 것이 권람과 한명회, 그리고 홍윤성이다. 홍윤성(1425~1475년)은 수양이 명을 받아 《진서(陳書)》를 찬술할 때 같이 참여한 인연이 있었는데, 그가 수양의 권력욕을 부추기며 권람을 수양에게 소개한다.

권람(1416~1465년)은 우찬성의 아들로 학문이 넓고 뜻이 컸으며 묘책이 많았다. 그는 아버지가 첩에게 빠져 정처를 박대하는 것에 대한 반항으로 방랑길에 나섰다. 그러던 그가 한명회(1415~1487년)를 만나게 된다. 한명회는 일찍이 부모를 여의고 불우한 소년시절을 보내던 중이었다. 둘은 책상자를 말에 싣고 명산고적을 찾아다니며 함께 책을 읽고 글을 지으며 뗄래야 뗄 수 없는 우정을 쌓았다.

남자로 태어나 변방에서 무공을 남기지 못할 바에야 만 권의 책을

제임스 엔소르, 〈죽음과 가면〉.

읽어 불후의 이름을 남기자……. 둘은 그렇게 맹세했다.

권람은 35세 때, 즉 문종 즉위년에 비로소 향시와 회시, 그리고 전시에서 장원으로 급제한 터였다. 한명회는 끝내 급제를 못했지만 문종 2년에 음서로 경덕궁직이 되었다. 이때 한명회가 권람의 주선으로 수양을 만나게 된다.

최후의 음모, 계유정난
한명회는 희대의 책략가였다. 그는 우선 무사 홍달손 등 30여 명을 추천하여 수양의 심복을 삼게 했다. 김종서와 황보인 쪽은 수양대군을 경계하기는 했지만 그 능력을 평가절하했던 듯하다. 아니라면 수양대군이 명나라에 고명 사은사로 가는 틈을 타서 수양대군 측근들을 제거할 수 있었을 것이다. 실제로 권람은 그것을 염려하여 수양이 사신으로 가는 것을 간곡히 만류하였다. 수양은 김종서·황보인 등이 호걸이 아니라서 감히 움직이지 못할 것이라고 대답했다 한다.

수양의 거사계획은 명에서 돌아온 1453년 4월부터 급진전된다. 수양은 우선 자신의 명나라행을 수행한 집현전의 실세 신숙주를 자기편으로 끌어들였다. 계유정난이 일어난 것은 그해 10월 10일. 수양은 유숙, 양정, 어을운 등의 무사를 데리고 김종서의 집을 습격, 철퇴로 쳐죽였다. 그리고 곧장 궁궐로 쳐들어가 단종에게 두 정승과 6조 판서를 입궐시키라고 윽박질렀다.

황보인, 병조판서 조극관, 이조판서 민신, 우찬성 이양 등이 왕명을 받고 입궐하다가 수양대군 군사들의 칼에 맞아 절명했다. 안평대군은 강화도에 유배되었다가 곧 사약을 받았고, 조수량·안왕경 등 또한 귀양에 처해진 후 교살되었다. 정분은 낙안 관노로 전락했다가 사약을 받았다. 고려 왕조 무신난을 연상시키는 이 피바람은 수양이 평소 느끼던 불안감과 한명회·권람이 젊은 시절 세상에 대해 품고 있던 울분이 서로를 자극한 결과이다.

수양은 스스로 영의정이 되고 이조와 병조판서도 겸했다. 아니, 거의 모든 권한직을 한 손에 거머쥐었다. 홍윤성·한명회·권람이 1등 공신으로 책봉된 것은 물론이다. 그런데 공신 명단에는 신숙주 외에, 놀랍게도 정인지와 이계전, 최항 등도 들어 있었다.

집현전 출신, 훈민정음 그후

훈민정음 창제에 커다란 역할을 한 것은 정인지(1396~1478년), 최항(1409~1474년), 박팽년(1417~1456년), 신숙주(1417~1475년), 이개(1417~1456년), 성삼문(1418~1456년) 등이다. 계유정난을 즈음한 이들의 행적이 궁금하지 않을 수 없다.

정인지는 이미 환갑이고 최항은 적지 않은 나이인 40대 중반, 박팽년·신숙주·이개는 모두 37세 동갑이다. 그리고 성삼문은 그들보다 한 살 아래이다. 이들 중 정인지·최항·박팽년·신숙주는 김종서가 주도한 《고려사》 편찬에 같이 참여하기도 했다.

세종 때 신숙주와 성삼문은 함께 요동을 열세 차례나 오갔다. 유배 중인 명나라 한림학사 황찬에게 음운(音韻)에 대한 자문을 구하기 위해서였다. 황찬은 그 방면에 대한 두 사람의 학식에 오히려 감탄했다고 한다. 두 사람은 또 문종 1년 명나라 사신이 왔을 때 왕명으로 함께 시짓기에 나서 '동방 거벽(巨擘)'이라는 찬사를 받았다. 신숙주는 계유정난 당시 외직에 있었으나 모의에 일찍 가담, 공신 1등에 책정되고 곧 도승지에 오른다.

성삼문은 공신 3등에 억지로 올려졌으나 그것을 사양하는 상소를 올렸다. 하지만 이듬해 예조참의를 거쳐 그 이듬해에는 예방승지가 되었다. 박팽년은 당대의 집현전 학사들 중에서도 경술(經術)과 문장·필법이 뛰어나 집대성(集大成)으로 불렸다. 계유정난 이후 그는 공신 명단에 오르지는 않았지만 우승지를 거쳐 형조참판에 오른다. 이개는 문종에게서 어린 세자(단종)를 잘 지도해달라는 간곡한 부탁을 받은 인물.

그는 성삼문과 함께 공신 기록에 환관을 올리는 사례를 남겨서는 안 된다는 상소를 올리고 있다. 그해 12월에는 근일에 올린 안이 하나도 윤허되지 않은 것을 들어 사직을 청했지만 만류되었다.

정인지는 황희와 마찬가지로 태종의 천거로 중용된 사람이다. 그리고 계유정난 당시 이미 황희의 명성을 이어받을 만큼 치적과 명성, 그리고 덕망을 쌓은 상태였다. 그는 계유정난 이후 좌의정에 오르고 공신 2등에 기록되었다.

문사와 무사

정인지는 그후 갈수록 적극적인 협력자로 변해간다. 어쨌거나 훈민정음 공신들이 계유정난에 취했던 태도는 신숙주말고는 양쪽 다 애매모호하기 짝이 없다. 물론 단종이 아직 재위중인 까닭이겠다.

그러나 수양대군의 즉위는 누가 보아도 초읽기에 들어간 상황이었다. 이 애매모호한 태도가 사태를 악화시킨 것 아닐까? 하지만 이 사람들에 대한 평가는 약간 뒤로 미루자. 계유정난에 즉각 반기를 든 무장을 우리는 우선 만나야 한다.

이징옥. 김종서의 오른팔로서 북방 개척의 영웅. 그 이야기가 흥미진진하다. 그는 어려서부터 어머니를 위해 멧돼지를 산 채로 잡아오고 호랑이를 호령하였다 한다. 1430년까지 여진에 대한 국방 방비에 큰 공을 세웠으므로 세종은 그에게 귀향을 허용, 어머니를 만나보게 했다. 1432년 병조참판, 1436년 회령 절제사.

이해부터 그는 절제사 김종서를 도와 4진 개척에 심혈을 기울였다. 그는 용감하고 위엄이 있어 여진족들에게 두려움의 대상이었다. 또 청렴결백하여 우리 백성이나 여진의 물건에 절대 손을 대지 않았다. 계유정난이 일어났을 때 그는 귀향 휴가를 마치고 경상·평안도 절제사를 거쳐 10년 만에 다시 함길도 절제사로 부임한 지 3년 만이었다. 김종서의 심복이었으므로 그는 곧 파직되었다.

그러나 그의 세력은 강했다. 더군다나 그는 충의와 기개가 넘치는 데다 주변정세 파악에 능한 인물이었다. 이징옥은 후임자 박호문을 죽인 뒤 스스로 '대금 황제'를 칭하며 도읍을 오국성에 정했다. 또한 놀랍게도 여진족에 격문을 돌려 그들의 후원을 얻었다. 그리고 군대를 종성에 집결시켜 두만강을 건너려 했다.

이징옥(?~1453년)의 난, 그후

그가 정말로 두만강을 건넜다면 어떻게 되었을까? 물론 수양대군을 무너뜨리지는 못했을 것이다. 이때 수양대군은 강한데다 우수한 책략가들을 거느리고 있었다. 그러나 여진과 그의 연대는 더 강해졌을 것이다. 그렇게 되었다면 그의 '대금국'은 후에 건국되는 청제국의 반 정도를 좌지우지했을지 모른다. 여진의 '대금국'이 후에 청을 세우는 것이다.

그러나 이징옥은 종성에서 어이없이 피살된다. 이중첩자인 종성판관 정종, 호군 이행검 등의 기습작전에 당한 것이었다.

이징옥의 형 이징석도 무예에 뛰어난 자였다. 그는 압록강 쪽 국경을 맡은 최윤덕의 오른팔이었다. 이징옥의 난 이후 아들과 함께 연좌 투옥되었으나 '평소에 동생과 사이가 나쁘고 내통이 없다' 하여 석방되었다. 수양이 그의 무예를 아껴 포섭하기 위해서였다. 이징옥의 난은 이 지역 주민에 대한 중앙정부의 차별을 야기시켜 후에 이시애의 난이 이 지방에서 또 일어나게 된다. 이시애의 난이 여진과의 관계에서는 마지막 기회였다.

조선 후기의 명재상 채제공은 이징옥이 딱히 '대금국'을 세우려 했던 것이 아니라 수양의 불법 쿠데타를 명에 직소하기 위해 난을 일으킨 것이라고 적고 있다. 이것은 이징옥이 역적이 아니라 충신임을 암시하는 것이지만 이징옥에게는 썩 개운치 않은 평가였을 것이다. 왜냐하면 그의 포부는 그것보다 실제로 컸다. 그리고 진정한, 국제적인 충신이라면 이때 여진과의 연합을 어떻게든 도모해야 했을 것이다.

단종(1452~1455년)의 사람들

어린 단종을 보좌하라는 문종의 고명을 받은 사람은 황보인, 김종서 등이었다. '원손'을 잘 보살펴달라는 부탁을 세종에게서 받은 집현전 학자들은 성삼문, 박팽년, 하위지, 신숙주, 이개, 유성원 등.

이중 김종서와 황보인이 사망했다. 신숙주는 수양에게 붙었다. 박팽년은 단종의 교육에 열성이었다. 하위지는 좌사간, 성삼문은 우사간에 임명되었다. 이개는 집의. 그러나 정국은 수양대군의 손아귀에서 놀아났다. 그런데 전권을 쥔 수양의 통치능력은 매우 놀라운 것이었다. 역시 그는 세종 이후의 태종이었다. 태종의 야심과 세종의 슬기를 한몸에 물려받은 것이다.

한명회와 권람, 그리고 홍윤성의 행정능력도 뛰어났다. 그러나 통치방식은 독단 그 자체였다. 단종은 궁궐에 처박혀 신하들을 만나볼 수도 없었고 수양의 얼굴만 보면 지레 겁을 먹었다.

이때 단종을 보필하는 집현전 학사들은 무슨 생각을 했을까? 그들은 수양만한 경륜이 없었고, 수양에 맞서 정치적 세력을 키울 구체적인 사고방식이 모자랐다. 그들은 내적으로 불만을 쌓아가면서 외적으로는 점점 위축되어갔다. 명분 추수주의가 들어설 대목이다. 여기서 단종 보필 집현전 학사들의 대응자세가 세분되기 시작한다. 그리고 새로운 인물들이 등장한다.

유성원(?~1456년)과 하위지(1412~1456년). 이 둘은 정인지·최항과 성삼문의 중간 세대로서 수양대군의 전횡을 막는 데 매우 구체적인 편이었다. 유성원, 그 또한 문종에게 간곡한 당부를 받았고 《고려사》 개찬에 참여했던 인물이다.

하위지는 매우 강직한 기개의 소유자였다. 대간으로서 대신들의 실정을 적극 공격하다가 문종과 대신들로부터 협공을 받았을 정도이다. 두 사람은 계유정난 직전 수양이 자기 휘하 사람들의 계급을 올려준 행위를 규탄, 철회시켰다.

1455년 세조 즉위 전후

계유정난 이후에도 두 사람은 성삼문·박팽년보다 적극적인 행동을 보인다. 유성원의 경우는 매우 독특하다. 계유정난 직후 수양은 자신을 주나라 주공에 비견하면서 단종에게 포상을 강요하고 그 교서를 집현전에서 기초하도록 하였다. 이때 집현전 학사들은 모두 도망하고 유성원 혼자 남아 있다가 협박에 못 이겨 기초를 해주고는 집에 와 통곡했다고 한다.

그 또한 공신 책정이 공정치 못하다고 개정을 청했으나 묵살되었다. 그러나 그는 경복궁의 내불당을 없앨 것을 주장했고 자신의 건의가 받아들여지지 않는다는 이유로 사헌부직을 사임했다.

수양은 그를 다시 직집현전에 임명했고 그는 그런 채로 단종의 양위를 맞는다. 하위지 또한 경복궁 내불당 철거를 주장했고 《세종실록》 편찬에 편수관으로 참여했다. 수양이 왕에 오른 후 그는 잇단 부름을 받아 예조참판에 임명되었다.

그러나 그의 본뜻은 단종을 섬기기 위한 것이므로 그는 세조의 녹

봉을 따로 쌓아두고 먹지 않았
다. 그리고 세조가 강력한 왕
권 강화책으로 의정부 권한을
축소하고 6조를 직접 관할하자
그 부당함을 극간(極諫), 추국
받을 위기에 처하기도 했다.

한명회는 세조 즉위 후 좌부
승지를 거쳐 공신 1등으로 우
승지가 되었다. 홍윤성은 예조
참의에 임명되었다가 곧 참찬
으로 승진했다. 좌익공신 3등.
권람은 이조참판에 발탁되고
좌익공신 1등으로 기록되었다.

찰리 채플린 감독영화, 〈어린아이〉 중.

신숙주는 명에 가서 세조 즉위를 인준받고 돌아온 공으로 토전(土
田) · 노비 · 안마(鞍馬) · 의복을 함께 받고 병조판서로서 외교를 위
임받아 사실상 예조까지 관장하는 등 행정 실세로 부상했다.

정인지는 영의정 자리에 올랐다. 명분상으로는 제2인자가 된 것이
다. 좌익공신 2등으로 기록되면서 호조 · 이조참판을 거쳐 형조 · 공
조판서를 역임하게 되는데, 우선 맡은 일은 《경국대전》 편찬이라는
대사업이었다.

무사와 문사

이개는 세조 2년 집현전 부제학에 임명되었다. 성삼문은 그냥 승
지 자리를 유지하다가, 수양이 단종에게 양위를 강요할 때 국새를 끌
어안고 통곡, 세조의 눈밖에 났다.

박팽년은 단종이 왕위를 빼앗겼을 때 울분을 참지 못하고 자살하

려 했으나 후일을 도모하자는 성삼문의 만류로 단념하였다. 그는 충청도 관찰사로 나가 있는 동안 세조에게 올리는 문서에 '신(臣)'이라는 글자를 일체 쓰지 않았다.

이듬해 박팽년이 형조참판으로 다시 입궐하면서 단종 복위 운동은 급진전된다. 성삼문은 아버지의 명을 받아 기존의 단종 보필 집현전 학사들 외에 유응부(?~1456년)와 김질까지 포섭한다. 그런데 이 두 사람이 각각 긍정적인 의미와 부정적인 의미로 관건이었다. 유응부는 세종과 문종의 총애를 받던 용감하고 훌륭한 무신, 김질은 좌익공신 3등 정창손의 사위. 이 두 사람은 성삼문과 박팽년이 사실은 거사 주모자로 얼마나 부적합한 인물인가를 곧 보여주게 될 것이다.

창덕궁에서 명 사신을 초청, 연회하는 날이 거사일로 정해졌다. 유응부와 성승(성삼문의 아버지)이 별운검(別雲劍, 2품 이상의 무관이 칼을 차고 왕을 호위하는 직책)으로 있다가 세조·윤사로·권람·한명회를, 병조정랑 윤영손은 신숙주를 처단하도록 일이 분담되었다.

그러나 한명회가 모종의 낌새를 알아채고 장소가 좁다는 이유로 별운검을 서지 않게 조치한다. 세조도 나오지 않았다. 유응부는 거사 강행을 주장하는데, 성삼문과 박팽년이 말린다.

세조가 경복궁에 있고 운검을 쓰지 못하게 된 것은 하늘의 뜻이니, 훗날로 미루는 것이 좋다. 일이 성공하더라도 혹 세조가 군대를 이끌고 쳐들어온다면……. 이게 무슨 해괴망측한 소리인가? 세조의 중신들은 그 자리에 모두 있었다!

그리고 무엇보다 일이 누설될 우려가 있었다. 아니 반쯤 누설되었다고 보아야 한다. 유응부는 한탄한다. 서생(書生)들과는 일을 도모하지 말라 했거늘……. 그의 한탄은 전적으로 옳다. 성삼문과 박팽년의 연기 논리는 과연 그 둘이 정말 계획했던 것은 장렬한 옥쇄 쪽이 아닐까 의심받기에 족한 내용이다. 그리고 그것은 그들이 김질의 밀고로 피체되어 세조의 참혹한 고문을 받는 과정에서 더욱 뚜렷하게 드러난다. 특히 이 두 사람은 무의식적으로 세조의 흉포화를 유도하고 있는 것이다.

사육신과 동전의 양면 10장

세조의 신하들

참혹한 사육신의 처형 이후 세조의 찬란한 치세가 펼
쳐진다. 사육신 각각, 그리고 세조에 협조한 신하들
각각을 앞장 집현전의 맥락에서 평가해본다. 세조의
심리상태 또한 조명해보자. 정말 불행한 것은 세조였
는지 모른다.

거사와 수난/흉포화와 자기 반성/외유내강과 내유외강/그후, 사육신(死六臣)/어린 마음/신숙주와 정인지, 그리
고 한명회/권람, 그밖의 사람들/피와 평화, 근본과 예외/세조의 마음속/이시애(?~1467년)의 난/원상제(院相
制)와 남이/훈사, 피로 물든《세조실록》/이어지는 것

거사와 수난

성삼문은 여러 모로 거사에 합당한 인물이 아니었다. 그는 세조의
눈밖에 났으므로 보안유지에 문제가 있었고 결정적인 순간에 모든
탓을 하늘에 돌렸다. 결단력이 없었다는 이야기이다. 그리고 김질을
포섭한 것에서 드러나듯이 정세를 보는 눈 또한 어두웠다. 김질을 통
한 정창손의 포섭은 애당초 어림도 없는 일이었다.

그렇다. 그는 '대의명분에 눈이 먼', 그리고 다만 '대의명분'을 내
세울 기회를 호시탐탐 노릴 뿐인 언관, 집현전의 서생을 상징한다.
수난에 대해서는 어떤가. 그는 정말 조선의 대표적인 절신(節臣)인
가. 그는 세조를 '나으리'라 낮추어 부르며 그의 불의를 꾸짖었다. 그
리고 세종과 문종의 당부를 잊었느냐며 신숙주에게 침을 뱉었다. 격
노한 세조가 무사를 시켜 달군 쇠로 그의 다리를 지지고 팔을 잘라
냈지만 과연 그는 안색 하나 변하지 않았다.

그러나 그는 자신의 대의명분을 떳떳이 밝히는 과정에서 공모자들

의 이름을 너무도 당당하게 줄줄 내뱉고 만다. 물론 김질의 밀고가 이미 있었고 그 때문에 잡혀온 것이므로 그의 행위를 밀고라고 할 수는 결코 없겠다. 그러나 이것이 '대의명분'에 눈이 먼, 어처구니없는 일이라는 것 또한 부인할 수 없다. 훗날을 도모한다는 생각은 이미 성삼문의 뇌리에서 사라진 것이다.

그리고 무엇보다, 성삼문에게 자기 반성이 없는 것에 우리는 유의하자. 그리고 고문이란 지켜야 할 비밀이 있을 때 그 고통을 감당할 가치가 있는 것 아닌가. 아니라면 이것 또한 매우 전도된 육체적 고통의 향연이 아니겠는가. 확실히 그는 강희안의 무관함을 열변, 목숨을 살려주었다. 하지만 그는 훗날의 가능성을 끊어버렸다.

흉포화와 자기 반성

세조는 한편으로 회유책을 썼다. 박팽년은 잡혀오기 전에 한명회의 방문을 받았다. 세조가 보낸 것이었다. 죄를 부인하라, 그러면 살 것이다……. 그러나 박팽년 또한 성삼문의 전철을 밟으며 세조를 흉포화시킨다.

그도 '나으리' 호칭이다. 세조가 원하는 것은 단 한 가지. 자신을 왕으로 인정하라는 것이었다. 박팽년이 주장하는 것 또한 단 한 가지. 그럴 수 없다는 것이었다. 그런데 그 명분 대 명분의 싸움이 가장 지독한 야만을 낳는다.

"니 놈이 내 밑에서 충청 감사를 하지 않았더냐?"

"나는 그때 '신(臣)'자를 쓴 적이 없소……."

확인해보니 정말 그러므로 세조는 거품을 물며 더욱 혹독한 고문을 가했다. 그도 함께 모의한 자들을 줄줄이 외워댄다. 심지어 제 아버지 이름까지.

명분이 잔혹을 낳는 이 악순환을 조금이라도 깨는 것은 유응부이다. 그는 세조를 '자네'라 낮추어 부르며 여러 말 할 것 없이 목을 치라고 한다. 이것은 세조를 정말 길길이 뛰게 했다. 세조는 유응부의 껍질을 개가죽 벗기듯 벗기게 했다.

세조가 최소한 도덕적 측면에서 완패를 당하는 이 대목에 곧바로 성삼문 등의 '몰락'이 이어진다. 유응부가 엄히 꾸짖는다. 그대들이 그예 오늘의 화를 자초하고 말았구나! 그대들처럼 꾀와 수단이 없으면 무엇에 쓰겠는가! 이것은 질타이자 자기 반성이다. 유응부는 이어 세조에게 말한다. 만약, 더 묻고 싶다면 저 쓸모없는 선비에게 물어보라…… 얼마나 통렬한 지적인가! 세조에게도? 세조에게도!

세조는 눈이 돌아갈 정도로 화가 치밀어 달군 쇠를 가져와 그의 배 밑을 지지게 했다. 그러나 유응부는 낯색 하나 변치 않았고, '쇠가 식었으니 다시 달구어오라'고 호통쳤다.

유성원은 소식을 듣고 성균관에서 관복도 벗지 않은 채 칼로 목을 찔러 자살했다. 이개는 태연히 형을 당했다.

외유내강과 내유외강

이개는 참으로 수난상의 모범을 보여준다고 할 만하다. 형장으로 가면서 그는 다음과 같은 내용으로 시를 지었다.

……(상략) 중하게 여겨질 때는 사는 것 또한 소중하지만
……(중략) 가벼이 여겨질 때는 죽는 것도 영광이다.
새벽녘까지 잠들지 못하다가 중문 밖을 나서니
현릉(문종의 능)의 송백이 꿈 속에 푸르다.

충절과 서정성이 그야말로 외유내강으로 조화를 이룬다 하겠다. 그에 비하면 폭군을 섬길 수 없다며 수양산으로 들어가 채소를 캐먹

고 산 백이숙제를 탓하며 '채소는 왜 캐어 먹는가?' 운운한 성삼문의 시는 자기 과시가 지나치다. 왜냐하면 비록 그가 세조의 녹봉을 먹지 않고 쌓아두었다고는 하지만 그는 엄연히 세조 밑에서 벼슬 생활을 했다. 백의·숙제에 대한 질타야말로 내유외강의 표본인 것이다.

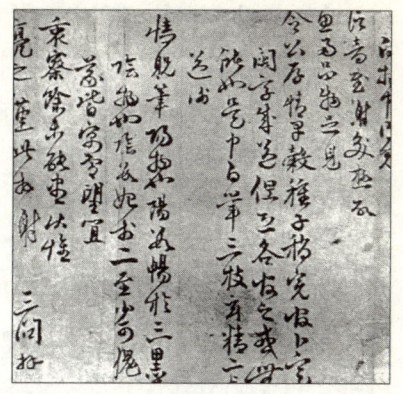

성삼문 글씨. 행서체 서간.

하위지 또한 '이미 내게 반역의 누명을 씌웠거늘 주살시키면 될 터인데 다시 무엇을 묻겠단 말인가?' 하며 대답하지 않았다. 그리고 그에 이르러 세조도 마음의 평정을 되찾는다. 하위지는 달군 쇠로 살을 지지는 형벌을 받지 않았다.

어쨌거나 박팽년은 그날로 옥에서 사망했고 성삼문, 성승, 이개, 하위지, 박중림, 김문기, 유응부, 박쟁 등이 다음날 군기감 앞에서 능지처사형을 당했다.

하지만 그 다음, 즉 후대가 중요하다. 성삼문 집안은 동생 세 명과 아들 세 명에 갓난아기까지 죽음을 당하여 혈연이 끊겼다. 조선 백성의 백제 정신은 그를 만고 충신으로 기리게 된다. 아니, 거꾸로인지 모른다. 조선 백성은 그를 만고 충신으로 기리면서 백제 정신을 심화시키게 된다. 성삼문은 계백이었을까? 아니다. 순교와 감동의 내용과 형식이 전도된 경우이다.

그후, 사육신(死六臣)

박팽년의 집안도 몰살했다. 아버지는 물론 동생과 아들들이 모두 처형되어 삼대가 화를 입었고, 어머니·처·제수까지 대역부도의 가족으로 몰려 공신들의 노비로 끌려갔다. 물론 단종복위라는 명분은 거대한 것이었다. 그러나 그토록 준비가 허술하고 결의가 미진하고 전망이 부재한 '거사'에 비하면 이 무슨 무모한 명분에 처참한 희생이란 말인가.

유응부의 '그후'는? 다르다! 그는 사생활이 지극히 청렴하여 2품 관직에 있으면서도 거적자리로 방문을 가렸고 고기 없는 밥을 먹었으며 때로는 양식이 떨어지기도 했다. 그가 형장으로 끌려가던 날 그 아내가 이렇게 한탄했다 한다. 살아서도 남에게 의지함이 없었는데, 죽을 때 큰 화를 입었구나……

하위지의 '그후'는 그답게 매우 엄정하면서 감동적이다. 그가 처형된 후 두 아들도 연좌되어 사형을 받았다. 작은아들 박은 어린 나이였지만 죽음을 두려워하는 기색이 조금도 없었다.

그가 형장으로 가면서 어머니에게 말한다.

"죽는 것은 두렵지 않습니다. 아버님이 이미 살해되셨으니 제가 홀로 살 수는 없습니다. 다만 누이동생은 비록 천비가 되더라도 어머님은 부인의 의를 지켜 한 남편만을 섬겨야 될 줄로 압니다……"

이개가 궁금하다. 그는 어땠을까? 이개의 매부인 전 집현전 부수찬 허조가 자결한다. 그도 모의에 참여했던 것이다. 과연 이개 가족답다.

성삼문, 박팽년, 이개, 하위지, 유성원, 유응부를 사육신이라 하여 그들을 기린다. 이들의 시신은 김시습이 수습하여 지금의 노량진에 묻어주었다. 김시습은 생육신 중 한 사람인데 그 이야기는 후에 하자.

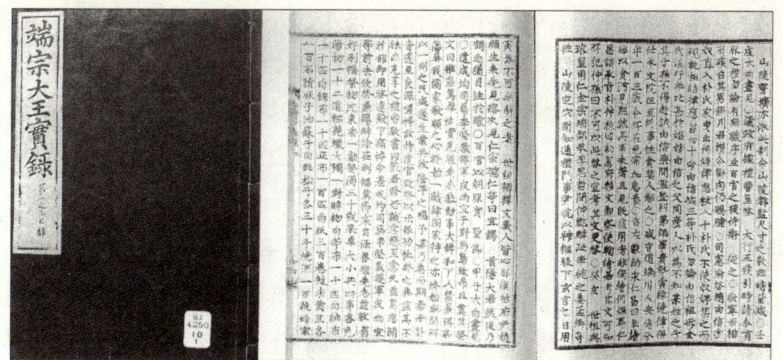

《단종실록》. 단종이 즉위한 1452년 5월부터 1455년 윤6월에 선위하기까지 재위 3년 간의 편년체 역사로서, 편찬 책임자와 연대는 분명하지 않으나, 대략 1464년(세조 10년)부터 1469년(예종 1년) 사이에 완성된 듯하다.

어린 마음

단종복위 운동의 실패로 단종은 상왕의 자리에서 노산군으로 강등 당하고 강원도 영월로 유배된다. 영월은 산이 가파르면서도 매우 깊고 거처를 정하면 푸근하기 그지없어서 은둔지로 적절한 곳이다. 아니, 속세를 버리고 싶은, 언뜻언뜻 자살 충동을 일으킬 정도로 그 아름다움이 진하고 위태위태하다.

그것은 어린 단종의 마음에 어떤 위로가 되었을까? 생각할수록 안쓰럽고 숨이 막힌다. 하지만 그것뿐이 아니었다. 단종은 세상을 버리고 싶은 그런 마음의 평정조차 누리지 못했다.

속세의 신하들이 실속은 없이 명분상으로만 자꾸 그를 내세웠던 것이다. 그럴수록 단종(노산군)을 없애라는 상소가 세조에게 빗발친다. 이것은 물론 역대 왕족들이 운명처럼 겪어야 했던 마음의 지옥일 것이다.

밀려난 자와 대기자뿐이 아니다. 즉위자도 그랬던 것이다. 다만, 단종의 어린 마음이 그 지옥을 더욱 선명하게 드러내주는 것일 뿐이다. 유배된 지 3개월 만인 1457년 9월, 단종의 다섯째 숙부인 금성대군 유가 복위를 계획하다가 발각되었다.

그렇게, 마지막이 왔다. 세조는 금성대군 유에게 사약을 내렸다. 그리고 단종을 폐서인한 후 10월, 관원을 보내어 단종을 죽였다. 일설에는 단종이 자기 목에 올가미를 씌우고 그 끈을 잡아당기게 하여 죽었다고 한다.

추익한. 그는 한성 부윤을 지낸 사람인데 유배된 단종에게 산머루를 따다 바치며 자주 문안을 드리던 인물이다. 그렇게 단종을 뵈러 가던 어느 날 그는 왕 정장을 하고 백마를 탄 단종을 만났다.

"어디로 가시나이까?"

"태백산으로 간다……."

그렇게 말하고 단종은 홀연히 사라졌다. 추익한은 섬뜩한 예감이 들어 발걸음을 빨리 했다. 과연 당도해보니 단종은 이미 변을 당한 뒤였다고 한다.

조르주 루오, 〈광대와 원숭이〉.

신숙주와 정인지, 그리고 한명회

단종을 죽여야 한다고 앞장서서 주창한 것은 정인지와 신숙주. 이 사람들이 어찌 그 지경까지 이르렀던가?

이때 신숙주는 좌찬성을 거쳐 우의정에 올랐다. 그리고 1459년에는 좌의정에 이른다. 정인지는 더 오를 벼슬이 없었겠다. 신숙주는 피바람과 찬란함이 혼재하고 교차하는 세조의 치세를 그런 대로 능수능란하게 헤쳐나갔다.

그는 1459년 좌의정에 올랐고 여진족 출몰이 심해지자 강원·함길도 도제찰사로 나서, 커다란 전과를 올렸다. 1467년 이시애가 함경도에서 난을 일으켰을 때 반역을 꾀했다는 혐의로 영의정 한명회와 함께 피체, 신문까지 받았지만 곧 석방된다.

영의정 한명회에 대한 세조의 우려에서 비롯된 이 일은 아마 신숙주의 간담을 서늘케 하였을 것이다. 1462년 영의정부사에 오른 후 2년 만에 그는 자신이 지위가 너무 높은 것을 염려하여 사직한 적이 있다. 소심증과 처세술이 결합한 결과이다.

반면 '제2의 황희'였던 정인지는 피비린내 나는 세월을 만나 제 능력을 모두 발휘했으나 정치적으로는 실권이 없었다. 그는 또 체제 적응에도 서툴렀다. 1458년 공신들을 위한 연회에서 불서간행을 반대하다가 직첩을 몰수당했다가 곧 환급받았고, 이듬해에 다시 취중에 세조에게 직간, 직첩을 몰수당하고 외방에 쫓겨났다. 그해 다시 직첩을 환급받았으므로 세조가 그를 함부로 한 것은 아니었다. 그러나 그는 밖으로는 민심수습을 위한 원로였고 안으로는 골칫덩이였다.

정치적 실권을 쥔 것은 한명회 일파였다. 한명회는 이조판서, 병조판서에 올라 좌의정을 거쳐, 1466년 마침내 영의정에 오른다. 앞서 말했듯이 그의 위세는 대단했다. 그는 권람, 신숙주 등과 인척관계를 맺으면서 세조 치정 전반을 요리했다.

권람, 그밖의 사람들

홍윤성은 신숙주의 여진 정벌 때 부장으로 동참했고 여러 벼슬을 거쳐 성종(1469~1494년) 때 영의정에 올랐다. 그러나 그는 세조에게 낯뜨거운 부담으로 작용했다. 워낙 성질이 사나워서 앞뒤를 가리지 않고 오로지 기세로서 다른 사람들을 능멸하고 집안 노비를 시켜 사

람까지 죽였다. 세조는 한명회를 '나의 장자방'이라며 극찬했으나 홍
윤성에 대해서는 책망하기에 여념이 없었다.

세조가 그를 처벌하지 않은 것은 단지 그가 공신이었기 때문만은
아니다. 홍윤성은 세조에게만은 순정 일색이었다.

김종서를 습격한 무사 공신 양정은 정난 후 공로도 많았지만 세조
의 퇴위를 간했다는 이유로 참형에 처해졌다. 이 대목은 세조 통치방
법의 중대한 결함을 적나라하게 보여준다. 그 이야기는 다시 하자.

권람은 어찌됐는가? 그는 세조 치세 중 죽었고, 매우 특이한 일화
를 남겼다.

세조가 즉위하면서 그는 이조참판을 거쳐 이조판서에 올랐다.
1458년 신숙주 등과 함께《국조보감》을 편찬했고, 1459년 좌찬성·
우의정을 거쳐 1462년 좌의정에 올랐으나 병을 핑계대고 관직에서
물러났다. 이듬해 그는《동국통감》편찬·감수 책임을 맡게 된다. 그
는 한명회와 달리 권력에 눈이 먼 인물은 아니었다. 품성이 풍류적이
면서도 나설 때와 물러날 때를 분명히 알았다. 행동은 매우 트이고
자유분방했다. 불교를 좋아하지 않았지만 명신(名神)을 숭배하여 의
구심을 불러일으키기도 했다.

1464년 그가 신병을 낫게 해달라고 감악산신 설인귀에게 치성을
드렸는데 비바람이 몰아치자 그는 '설인귀, 그대와 나는 세력이 같은
데 어찌하여 이리 몰아치는가!' 하고 호통을 쳤다고 한다.

피와 평화, 근본과 예외

이러한 와중에도 세조는 왕권강화와 국가 안정정책을 꾸준히, 그
리고 탁월하게 추진하였다. 마치 국가의 기틀은 피를 마시며 자란다
는 것을 증명하듯이, 아니 심지어, 세종의 치세 때 모자란 것은 사실
피였다는 것을 항변하듯이, 그의 치적은 성격상 강건하고 연속적이

며 완성 지향적이고, 근본적이다. 그러므로 그의 치적은 열거를 거부한다.

한마디로 그는 《경국대전》과 《동국통감》 편찬에서 관제를 거쳐 백성들의 실생활에 이르는 국가 통치의 모든 면에서 세종 치세를 가다듬고 마무리지었다.

그러나 그는 전대에 비해 더욱 강력해진 왕권으로 불교와 민주주의 두 영역에서 예외를 만들어냈다. 그는 불교를 대대적으로 장려했고, 특히 간경도감을 두어 여러 가지 불경을 한글로 번역, 한글문화의 발전에도 크게 기여했다. 한편 민주주의는 크게 위축되었다. 그는 집현전과 경연을 철폐했다. 그리고 승정원을 강화시켰다. 이것은 국정을 대화로 풀거나 건의·규제하는 기능이 약화되고 왕명을 출납하는 기능이 강화된 것을 뜻한다.

그뿐이 아니다. 그는 승정원을 신숙주, 한명회, 박원형, 구치관 등 자신의 심복으로 채우고 그들이 모든 정무를 관장하게 했다. 그리고 권력남용을 방지하기 위한 임기제한 규정도 지키지 않았다. 외교통인 신숙주는 겸예판(兼禮判)으로, 군사통인 한명회는 겸병판으로, 재무통 조석문은 겸호판으로 장기간 재직하게 된다. 이들은 현직에서 물러난 후에도 부원군의 자격으로 국정에 참여하였다.

이 예외는 불교의 경우 이룩된 것이고 민주주의의 경우는 저질러진 것이라 하겠다. 하지만 이 둘은 서로 상통하는 것 아닐까?

세조의 마음속

단종이 죽은 이듬해 7월, 세조가 매우 아끼던 세자 장이 세상을 떠났다. 그때 세조의 충격은 매우 컸을 것이다.

그런데 둘째아들 황이 세자에 책봉되어 세손을 낳았는데, 세손이 갓난아이로 죽고 얼마 후 세자빈마저 세상을 뜨게 되자 세조는 자신이 몹쓸 짓을 해서 벌을 받는 것이라는 자책감에 시달린다.

그에게 불교는 죽음과 화해하기 위한 평화의 매개가 아니고 죽음의 두려움으로부터 벗어나고자 하는 도피처였다. 그리고 그는 점점 더 죽음을 병적으로 두려워하게 되었다. 김처의·최윤 등의 역모계획이 사전에 발각되어 무더기 처형사태가 벌어진 이듬해, 그는 세자에게 나라일을 맡아보게 한다. 육체적·정신적 건강이 그토록 악화되었던 것이다.

그런데 이 '정권이양'은 앞으로 더 심각한 민주주의의 훼손을 가져오게 된다. 세조는 3중신(신숙주, 한명회, 구치관)을 비롯한 공신들에게 세자를 보필하도록 한다. 3중신, 특히 한명회가 온갖 권력을 휘두르며 왕권을 강화시키는 이 해괴한 현상이 세조대에 국한될 수밖에 없을 것임은 명약관화하다. 이들은 심복일 뿐 왕실의 미래를 맡길 충신은 아니었다.

그러나 아, 사육신! 세조는 자신에게 그러한 충신이 허락될 수 없었음을 한탄하면서 병이 더 깊어진다. 그리고 이즈음에 터진 이시애의 난이 육체적·정신적으로 황폐화된 세조를 거의 재기 불능으로 거꾸러뜨렸다. 이 난은 세조의 중앙집권정책을 여러 모로 뒤흔들었고 이 난으로 세조의 중앙집권정책은 더욱 공고한 형해화(形骸化)의 길을 걷게끔 강제되었다.

이시애(?~1467년)의 난

세조의 호패법은 지방민의 이주를 금했다. 세조는 또 북도 출신 수령을 점차 줄이고 서울에서 직접 관리를 파견하였다. 이것이 북도 호족들의 불만을 야기시켰을 것은 당연하다.

이시애는 회령 부사로 있다가 모친상을 당하여 관직에서 물러난 함길도의 대표적인 호족세력이다. 그는 관직에서 물러나 있는 동안

북도 호족과 도민 세력을 끌어모았는데, 그 수단은 다시 지방색이었다. '하삼도(下三道) 군병이 함길도 사람들을 모두 죽이려고 올라온다…….' 그는 이런 유언비어와 함께 사람들을 끌어모아 함길도 절제사 강효문을 베고 길주를 근거지로 반란을 일으켰다. 그는 또 조정에 사람을 보내어 이간책을 쓴다.

'강효문이 한명회, 신숙주 등 중신들과 모반을 꾀하려 했으므로 목을 베었습니다…….'

세조는 신숙주와 한명회가 이 난에 관련되지 않은 것을 알면서도 일단 구금, 문초하는 한편 정벌군을 편성했다. 그러나 왕명을 사칭하면서 이시애가 규합한 반군은 강했다. 초반에는 관군이 밀렸다. 아니, 가장 큰 문제는 세조의 정신상태였을 것이다. 그는 이시애의 의거 주장에 아마 반쯤은 긴가민가했을 것이다.

상당 기간 한명회와 신숙주를 가두고 이시애를 '타이르는' 것으로 마무리하려는 정책을 세조는 고수하는 것이다. 세조가 생각을 바꾸어 신숙주·한명회 등 중신을 풀어주고 친정(親征)을 계획하는 등 강경책으로 전환하고 나서야 이시애는 당황하여 뒤로 물러난다.

관군이 밀고 올라갔다가 다시 이시애의 포위망에 걸리고, 그렇게 격전이 벌어진다. 그러나 세조가 태도를 분명히 하자, 이시애의 명분은 사라졌고 북도 민심이 그를 떠났다. 이시애의 반군세력은 급속도로 약화된다. 이시애는 1만의 숫자로 관군 5만에 필사적으로 맞서다가 계교에 빠져 피체, 8월 12일 효수되었다.

원상제(院相制)와 남이

이시애의 난 이후 세조는 거의 자포자기적인 왕권강화책에 집착한다. 원상제를 실시, 자신의 심복인 3중신(신숙주, 한명회, 구치관)을 승지원에 상시 출근시키는 것이다.

이것은 처음에는 명나라 사신을 접대하는 데 무리가 없게 하기 위한 것이었지만, 이 왕세자와 3중신의 승지원이 점차 모든 국정을 좌지우지하게 되었다. 하지만 이 사람들도 '자신이 체포·구금할 수밖에 없는 심복'이라는 모순으로써 어떻게 왕권정치의 미래를 기대한단 말인가.

1468년 9월 병이 위급해지자 세조는 여러 신하들의 반대를 물리치고 세자에게 왕위를 물려준다. 그리고 그 다음날 사망한다. 세조식 왕권통치의 비극이라 할 것이다. 그의 필사적인 노력에도 불구하고 예종은 즉위한 지 한 해 만에 죽었다.

예종 즉위년에 원상제는 크게 확대되어 3중신 외에 박원형, 최항, 홍윤성, 조석문, 김질, 김국광 등 세조 공신이 포함되게 된다. 이 원상제는 성종(1469~1494년) 7년까지 10년 동안 계속된다.

원상제는 그뒤로도 흔적을 보이다가 점차 기간과 권한이 단축되어, 국왕 유고시 정상업무가 정지되는 26일 동안 3정승이 왕을 대신하여 총괄하는 관례로 굳어지게 되었다.

또 하나 세조의 '흐려진 총명'을 보여주는 사례가 있다. 이시애의 난 진압에 가장 큰 공을 세운, 27세의, 불세출의 영웅호걸 남이. 그는 난을 진압한 후 계속 진격, 파저강 지역 여진족 우두머리 이만주의 목을 베어버렸다.

남이는 이시애의 난을 계기로 등장하는 진취적이고 무력을 갖춘 신세대를 상징한다. 이들은 세조가 흘린 피에 연좌되지 않았고 미래지향적이었다. 이들과 원상들의 대립은 불을 보듯 뻔한 것이었다.

세조는 그 대립을 해결할 아무 조치도 취하지 않았다. 그는 남이를 높이 평가했지만 이들에 의한 역동적인 미래보다 원상들에 의한 보수적인 안정을 택했다. 그러나 남이야말로 왕권 보필을 맡길 신세대 충신이 아니었던가. 세조가 죽은 후 남이파는 속절없이 제거된다.

훈사, 피로 물든《세조실록》

이제 세조를 편히 잠들게 할 때가 되었다. 그는 즉위 4년, 세자에게 훈사(訓辭) 10조를 남겼다.

1조 항상 덕으로 행할 것, 2조 사람과 신을 존중할 것, 3조 간언을 거부하지 말 것, 4조 항상 아랫사람을 살피고 참소는 반드시 막을 것, 5조 인재기용에 있어 마음 바탕을 가장 중시할 것, 6조 군주는 검소하고 백성을 위해 정사에 힘쓸 것…….

세조는 이 훈사를 스스로 지켰던가? 아니, 그는 지킬 만한 입장이 아니었다. 훈사를 지킬 수 있는 조건을 위해 노력할수록 스스로 훈사를 어기게 되는 것이 그의 운명이었다. 신은 정말 명분론자일 뿐인가, 그래서 그를 용서할 수 없었던 것일까? 그가 죽은 후《세조실록》

조차 피로 물들게 된다.

《세조실록》 초안이 완성되면서 이른바 '민수의 사옥(史獄)'이 일어난다. 발단은 실록 편찬을 위해 사초를 거둘 때 사관의 이름을 명기토록 한 것. 대간에서는 당연히 그 조처에 반대했다. 이름을 밝히게 한다면 사관이 소신대로 기록할 수 있겠는가……. 당연한 주장이었다. 하지만 세조 공신들의 위세로 보아 받아들여질 것 같지 않았다.

민수는 사관으로 있을 때 대신들의 잘못을 사초에 많이 기록했는데, 이름을 밝히게 되자 자신의 사초를 춘추관에서 몰래 빼내어 여러 군데를 고쳤다. 이 사실이 발각되자 왕은 민수를 제주 관노로 삼고, 서명에 반대하던 대간 두 사람을 참형에 처했다. 그리고 나머지 관련자 두 사람은 군대로 보냈다.

이어지는 것

한명회는 남이파의 도전을 물리치고 영의정에 병조판서까지 겸임하며 최고의 자리에 올랐다. 그리고 만년에는 압구정을 짓고 짐짓 유유자적한 삶을 누리기도 하였다. 세조가 죽고 그가 살아 있는 동안 감히 그에 대적할 자는 없었다.

그러나 죽은 지 한참 후인 1504년, 그는 연산군의 생모 윤비를 폐하고 사약을 내리는 데 공모했다는 이유로 부관참시된다. 시체로서 극형을 받는 것이다. 정인지는 비록 3중신에는 끼지 못했으나 원상으로 뽑혔고 예종과 성종대에까지 관운이 순탄했다.

그런데 죽기 직전 그는 참으로 난감한 추문에 휘말려든다. 명망 높은 유학자를 왕사로 봉하자는 논의가 일면서 그가 선정되자 대간에서 반대가 올라왔다. 정인지는 한미한 가문 출신인데 돈을 늘리는 데 전념, 치부하였으니 불가하다…….

한명회가 두둔하고 나섰는데 그 내용이 더 망신살스럽다. 정인지

의 재산이 는 것은 장리로 인
한 것이라 큰 흠이 될 수 없
다……. 장리(長利)란 곡식을
꾸어주고 일년에 50%를 이자
로 받는 것이다. 정인지는 진
봉되지 못하고, 그해 사망했다.
　신숙주는 관운에서나 업적
면에서나 발군이다. 당대의 편
찬에 그가 간여하지 않은 것이
없다. 시관(試官)을 열세 차례

신숙주상(申叔舟像)(부분). 충북 청원 구봉영당(九峰影堂)
소장.

나 맡아 많은 사람을 얻었다. 예조판서를 십수 년, 병조판서를 여러
해 동안 겸임했다. 그러나 그는 실무자일 뿐이다. 그는 그 무엇을 무
릅쓰고 일을 벌인 적이 한 번도 없다.

　최항 또한 관운이 계속 좋았다. 그도 당대의 편찬에 참여하지 않은
것이 별로 없고 40년 동안 탄핵을 받은 적이 한 번도 없다. 그러나
그는 인사를 건의하는 일이 한 번도 없었다. 무슨 일이든 결단력 없
이 우물쭈물 넘겼다. 부인의 성품이 사나워 집안에서도 기를 펴지 못
하였고, 혼사에서도 인품이 아니라 재물을 잣대로 사위와 며느리를
뽑았다고 《성종실록》은 혹평하고 있다.

　정인지, 신숙주, 최항 등은 훈구파의 태두로서 훗날 사림과 신진관
료들의 공박을 받게 된다. 위의 혹평도 그 일부이다. 그런데 사육신
은 단절이지만, 이어지는 것은 공신들로써 이룩된 세상뿐이 아니다.
생육신과 예술의 생애도 이어지는 것이다.

현실과 문화 · 예술의 생애 11장

생육신 그후, 김시습, 예술가, 기타

이 장은 생육신으로 시작해보자. 생육신이 남은 생애를 이어가면서 조선 예술이 뚜렷한 한 흐름을 갖게 된다. 예술에서도 개인이 두드러지고 동시에 어떤 흐름도 뚜렷해지는 이 '근세의 시기', 세종 시대의 찬란한 문화와 세조의 계엄령 시대 사이에서, 도피, 은둔, 방랑으로서 현실비판이라는 조선 예술의 한 전통이 굵은 줄기를 이루기 시작하는 것이다. 그 흐름을 잇는 것은 무엇인가.

여섯 사람

생육신(生六臣)은 사육신처럼 처형당하지는 않았지만 모두 충절을
지켜 세조의 부름에 응하지 않고 여생을 마친 사람들이다. 원호, 이
맹전, 조려, 성담수, 남효온, 김시습.

원호(생몰년 미상)는 문종 때 집현전 직제학을 지냈지만 계유정난
때 병을 핑계대고 고향 원주로 돌아왔다. 단종이 유배되자 영월 서쪽
에 집을 짓고는 시가를 읊고 글을 쓰고 하면서 아침 저녁으로 영월
쪽을 바라보며 눈물을 흘렸다. 단종이 죽자 3년상을 입었고, 3년상을
마친 뒤 원주로 돌아와 문 밖을 나오지 않으니 아무도 그를 볼 수
없었다. 조카인 판서 효연이 보기를 청했으나 소용없었고 세조가 호
조참의에 제수했으나 응하지 않았다. 단종의 묘가 있는 동쪽을 향해
앉고 동쪽을 향해 머리를 두었다.

손자인 사관 숙강이 직필(直筆)로 화를 당하자 자신의 저술과 책자
를 모두 꺼내 불태워버렸다. '다시는 글을 읽어 명리(名利)를 구하지

마라…….' 그는 여러 아들에게 그렇게 가르쳤다고 한다. 그는 여러 모로 성삼문의 여생을 살았다.

이맹전(1392~1480년)은 김숙자·김종직 부자(父子)와 평생 동안 친하게 지냈다. 김종직은 아버지로부터 정몽주·길재의 학문을 이어 받고 후에 사림의 태두로 숭앙받게 되는 인물. 이맹전은 계유정난 당시 청렴결백한 거창 현감이었다. 그는 이듬해 벼슬을 버리고 선산으로 귀향, 귀머거리·소경 평계를 대고 은둔했다. 친구마저 사절했고 30년 동안 밖에 나가지 않다가 90여 세에 죽었다. 그는 박팽년이다.

조려(1420~1489년)는 사림 사이에 명망이 높은 성균관 진사. 그는 함안으로 귀향, 서산 아래서 낚시질로 여생을 보냈다. 그를 백이에 비견하여 서산을 백이산이라 한다. 그는 이개 혹은 하위지쯤 된다.

성담수(?~1456년)는 성삼문의 육촌아우. 그는 특이하다는 점에서 유성원과 비교하면 흥미롭다. 성삼문 일로 그의 아버지까지 연좌되어 3년의 유배를 치르고 돌아와 사망하자, 그는 진사에 합격했지만 이 일에 충격을 받아 벼슬을 단념하고 은거했다. 후에 단종복위 관련자들에 대한 배려가 있었으나 그만은 끝내 거절하고 낚시질로 소일했다.

자, 그러면 유응부? 없다. 대신 김시습과 남효온이 있다. 생육신은 단절되지 않고 사림파로 이어지지만, 이 둘로 더 중요하게 예술로 이어진다.

남효온(1454~1492년)

남효온은 신세대이다. 그가 태어난 것은 단종 2년. 그 또한 김종직의 문인이고 사림파의 거두인 김굉필·정여창 등과 함께 수학했다. 영욕을 초탈하고 고상하며 세상의 사물에 얽매이지 않았으므로 김종직조차 그를 높여 불렀다.

1478년(성종 9년) 성종이 재난으로 군신들의 직언을 구하자 그는 25세의 나이로 장문의 상소를 올렸는데, 그 안에 세조의 즉위 사실 자체를 부인하고 세조 공신의 명분을 직접적으로 부정한 매우 모험적인 조항을 담고 있었다. 그는 국문을 겨우 면했다.

　1480년 어머니의 명에 따라 마지못해 생원시에 응시, 합격했지만 벼슬길에 나가지 않았다. 김시습이 세상의 도의를 위해 벼슬할 것을 적극 권했지만 듣지 않았다고 한다. 세상사람들은 그를 미친 선비로 취급했고, 그도 그렇게 행동했다. 때로는 모악에 올라 통곡했고 남포에서 낚시를 했으며, 신영희 · 홍유손 등과 죽림거사로 의를 맺고 술과 시로써 울분을 달랬다. 그가 바로 《육신전》을 쓴 당사자이다. 그는 죽음을 각오하고 《육신전》을 펴냈다. 큰 화를 당할까 봐 주변에서 말렸지만 소용없었다.

　그렇게 남효온은 신세대로서, 죽음의 기록을 삶에 이었다. 남효온 이야말로 세조에게 허락되지 않았던, 그러나 사육신에게는 허락된 신세대 충신이었던 것이다. 하지만 그는 죽은 후에 고초를 받게 된다. 1498년(연산군 4년) 그가 김종직의 문인이라는 이유로 그의 아들을 국문할 것이 주청되었고, 이듬해에는 윤필상 등이 같은 이유로 그의 시문을 인출하면 안 된다고 주장했다.

　그리고 1504년 갑자사화 때에는 마침내 위의 상소문 때문에 부관참시당한다. 그의 문집 간행은 연산군이 폐위되고도 6년이 지나서야 가능하게 되었다.

당대인(當代人)

　그러나 더 중요한 것은 김시습이다. 그는 단종 폐위 당대를 살았고 은둔과 방랑 자체를 문학 · 예술의 광활한 터전으로, 무한한 상상력의 공간으로 전화시켜냈다. 아니, 김시습은 유응부를 제외한 사육신

다섯 명 모두를 두루 아울러 전혀 새로운 세계로, 생산적인 에너지로 전화·융화시켜낸다. 무너지지 않는 벽에 머리를 부딪치며 자해하는 유학의 강골기질이 풀어진다. 불교와의 상쟁(相爭)도 해소된다. 그리고 대의명분을 단지 지킬 뿐 아니라 키워가기도 하는, 유연하고 열린 선비정신이 탄생하는 것이다.

김시습 초상화. 충남 부여군 무량사 소장.

그는 5세에 이미 신동이라는 소문이 자자해 국왕 세종의 총애를 받았다. 세종은 후에 크게 쓰겠노라 약속했다. 15세 때 모친상을 당하여 3년 상을 치르던 중 부친의 병환으로 계모를 맞았다. 그 자신도 혼인한 후 삼각산 중흥사로 들어가 공부를 계속한다. 수양대군의 '왕위 찬탈' 소식을 들은 것은 21세 때. 그는 보던 책들을 모조리 불사르고 스스로 머리를 깎은 후 산사를 떠나 전국 각지를 유람하기 시작했다. 송도를 기점으로 관서지방을 유랑하다가 24세인 1458년(세조 4년)에 펴낸《탕유(宕遊)관서록》후기에서 그는 방랑 이유를 이렇게 적고 있다.

　　남아로 태어나서……. (중략) 도를 행할 수 없는 경우에는 홀로 그 몸이라도 지키는 것이 옳다고 생각하였다

이때 그는 매우 소박한 청결론자이다. 금강산·오대산을 돌아본《탕유관동록》은 1460년에, 삼남지방을 유랑한《탕유호남록》은 1463

년에 나왔다.

현실과 은둔

이해 가을, 그는 책을 구하러 서울 효령대군을 만나러 갔다가 그의 권유로 세조의 불경언해 사업에 참가한다. 하지만 평소에 경멸해마지않던 정창손이 영의정으로, 김수온이 공조판서로 있는 저주스러운 현실을 견디지 못하고, 31세인 1465년 서울을 떠나 경주로 향했다.

이때 그는 이를테면 성삼문·박팽년쯤 되었겠다. 그런데 왜 하필 경주인가? 그의 본관은 강릉, 김알지의 후예로 내물계 원성왕에게 밀려난 무열계 김주원의 후손이다. 그렇다. 그는 자신의 원(原) 고향을 찾아갔던 것이다. 그러나 그것만 찾아갔을까? 그는 역사의 무덤을, 그 무덤의 예술을, 어렴풋이나마 찾아갔던 것 아닐까? 그렇다면 이때쯤 그는 하위지에서 이개 쪽으로 변화를 겪고 있는 것이다.

그는 금오산에 금오산실을 짓고 칩거한다. 그러나 이해 다시 그는 효령대군의 추천으로 원각사 낙성화에 찬시(讚詩)를 바친다. 그가 더군다나 불교를 매개로 하여 예술의 세계로 열려들고 있었다면, 그리 놀랄 일은 아니었겠다. 그의 찬시는 그가 유교적인 명분론을 극복하고 예술가로 성장하기 시작했다는 것을 암시한다. 예술가는 자신의 세계를 표현할 수만 있다면, 즉 검열과 삭제만 없다면 표현매체 자체에는 구애받지 않는 것이다.

과연 금오산실에서 머무르던 6년 간이야말로 그의 황금기였다. 그는 이 기간 동안 우리나라 최초의 한문소설로 평가받는 《금오신화》를 비롯, 수많은 시편들을 남겼다. 이 기간은 세조가 사망하고 예종이 즉위했다가 다시 성종으로 바뀌는 기간이다. 이때는 정말 도피·은둔의 시기였다.

《금오신화(金鰲新話)》

이 책은 이를테면 신기한 이야기 모음집이다. 현재 남아 있는 것은 다섯 편. 원래 더 있었을 것이다. 다섯 편 중 〈만복사저포기(萬福寺樗蒲記)〉는 신라 말기 도선이 창간했다고 전해지는 만복사를 무대로 한다.

남원 총각 양생은 일찍이 부모를 여의고 만복사 구석방에서 배필 없이 외로이 지내다가 부처와 저포(樗蒲, 주사위) 내기에서 이겨 아름다운 처녀를 얻게 된다. 그 처녀 또한 왜구에 부모를 잃고 3년 간 정절을 지키며 배필을 구하던 터였다.

둘은 부부관계를 맺고 열렬한 사랑을 나눈 후 다시 만날 것을 기약하고 헤어진다. 며칠 후 약속장소로 가다가 양생은 딸의 대상을 치르러 가는 양반집 장사행렬을 만났다. 이런저런 이야기를 물어보니 양생의 배필은 바로 죽은 딸의 혼령이었다. 여자는 양생의 부모가 베푼 음식을 먹고는 저승길을 가야 한다며 사라졌다. 그런데 어느 날 여자의 말소리가 들린다. '저는 타국에 남자로 태어났습니다. 당신도 불도를 닦아 윤회에서 벗어나시기를⋯⋯.' 양생은 지리산 약초를 캐며 평생 홀로 살았다.

〈이생규장전(李生窺牆傳)〉은 이승의 사랑이 저승으로 이어지는 내용이다. 살아서 열렬하게 사랑하던 이생과 최씨녀 두 연인이 여자가 죽은 후에도 계속 사랑을 나누는 것이다.

〈취유부벽정기(醉遊浮碧亭記)〉는 기자조선의 도읍지로 알려진 평양이 배경이다. 한 남자 상인과 죽어 선녀가 된 기자의 딸 사이에 벌어지는 정신적 사랑 이야기에 옛나라의 흥망에 대한 진한 회고의 정이 배경으로 깔리고 있다. 위 작품처럼 명혼(冥婚)소설이지만 정신적 사랑이므로 시애(屍愛)소설은 아니다.

〈남염부주지(南炎浮洲志)〉는 꿈 속에서 벌어지는 이야기이다. 경주에 사는 박생은 유학으로 대성하겠다는 포부를 갖고 열심히 공부하지만 과거에 낙방한다. 그러나 인품이 훌륭하여 주위의 칭찬을 받았다.

그는 귀신·무당·불교 등 이단에 빠지지 않으려고 유교 경전을 공부하고 일리론(一理論)이라는 논문을 쓰면서 뜻을 다졌다. 그러던 어느 날 그는 꿈에 저승사자의 안내를 받아 별세계 염부주(炎浮洲)에 이르렀다. 그는 염왕과 사상토론을 벌인다.

작자와 등장인물

유교, 불교, 미신, 우주정치 등 다방면에 걸친 문답을 통해 그는 염왕과 최종적인 의견일치에 이르고, 염왕은 그의 능력을 인정하여 왕위를 물려주는 선위문(禪位文)을 주면서 세상에 잠시 다녀오라 하는데 그가 잠에서 깨었다.

박생은 가사를 정리하고 지내다가 곧 병이 들었는데 의원을 물리치고 조용히 죽는다. 여기서 등장인물 박생은 곧 김시습 아닌가. 그렇게 생각하고 싶은 유혹을 우리는 강하게 느낀다. 매우 타당성 있는 유혹이기도 하다. 유교가 불교 위에 있다는 주장, 불교의 미신적 타락성에 대한 날카로운 비판, 천당·지옥·저승 같은 별세계는 존재할 수 없다는 현실관, 그 모든 것이 이제까지의 김시습을 연상시킨다.

그러나 '이제까지의'만이다. 우리는 여기서 작자와 등장인물을 혼동해서는 안 된다. 그리고 꿈과 죽음이 일치되고, 심지어 삶과 죽음의 구분이 애매모호해지는 그 장자(莊子)적 총체성에 주목해야 한다.

이 작품은 자신의 입신출세를 가로막는 현실의 온갖 장애에 대한 울분을 토하자는 것이 아니다. 그렇다. 예술이라는 창을 통해 세상을 일탈하는 그 풍류(風流)의 광경이 바로 이 작품인 것이다. 진정한 의

아그놀로 브론지노, 〈아름다움, 사랑, 어리석음과 시간〉.

미로 총체적인 예술가가 탄생하는 순간이다. 그는 그것을 다름 아닌
제목으로써 암시하고 있다. '저포'라는 놀이, '규장'이라는 엿보기,
'취유'의 취하고 흐르기, 그리고 '부'의 떠다니기, '염부'의 죽음과

꿈······.

그 초탈의 예술 속에서 유교적 대의명분은 한낱 속세적이고 정치적인 세상 소유욕으로 치부되고, 예술의 손목 풀림을 통해 그 강단성이 용해된다. 그렇게 세상을 향한 유교에서 또 다른 예술·세상으로의 전이가 이루어진다.

그 예술·세상 속에서 유교·불교·도교가 자연스레 어울린다. 여기서 유교가 가장 중요한 것은 그의 의도였다기보다는 그의 잔재라고 봐야 할 것이다.

유토피아

김시습이 경주로 향한 것은 신라·불교·무덤·죽음을 향한 것이었다. 그러나 그가 불교에 귀의했던 것은 아니다.

김시습은 우리나라 최초의 개인적이고 의식적인 예술사상가로 재탄생한다. 예술이란 무엇인가? 죽음을 포함하여 '이해할 수 없는' 것을 이해 속에 포괄하고 다스리는 매개이다. 이제까지 불교가 무의식적으로 담지했던 그런 것들을 이제는 예술가 김시습이 매우 의식적으로 예술이, 예술가가 담지한다. 그렇게 기이(奇異)의 '神'話가, 새로움의 '新'話로 발전하고 설화가 소설을 지향한다.

《금오신화》의 주인공들은 하나같이 결말부분에서 세상을 등진다. 김시습의 예술관이 유일하게 타당한 것이라고는 할 수 없다. 속세적 정치현실 속에서, '이 풍진 세상 속에' 나뒹굴면서 진리와 예술성을 더욱 발한 경우도 얼마든지 있다.

아니, 그 방면에서 더욱 위대한 예술이 탄생한다. 그러나 어쨌거나, 세조 치세의 피바람과 찬란함, '대의명분'을 꺾은 유교정치와 죽음의 불교문화 중흥이 의좋게 혼재하는 현실은 한 천재 지식인에게 이러한 은둔과 초탈의 미학을 강제했다.

김시습의 예술관은 저항하는 김시습에게 가능했던 최선의 것이었다. 그는 사림파와 관계가 없다. 예술가였던 까닭이다. 후에 주리론 유학의 대가 퇴계 이황은 그를 가리켜 '은둔을 일삼고 행동이 괴이한' 이인(異人)이라 하였다 한다.

'怪'자와 '異'자는 조선 유학의 예술에 대한 무지를 매우 간명하게 보여준다 할 것이다. '新'은 '殊異'가 아니지 않은가.

《금오신화》는 명나라 구우가 지은 《전등신화》(이것도 '新'이다)에서 많은 영향을 받았다. 그러나 《금오신화》는 단순모방이 아니다. 이 작품이 지니고 있는 내용과 기교, 작가 의식상의 문학적 가치는 한국소설을 촉발시켰다. 특히 허균이 쓴 《홍길동전》은 여러 모로 《금오신화》의 계승이고 또 전복이다.

시인

거기서 끝나지 않는다. 이 책이 형상화하고 있는, 죽음과 삶을 넘나드는, 유토피아 정신이라 이름지을 만한 김시습의 예술관은 향후 조선 서사예술에, 예술의 개념 자체에, 그리고 지사정신에 매우 깊은 영향을 끼친다.

하지만 이 예술가의 만년이 궁금하다. 그는 1471년(성종 2년) 서울로 올라왔다. 이때 그의 나이 37세. 성동 폭천정사, 수락산 수락정사 등지에서 10년을 생활하였다는데 자세한 행적은 알 길이 없다. 1481년 돌연 머리를 기르고 고기를 먹으며 아내 안씨까지 맞아들인 것으로 보아 그는 환속을 결심했음이 분명하다.

하지만 그 이듬해 폐비 윤씨 사건이 일어난다. 성종의 계비이자 연산군의 어머니 윤씨가 심한 투기를 부리다가 폐비된 사건이다. 이후 윤씨는 사약을 받게 되고 이 일로 후에 연산군은 피비린내 나는 복수극을 감행케 된다.

김시습은 이 사건 직후 다시 방랑길에 오른다. 이번에는 관동지방. 교분이 깊었던 양양 부사 유자한과 서신왕래가 많았다. 《관동일록》에 수록된 1백 편의 시는 이때 지은 것이다. 그가 마지막으로 찾아든 곳은 충청도 홍산 무량사. 그에게도 죽음이 왔다. 향년 59세. 죽을 때 화장하지 말라고 유언하여 시체를 안치해두었는데, 3년 후 장사를 지내려고 관을 열어보니 안색이 생시와 같았다고 한다.

그러나 예술가가 무엇을 남기겠는가. 김시습의 시는 현재까지 남겨진 것만도 2천2백 수가 넘는다. 실제로는 훨씬 더 많이 썼을 것이다. 그는 사실 시를 쓰지 않고 시를 살았다. 그렇다, 시야말로 그에게 최종적으로 가장 어울리는 장르였을 것이다.

그의 시 속에는 고매한 사상이 너무도 자연스럽게 흐른다. '시의 묘처(妙處)를 볼 뿐 성련(聲聯)은 보지 않는다…….' 그 자신은 그렇게 표현했다. 그렇다, 그는 자유시의 선구자이기도 했던 것이다. 그는 또 사랑노래를 가장 많이 남긴 시인인데, 당연하다 하겠다.

강희안(1417~1464년)

성삼문이 극구 변호한 덕에 목숨을 건진 강희안은 어떤 인물인가. 그는 강희맹의 아우로서 1443년 정인지와 함께 훈민정음 28자에 상세한 해석을 붙였다.

이듬해에는 최항·신숙주·박팽년과 함께 의사청에 나아가 한글로 운회(韻會)를 번역했고, 그 이듬해에는 최항 등과 《용비어천가》 주석을 붙였으며, 그 2년 후에는 이조정랑으로서 최항·성삼문·이개 등과 《동국정운》을 완성했다.

계유정난 직전 그는 수양대군과 신숙주 못지않게 가까웠을 것이다. 1454년 수양대군이 8도 및 서울 지도를 제작할 때 그는 산천형세에 밝은 예조참판 정척, 지도에 밝은 직전 양성지와 함께 참여하였다.

세조가 즉위 후 명에서 보내온 '체천목민영창후사(體天牧民永昌後嗣)' 여덟 자로 옥새를 만들 때 그가 글씨를 썼고 후에 임신자를 녹여 새 글자(을해자)를 주조할 때도 그가 글씨를 썼다.

그러나 그는 세조 즉위 후 공신 2등에 오르고 사육신 사건 이후에도 호조참의 겸 황해도 관찰사가 되는 등 관직을 가지기는 했지만, 신숙주와 달리 애당초 정치보다 학문·예술에 관심이 많았다. 그리고 '관변학자' 정인지와 달리 지향이 예술적이었다.

앤디 워홀, 〈여섯 명의 마릴린 먼로〉.

그리고 실제로 그는 집현전 학사 중 가장 높은 예술 수준에 도달한다. 시와 글씨, 그림에 모두 뛰어나 사람들은 그를 삼절(三絶)이라 불렀다. 시는 유종원에, 글씨는 왕희지·조맹부에, 그림은 송의 유용·곽희에 비견되었을 정도이다.

더 정확히 말하면 그는 문학보다도 예술 지향이 강했다. 그는 자신의 글을 세상에 발표하기를 극도로 꺼렸고, 그래서 문집이 없다. 글은 어느 정도 정치·사상적이고 그만큼 비(非)예술적일 수 있는 까닭이다. 남아 있는 그의 그림은 모두 그런, 정치와 무관한 단순 소박의 예술 지향을 매우 간명하게, 그러나 도도한 유유자적의 깊이로써 형상화해내고 있다.

그는 진흙에 파묻힌 김시습? 아니다. 피비린내 나는 정치현실과 동전의 양면을 이룬, 그러나 천박한 관제(官製)는 아닌, 진정한 순수 예술가였다. 그러므로 그에겐 역사적 후대가 없다.

서거정(1420~1488년)

김시습과 비교될 만한 인물이 또 하나 있는데, 서거정이다. 그는 1452년 부교리로서 종사관 신분으로 수양대군의 명나라행을 수행했다. 세조 즉위 후에는 세자를 보필하는 직에 오른다.

1456년 집현전이 혁파되자 그는 성균사예(成均司藝)로 옮겼다. 그는 문운(文運)과 관운(官運)이 모두 무난하고 행복했다. 그가 남긴 글은 김시습 못지않게 많다.

조선 초기 세종에서 성종 때까지 학문계를 두루 아울렀던 그의 학풍과 사상은 15세기의 관학 분위기를 대변한다. 정치적으로는 훈신들과 입장을 같이했다. 아니, 그는 정말, 정난에 공훈은 없지만, 훈구파의 사상적 원조로 분류된다.

우리나라의 한문학에 대한 그의 공적은 우뚝하다. 우리나라 역대 한문학의 정수를 모은 《동문선》을 편찬하면서 그는 우리나라 한문학의 독자성을 강조했고, 스스로 그렇게 실천했다. 그의 역사의식은 그가 완성한 《삼국사절요》《동국통감》에 실린 서문, 그리고 문집 《필원잡기》 등에서 잘 드러나는 바와 같이 매우 자주적이다. 그는 단군 이래 우리나라가 매우 넓은 강역(疆域)을 차지하였음을 자랑스럽게 밝히고 있다.

《동국여지승람》은 한민족의 역사와 강토에 대한 그런 자부심을 바탕으로 그가 주동·편찬한 지리지로서, 그 규모가 중국의 《방여승람》이나 《대명일통지》와 맞먹는다. 그가 주동하여 편찬한 사서·지리지·문학서 등은 후에 왕명으로 신진 사림들에 의해 개정된다. 하지만 그는 관학파이되 매우 심오한 관학파였고 훈구파라기보다는 무난한 중간세대에 더욱 가까웠다.

그는 김시습보다 15년 연상이면서도 김시습과 친하게 지냈다. 김시습은 같은 학자 출신인 정창손을 매우 경멸했지만 서거정은 대접해주었다.

중간적

서거정은 세종·문종·단종·세조·예종 여섯 왕을 섬기며 45년 간 조정에 봉사했다. 23년 동안 문형을 관장했고 그 또한 23차례에 걸쳐 과거시험을 관장했다. 무엇보다 놀라운 것은 그 서거정이 김시습의 추천으로 사림의 태두 김종직을 등용한 당사자라는 점이다. 하지만 여기서 놀라운 것은 서거정만이 아니다. 이 추천, 등용과정에서 과연 누가 극단일 수 있단 말인가, 모두 중간매개 아니겠는가! 세 사람에 대한 놀라움을 겹치면 역사의 순리가 드러난다.

역사란 참 오묘해서 퇴보를 용납치 않을 뿐 아니라, 극단도 용납하지 않는다. 중간매개가 없다면, 아니, 개인 모두에게 그 중간매개적 성질이 존재하지 않는 한 역사는 도무지 발전할 수가 없는 것이 아닐지.

서거정의 《필원잡기》는 국사에서 빠진 사항들을 격식에 얽매이지 않고 정연·간결하게 기록한 것이다. 조종조의 창업에 얽힌 이야기, 공경대부들의 도덕언행에서 백성들의 풍속에 이르기까지 다루지 않은 대목이 없다. 조선 초기 인정과 풍물을 이해하는 데 없어서는 안 될 귀중한 자료인 이 책은 설화문학의 전범으로 평가되기도 한다. 그가 김시습과 통하는 대목이겠다.

성종(1469~1494년)시대 초기는 이 세 겹의 중간매개를 포괄하면서 안정과 발전을 구가하게 된다. 성종은 너그럽고 어질고 넉넉한 성품

때문에, 13세 어린 나이에 병약한 형을 제치고 즉위했다. 그는 형 월산대군을 지극히 모셨다.

세종을 연상시키는 대목이다. 사실 성종 치세 초기와 그것에 얽힌 '이야기들'은 여러 모로 앞대의 전철을 밟지 않기 위한 종합적인 노력을 그 핵심적인 내용으로 하고 있다.

종합적

성종은 세조의 손자로, 아버지가 일찍 죽자 세조가 직접 키웠다. 천품이 뛰어나고 도량이 넓었으며 활쏘는 솜씨가 뛰어나고 서화에도 능하여 세조의 총애를 받았다고 한다.

어느 날 벼락이 쳐서 옆에 있던 환관이 벼락을 맞아 죽고 다른 사람들이 모두 정신을 잃었는데 그는 얼굴빛이 바뀌지 않았다. 세조는 '태조를 닮았다'며 찬탄을 금치 못했다고 한다. 그런 그를 왕위에 올린 것은 한명회와 신숙주, 그리고 세조비 정희대비였다. 그들은 수양대군의 왕위 찬탈 전철까지(!) 밟지 않기 위하여 당시 명망이 드높았던 구성군 준을 유배시켰다.

그는 이시애의 난을 진압하고 병조판서와 영의정을 지낸, 왕위를 위협할 만큼 세력이 큰 왕족이었던 것이다. 이로써 이시애의 난을 평정하고 부상한 세대는 모두 제거된다. 그게 좀 찜찜하다. 어쨌거나 정희대비는 어린 성종을 대신하여 7년 간 수렴청정을 했다. 성종은 정희대비와 생모 인수대비를 지성스럽게 모셨다.

자, 그랬는데, 모든 문제가 종합적으로 해결된 듯했는데, 그게 문제였을까, 아니면 찜찜한 것이 문제였을까? 흡사 끝난 것은 왕의 문제뿐이라고 주장하는 것처럼 신하와 왕비의 문제가 대두하기 시작한다.

성종은 친정(親政)에 나서면서 젊은 사람들을 대거 기용한다. 세 겹의 중간매개를 통해 김종직이 기용되는 것이 바로 이때이다. 김종직

안견, 〈몽유도원도〉(부분).

을 통해 사림들이 대거 등용되면서 조정에 젊은 기운이 맴도는 것은 좋았다. 하지만 이들은 곧 커다란 세력을 형성하면서 훈구파와 일전을 벼르게 된다. 그 이야기가 폐비 윤씨 사건과 뒤섞이며, 다음 장에서 다루어질 것이다. 하지만 그전에 우리는 화가 한 명을 더 만나보자.

몽유도원(夢遊桃園)

안견. 생몰년 미상. 그는 조선 초기의 대표적 화가인데 화가일 뿐이었으므로 그림말고는 그 행적이 별로 남아 있지 않다. 그는 세종 연간에 가장 왕성하게 활동했다. 도화원(圖畫院) 종6품 벼슬인 선화에서 정4품 호군으로 승진되었는데, 이것은 궁중화가의 직급 상한선을 깬 최초의 예이다.

신숙주가 쓴 《보한재집》에, 그리고 김안로가 쓴 《용천담적기》에 그에 대한 언급이 나오는데, 본성이 총명하고 매우 정교했으며 안평대군을 가까이 섬기면서 안평대군이 소장하던 고화들을 섭렵했다고 한다.

그는 문종과 단종, 그리고 세조 때에도 아마 화원으로, 궁중화가로 활동했을 것이다. 그뒤로는 정말 행적이 묘연하다. 1464년에 중국 사신을 위해 《묵죽도》를 그렸다는데, 작품조차 전해지지 않고 있다. 그러나 그의 대표작 《몽유도원도》를 보면 이러한 행적 추적은 매우 무의미하고 부질없는 짓임이 곧바로 드러난다.

몽유도원도

꿈 속에 도원을 떠다니다…… 도원은 도교의 이상향이다. 이 그림은 정말 환상과 현실이 교차하는 지점, 미몽과 깨임이 교차하는 지점을 영원한 절경의 공간으로 포착해내고 있다. 그는 북송의 대표적인 궁중화가 곽희의 화풍을 토대로 독자적인 경지를 개척한, 산수화의 대가로 알려져 있다. 그러나 그가 그렸던 것이 정말 산수(山水)였을까?

안견은, 아니 안견이야말로 수양의 왕위 찬탈 그 이전부터 김시습이 아니었을까? 조선 체제에 순응하지 못하는 모든 예술가들이 이미 김시습적인 요소를 갖고 있는 것이 아니었을까?

훈구파와 사림파

12장

정몽주에서 조광조까지

이 장에서는 정치학으로서 유교정치의 한 본질인 당
쟁을 이해하기 위해 그 철학적 토대를 밝히고 훈구파
와 사림파 각각의 철학적 계보를 추적하고 양 파의
철학 및 정책 논쟁을 통해 성리학이 발전해가는 과정
을 밝혀볼 것이다.

공신과 구파/정치와 경제, 그리고 명분/재야 기질과 진정한 신진세력/남이와 유자광(?~1512년)/사장(詞章)과
경학(經學)/김종직(1431~1492년)과 유자광/강직과 교활/도시와 농촌/아나키즘?/사림과 군주/성종 치세, 종합/
기타/폐비 윤씨

공신과 구파

훈구에서 '훈(勳)'은 공신이고 '구(舊)'는 옛 구이다. 공신이 구파로 불리는 세상은 긍정적인 면과 부정적인 면, 두 가지를 동시에 암시한다. 하나는 나라가 안정기에 접어들었다는 것, 또 하나는 그 안정이 보수·온존됨으로써 더 이상의 발전이 막혀 있다는 것. 더욱 중요한 것은 '동시에'라는 부사이다. 안정＝보수라는 등식을 끊임없이 확대 재생산하는 까닭이다. 이것은 필연적인가? 아니다.

머리의 논리로는 얼핏 그럴지 몰라도 가슴의, 역사적 역동성의 논리에서는 '오히려 그럴 리가 없을 가능성이 더 크다. 역사는 바람직한 형태로 발전할 때에만 안정을 누렸던 까닭이다.

훈구파라 지칭되는 세력이 형성되었다는 것 자체가 그 내용상 신진세력의 대두를 의미하고 변화의 필연성을 암시하는 것이겠다. 문제는 변화의 바람직한 형태일 것이다. 그런데 이 장에서 '훈구파'라는 용어가 아우르는 세력은 건국공신 세력이 아니다. 특정 사건, 즉 세조 즉위에 연관된 공신들이다. 그것을 우리가 이해할 때 '훈구파' 라는 용어는 아연 긴장감을 띠게 된다. 그리고 우리의 예감은 맞아떨어지게 될 것이다. 이 신구 대립은 몇 차례 피바람을 몰고 오게 된다.

한명회, 권람, 홍윤성, 정인지, 신숙주, 조석문, 정창손, 최항, 김국광, 구치관…… 이들을 '훈구파'로 한데 묶으면서 본격적으로 성토하고 나선 것은 성종 친정(성종 7년) 이후 부상한 영남(김종직)과 기호 (조광조)지방 출신의 재야 유학자들이었다.

이들을 사림파라고 부른다. 사림이란 재야 유학자라는 뜻. 이 용어도 사림이 집권하자마자 곧 모순에 봉착할 것이다. 세조 공신들을 특히 훈구파로 부른 만큼, '사림파' 또한 집권 후에도 그렇게 불려왔다. 뭐, 무리한 용어는 아닐 것이다. 그들은 집권 후에도 한참 동안, 아니 본질적으로 재야 기질이 농후했다.

정치와 경제, 그리고 명분

이들은 특히 대학자 서거정의 '피묻지 않은 손'을 빌려 성종대에 《경국대전》《동국통감》《동국여지승람》《동문선》 등 대규모 관찬 사업을 성종 초기와 중기쯤에 마무리짓는다.

그것을 통해 조선 초기의 정치·경제학적 상부구조가 거대하게 완성되는 것이다. 그러나 그들의 정치·경제적 토대는 매우 편법적이고 독점적인 전횡을 통해 비대해지고 권세화되고, 갈수록 가문·세습화 경향을 띠어갔다.

그들은 세조 즉위 후 인사권과 병권을 장악하면서, 정치적으로 큰 변화가 없음에도 스스로를 수차례 공신으로 책봉, 공신전과 과전을 흡수해갔다. 권력이 증대시킨 그들의 부는 고려 말 권신들의 농장을 능가할 지경이었다. 이것은 유교·성리학적인 대의명분과 크게 괴리

된 방식으로, 소수정예의 음모적인 무력을 통해 왕위에 오른 세조가 왕권을 강화시키기 위해 선택할 수밖에 없었던, 매우 변태적인 측근 정치의 당연한 결과이다.

이들에 대한 사림파들의 불만은 일찍부터 있었다. 영남은 길재와 정몽주의 출생지로서 일찍부터 조선 성리학의 중심지로 자리잡았다. 영남 출신 유생들이 세조의 왕위 찬탈 및 전제정치에 반발을 보였을 것은 당연하다. 그러나 이들은 그것을 정치적으로 표현할 기회도, 능력도, 그리고 아직은 생각도 없었다. 길재와 정몽주가 누구인가. 고려 왕조라는 명분에 집착한 대유학자들 아닌가.

이들이 목소리를 높이고 또 직접 정치적으로 의사표시를 하게 되는 계기는, 훈구파들의 권문세가화 현상이 고려 말 대귀족과 대지주들을 연상시킬 정도로 매우 복고 지향적인 대목이 결정적이다.

재야 기질과 진정한 신진세력

성종대에 이르면서 성리학적 공도(公道)로써 권문세가 현상을 타파하고자 했던 개혁자 정몽주가 정치권에서 재인식되기 시작한다. 영남 유생들이 스스로를 어느 정도 재인식한다. 여기서 어느 쪽이 먼저였는지를 따지는 것은 무의미하겠다. 그러나 영남 유생들의 재야적 태도는 그렇게 극복되었다.

하지만 명분에 집착함으로써 역사의, 정치의 구체적인 내용적 진보에는 무능하기 일쑤인 재야 '기질'까지 그들이 극복한 것은 아니었다. 하긴 유교정치학의 근본정신 중 하나가 요순 태평성대의 재현이라는 상고(尙古)주의 아닌가. 이상적인 '예' 명분에의 집착이 복고주의를 낳고 그것이 재야 기질을 낳는 것이 유교정치학 자체의 속성이기도 하겠다. 어쨌거나 사림파들은 저 혼자 힘으로 정치권 내부로 들어온 것이 아니다.

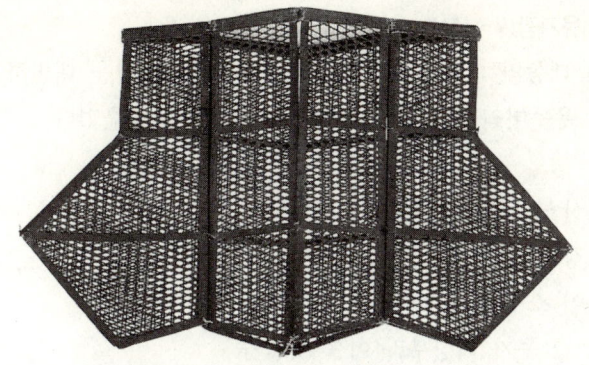

정자관(程子冠), 조선시대 사대부 유생들이 평상시에
착용하던 보편적인 관.

상부권력, 특히 개혁의 필요성을 피부로 느낀 성종의 배려로 들어
왔던 것이다. 현실감각이 없는 사림·명분파와 현실을 장악한 낡아
빠진 훈구·보수파의 대립이 자연스럽게 해소되지 않고 피비린내 나
는 사화를 불러올 것은 당연하겠다.

세조 후기에 훈구파들은 기반이 약화된 적이 있었다. 1467년 이시
애의 난이 일어나자 한명회·신숙주와 같은 3중신이 연루되었다는
소문을 세조가 비록 믿지는 않았다 하더라도 속수무책이었음은 앞서
말한 바와 같다. 이 속수무책은 세조 무단정치의 속성상 불가피한 것
이었다. 어쨌거나 그런 연유로 세조 집권기 후반을 뒤흔들고 끝내 세
조를 정신적·육체적으로 무너뜨렸던 이시애의 난 때 훈구파는 공을
세울 처지가 아니었다.

이 난을 진압한 세력이 훈구파의 권력 소강기를 틈타 크게 부상했
을 것은 매우 당연하다. 그런데 그렇게 부상한 남이 세력과 사림파는
어떤 연계도 갖지 않았다.

남이와 유자광(?~1512년)

남이는 태종의 외손으로서 진정하게 새로운 세력을 대변하고 있었다. 여진 우두머리 이진주를 베고 그는 이런 시를 읊었다.

> 백두산 숱한 돌 칼을 갈아 다하고
> 두만강 푸른 물 말 먹여 잦아지다
> 사나이 스무 살에 나라 평정 못한다면
> 훗날 그 누가 대장부라 이를 것인가

진취적이고 미래 지향적인 기개에 넘친 명시이다. 앞서 말했듯이 세조는 남이 세력과 훈구파의 갈등관계를 조정하지 못하고 죽었다. 남이는 그 와중에 병조판서에서 물러난다. 훈구파들의 합동작전에 의한 것이다.

그가 궁궐 호위직으로 강등된 후 숙직을 하는데 혜성이 나타났다. '묵은 것을 없애고 새것이 나타나게 하려는 징조이다……' 그는 그렇게 중얼거렸다. 유자광이 그 말을 엿듣고 남이가 역모를 꾀한다고 참소한다. 절호의 기회를 맞은 신숙주(!) 등 훈구파들의 남이를 처형하자는 상소가 이어지고 남이는 결국 능지처사당한다. 이 이야기는 물론 남이 세력과 훈구파 간의 몇 년에 걸친 팽팽한 대립을 일화화(逸話化)한 것일 뿐이다.

세조가 죽은 후 왕실은 일련의 왕권강화책을 모색하면서 훈구 계열에게 규제와 압력을 가했다. 남이 등 신진세력은 그 시책에 적극 호응했고 훈구파와 남이 세력 간의 충돌이 불을 보듯 뻔한 상황이었던 것이다.

여기서 중요한 것은 이때 사림파들이 이 사건 전후에 아무런 의견도 제시하지 않았고 그런 상태에서 참소라는 '우연'이 개입하였다는 점이다. 남이의 중얼거림은 사실 새 왕이 등극했다는 의미 외에 아무 것도 아니다. 더군다나 인용시가 널리 알려진 상태였다면 그의 기개로 보아 정말 일상적인 중얼거림이었을 것이다.

사장(詞章)과 경학(經學)

다시, 중요한 것은 유자광의 등장이다. 사림파가 정말 자신의 경륜을 정치에 구현할 구체적인 생각이 있었다면 그들은 남이 세력과 연합했을 것이다. 정도전의 정치사상적 후예였다면 의당 그랬으리라. 이러한, 철학이 부재한 세력만의 갈등구조 속에서 '참소에 능한' 간신 유자광이 등장하는 것이다.

그가 앞으로 사림파까지 요리하게 된다. 왜 정도전이 아니고 정몽주의 후예였을까, 이것은 정말 유교정치학의 본질적 한계일까? 그점을 감안하면 김시습이 정도전의 후예인(일 수 있었던) 면도 있겠다.

정몽주는 경학에 능했고, 정도전은 사장(詞章)에 능했다. 정도전은 예술가 기질로 현실에 열렸고 정몽주는 깊은 학문정신으로 행정에는 유능했지만 그럴수록 현실정치에 닫혔다.

사실 성종의 품성에 관한 이야기를 벗겨내면 성종 치세 초기는, 남이 제거 이후 세 겹의 중간매개가 매우 안쓰러운 지경임이 금방 드러난다.

원상제를 통한 훈구파들의 권력독점은 흡사 단말마처럼 끝간 데를 몰랐다. 성종은 매사를 훈구대신들과 의논했고 훈구대신들은 그들 가문끼리 또는 왕족과의 결혼을 통해 세습적 지위를 확보했다.

한확은 성종의 생부 덕종에게, 한명회는 예종 · 성종에게, 한백륜은 예종에게, 윤호는 성종에게 사돈이었다. 훈구파가 당연히 척신(戚臣)으로 변해간다. 관료제가 변칙적으로 운영되고 대신들 뜻대로 임명된 수령을 통해 비리와 착취의 고리가 지방으로까지 연결되고 고착

되었다.

지배체제 자체에 위기가 왔다. 정말 더 이상은 버틸 수 없는 지경이 된 것이다. 이때까지 사림파는 아무런 정치적 행동을 취하지 않았다. 성종이 친정에 나서면서 원상제를 폐지하고 사림파를 기용한 것은 바로 그 체제 위기 때문이었다.

김종직(1431~1492년)과 유자광

길재와 정몽주의 학통을 이어받은 부친에게서 배워 후에 사림의 조종으로 숭앙받게 되는 김종직은 세조 5년에 식년문과 정과로 급제, 사가독서했다. 그는 세조 때 관리직을 맡았지만 크게 등용되지는 못하다가 1476년, 즉 성종 친정 개시년에 선산 부사로 등용되면서 빠른 시일 안에 정치권력의 핵심에 도달했다. 생육신 남효온과 이맹전이 그의 문하이다.

그를 통해 김굉필, 정여창, 김일손, 이호인, 조위, 이종준 등이 정계에 진출하면서 사림파는 정치개혁을 주도하는 중심세력으로 급부상한다. 특히 김굉필을 통해 그의 사상을 이어받은 조광조는 실천력까지 갖춘 걸출한 인물로서 훗날 중종 치세(1506~1544년) 때 거의 혁명적인 파란을 조선 조정에 연출하게 된다.

김종직은 문장과 사학에 두루 능했고 절의를 중요시했다. 조선의 도학(道學)이 그를 통해 그 정맥을 이어갔다고 해도 과언이 아니다.

그러나 김종직은 자신의 후배들을 정계에 진출시킨 것말고는 구체적인 개혁안이 없었다. 아니, 이런 이야기가 전한다. 그가 함양 군수로 내려갔을 때 마침 전임자가 유자광이었는데, 그 지역 사람이 유자광을 예찬하는 시를 써서 현판한 것이 있었다.

"자광이 어떤 놈인데 감히 이런 짓을 한단 말이냐……"

김종직은 그렇게 치를 떨면서 그 현판을 불살라버렸다. 유자광은

김종직 생가. 김종직은 문장과 사학에 두루 능했고 절의를 중요시했다.

그 이야기를 듣고 치를 떨었지만, 희대의 간신(奸臣)답게 대처하였다. 김종직이 임금의 신임을 크게 받던 때였으므로 그는 오히려 김종직과 교분을 맺고, 김종직이 죽었을 때에는 제문을 지어 울면서 그를 한유에 비견하기까지 했던 것이다.

강직과 교활

그러나 유자광의 간계는 김종직 사후 사림파에게 치명적인 위해를 가하게 된다. 김종직은? 그도 사림파에게 치명적인 위해를 가한다. 그는 자신이 강직 그 자체로서 작성한 〈조의제문〉을 사초에 끼어넣었는데, '의로운 제왕을 추도한다'는 뜻인 이 문헌에서 의로운 제왕은 바로 단종이다.

의로운 제왕 단종은 곧바로 불의한 왕 세조를 연상시킨다. 당시 정황에서 이것은 물론 용감하고 강직한 행위였지만, 다른 한편 무모하다고 하지 않을 수 없다. 여기서 우리는 성삼문을 다시 보게 되는 것이다.

과연 이 〈조의제문〉은 후에 유자광의 참소를 매개로, 사림파를 일단 몰살시키는 문건으로 위력을 발했다. 김종직은 그것을 알았을까? 알았다면 그는 잔인하고 또 대책 없는 인물이겠고, 몰랐다면 강직에 눈이 먼 인물이겠다.

　이 평가를 너무 야박하다고 해서는 안 된다. 그가 자신의 글 때문에 처형당했다면 이야기는 좀 달라질 수도 있으리라. 그러나 그는 은총을 받으며 관직생활을 마쳤고, 일은 그의 사후에 터졌다. 더 가혹한 요구를 요하는 대목이다. 대저, 권력을 행사하는 자는 자신의 목숨뿐 아니라 자기 부하들의 목숨 혹은 장래까지 책임져야 하는 법이거늘……

　물론 또한, 우리가 유자광을 현실주의자라고 추켜세울 수는 없다. 그는 강직의 빈틈을 노린 교활한 기회주의자일 뿐이다. 그러나 강직 일변도가 그 교활에 어떻게 당하며, 급기야 역사의 줄기를 엉뚱한 곳으로 돌리는지 우리는 아직도 한참을 더 겪어야 깨달을 수 있는 것인지 모른다.

　지금도? 그렇다. 지금도!

움베르토 보치오니,
〈캐리커처 - 미래주
의자의 밤〉.

도시와 농촌

조선 초기에는 유학을 공부하는 선비들을 사류 혹은 사족이라 불렀다. 사림이란 용어로 그 집단성이 더 부각된 것은 15세기 말부터인데, 이것에는 사회·경제적인 이유가 있다. 교육제도가 발달하면서 재지(在地) 중소지주층도 지식인이 될 기회가 많아진다. 그들은 실제 관직으로 모두 수용되지는 못했지만 과거제를 통해 일정한 자격을 부여받는 경우가 많았다.

사림은 앞서 말한 대로 현직 관인보다 재야 지식인을 앞세우는 용어이다. 대과에 합격하여 벼슬에 나섰다가 물러난 사람도 포함되지만 소과 합격자인 생원·진사의 비중이 압도적으로 많았다. 이들은 4부학당이나 향교 등 관학기관보다는 서재·서원 등 사학기관을 통해 배출된 경우가 또한 압도적으로 많다.

이 '농촌적' 기반은 이들의 유학사상에 어김없이 반영된다. 길재·정몽주의 사림파가 선호한 정주성리학은 관료제를 통한 일방적인 중앙집권보다는 향촌 지주와 유향소(留鄕所)들에 의한 지방자치제가 가미된 정치체제를 이상으로 삼고 있었다.

그러나 이러한 정주성리학이 조선 개국기에 받아들여졌을 리가 없다. 아니, 정몽주와 이성계가 결별한 사상적 근거가 바로 이 점이었을 터이다. 그런데 이 지방자치 사상이 조선 개국 1백년을 맞으면서 중앙집권 관료체제가 많은 모순을 일으키게 되자 다시 각광을 받게 되는 것이다. 물론 1백년 전의 정치사상을 그대로 답습했을 리는 없겠다. 왜냐하면 이 정치사상의 담지체가 이전과 다르다.

이전의 경우 그 담지체는 격변에 적응하지 못한 고려 말 지식인이었다. 이번의 경우는 왕조 초기 국가 중심의 과전법에 눌렸던 지주전호제가 후에 본격적으로 발달하면서 생겨난 재지 중소지주층인 것이다. 사람이 어찌 옛 사람 그대로이겠는가.

아나키즘?

우리는 김종직의 중앙정치적 무능을 이러한 지방자치주의, 심지어 아나키즘의 각도에서 재평가할 수도 있겠다. 그러나 만일 그가 아나키스트로 평가된다면, 이는 유교정치가 김종직에게 앞의 비판보다 더 심한 모독으로 될 터이다. 아나키즘은 '유교'와도 '정치'와도 전혀 상반되는 사상인 까닭이다. 더군다나 현대도 근대도 아닌 근세에 있어서랴.

어쨌거나 사림파의 정치적 활동으로 가장 주목되는 것은 일련의 향촌질서 재확립 운동이다. 중앙에서 훈척계(勳戚系)의 비리에 대한 비판활동을 벌이기는 했지만 그 물적 토대는 엄연히 지방에서의 투쟁이었다.

김종직은 세조 말에 혁파된 유향소 제도를 부활, 이 기구가 《주례》의 향사례(鄕射禮)·향음주례(鄕飮酒禮)를 주도적으로 시행하게끔 했다. 중종대에 조광조를 중심으로 재진출한 사림파는 주자가 개정한 〈여씨향약〉을 고을마다 시행하고자 했다. 여기서 우리는 반영과 의식성(意識性)이라는 문제에 부딪치게 된다.

조선 왕조 개창 후 농업기술의 꾸준한 발달로 농업경제력이 신장된 것을 위의 정책은 분명 반영하고 있다. 중앙 권신들의 불법적인 사익 추구와 착취의 현장이 바로 농촌이었기도 하다.

그러나 농민을 주력군으로 삼아 혁명을 일으키는 것이 목적이었다면 모를까, 정치적 싸움의 장을 중앙에서 농촌이라는 물적 토대 그 자체로 옮긴 것은 '위로부터의' 새마을운동 수준을 넘지 못하는 것이라는 비난을 면키 힘들다.

여기서도 사림파의 개혁정책은 패배할 씨앗, 아니 왕권에 좌지우지될 씨앗을 미리부터 품고 있었다. 그리고 중앙에서의 정치적 대접전을 기피하는 대기·준비론적 자세가 엿보이기도 한다.

사림과 군주

군주정치에 대한 인식에서도 사림파는 조선 초기 왕권집중파에 비해 민주주의적이다. 그러나 마찬가지로 그것을 추구할 정치적·물적 토대의 확립에 있어서는 명분과 대의를 강조할 뿐 무능했다.

조선 초기 왕권집중제에서 군주는 유일한 정치의 주체였고 천도의 실현자였다. 신하는 보조물일 뿐이다. 16세기에 이르러 사림파가 주장하는 군주관은 다르다. 군주가 정치의 주체가 되려면 신하와 마찬가지로 '치인(治人)'을 위한 '수기(修己)' 노력이 있어야 한다. 주자가 해석한 《대학》 정신에 근거한 이러한 군주관은 군주제 자체를 부정하지는 않지만 군주의 절대권을 부정한다.

이것은 향후 조선 정치의 실제에 큰 영향을 미쳤다. 이러한 사상적 발전은 경제적·하부구조적 근거도 갖고 있다. 조선 초기의 왕권은 과전이라는 물적 보장을 통해 군주측 일방의 군신관계를 누렸던 반면, 과전이 직전으로 바뀌고 그것마저 폐기된 16세기의 시점인 것이다.

군주의 부름이 있어도 신하가 나아가지 않은 사례가 16세기 이후부터 많아진다. 사림파는 또 과거제보다 천거제를 중시했다. '치인'의 입장이 강조되므로 과거제만으로 치인의 능력을 측정하기에는 부족했던 까닭이다.

그들은 사림이 천거하는 인재를 쓸 것을 요구했는데 중종대에 조광조 등이 시행한 현량과가 그 대표적인 사례이다. 사림파들이 가장 중시한 경전은 《소학》과 《대학》. 둘 다 '수기치인'의 목표에 적합했기 때문이다. 하지만 사림파는, 재차 강조하지만 대체로 명분론을 벗어나지 못했다.

그들은 그 명분을 정말 명분으로써 추구했으며 그 과정에서 훈신·척신 계열의 반발에 부딪쳤고, 그렇게 거듭되는 사화와 수난을

속절없이 겪으면서 그들의 명분이 더욱 완강해지는 악순환이 되풀이
된다. 훈구파가 역사적으로 소멸하고 그들이 정권장악을 굳혔을 때
그들은 곧장 학연·지연에 따라 여러 정파로 나뉘게 된다. 이 정파들
은 '민주주의적' 토론과정을 보여주기도 하지만 점차 소모적인 명분
논쟁으로 일관하게 된다. 당연한 결과이겠다. 정주성리학은 '민주주
의'라는 명분으로 분파(分派)의 필요성을 강조하고 있기도 하다.

성종 치세, 종합

성종 치세는 앞서 말했듯이 '조선의 종합'으로 출발했다. 이제 우
리가 성종 치세 전체를 종합해볼 때이다. 그러나 이미 많은 '신하의'
업적들이 소개되었다. 왕에 한해서라면 그것을 위한 이야기가 또 있
다.

어느 봄날 성종은 지금의 비원을 거닐고 있었다. 꽃 피고 새 울고
연못은 명징하고 햇살이 밝고 공기는 따뜻했다. 흥취를 못 이긴 왕이
시를 짓는다.

푸른 비단 오려서 봄 버들 만들고
붉은 비단 말아서 이월 꽃 되었다

그런데 거기서 끝이었다. 다음 시구가 생각나지 않았다. 성종은 그
두 줄만 써서 정자 기둥에 붙여놓았다. 그리고 사흘 뒤에 돌아왔는데
누가 마지막 시구 두 줄을 써놓았다.

행여 고관대작들 봄빛을 다투면
저 백성 집에 이를 봄이 없으리라.

알베르토 자코메티, 〈흉상〉.

내용은 괴이했고 솜씨는 보통이 아니었다. 누가 이곳에 들어왔었더냐고 문지기에게 물으니 문지기가 그만 땅에 넙죽 엎드려 죽을 죄를 고한다. 자신이 그랬다는 것이다. 성종은 그에게 벌을 내리지 않고 벼슬을 주었다……

이 이야기는 어진 성종만을 보여준 것이 아니다. 왕은 어질었으되 세상은 고약했다는 의미도 담고 있다. 한마디로 표현한다면 성종 왕정은 2중의 과도기였다. 훈구파가 보수였으되 업적은 완숙에 달했다. 사림은 개혁파였으되 미숙했다.

성종은 시종 한 명만을 데리고 직접 민정시찰을 다녔다고 한다. 그러나 백성들의 삶은 어땠던가. 한마디로 백성들은 근본적인 개혁을 요구하고 있었다. 왕의, 사림의 개혁은 그것에 미치지 못했고 오히려 후에 정권 자체의 참사로 귀결된다.

기타

성종 치세 때는 이제까지 다룬 서적들 외에도 많은 개인·공동 '저서'가 쏟아졌다. 성현 등이 지은 음악교과서 《악학궤범》, 강희맹이 쓴 농사 및 농사철학서 《금양잡록》, 손순효 등의 백성살림 교양서 《식료찬요》, 성현의 《용재총화》와 어숙권의 《패관잡기》(이상 설화문학) 등이 성종조에 쓰여진 중요한 서적 중 다루지 못한 책들이다.

성종이 친정에 나선 것은 1476년. 그는 장학재단 양현고를 두었으며 두 차례에 걸쳐 성균관과 향교에 학전(學田)과 서적을 나누어주었다. 홍문관을 확충했고 독서당을 설치, 학자들이 독서와 저술에 힘쓰게 하였다.

1485년 그는 풍속을 교화하기 위하여, 조신들의 반대에도 불구하고 재혼녀의 자손은 관리 등용을 제한하는 법을 공포한다. 그리고 형제·숙질 사이에 다투는 자는 변방으로 쫓아내도록 하였다. 반면 그는 국방문제에 진취적이었다. 1479년 좌의정 윤필상을 도원수로 삼아 압록강을 건너게 했고, 1491년 다시 허종을 원수로 삼아 두만강을 건너게 했다. 두 차례 정벌은 모두 성공적이었다.

성종대에 조선 왕조의 정치·경제·문화적 기반과 체제가 일단 완성된다. 그래서 그의 묘호(廟號)가 성종(成宗)이기도 하다. 그러나 어떻게 보면 이것은 결과론이다. 개혁되어야 할 것이 개혁되지 못했으므로 기존 체제가 공고해진 것이지 '부상(浮上)하는' 완성은 아니라는 이야기이다. 그러므로 성종대에 이미 난숙과 퇴폐의 풍이 생겨나고 있었다.

왕 자신도 유흥에 빠졌다. 손순효의 술버릇이 지나쳐서 성종이 술을 '딱 석 잔'으로 금지했더니 손순효가 '큰 잔 석 잔'으로 받기에 왕이 껄껄 웃고 말았다는 일화는 그런 사정을 엿보게 해준다.

폐비 윤씨

이제 우리는 아주 특이한, 그리고 왕조사로 보자면 매우 중요하고 또 상징적인 사건을 하나 남겨두고 있다. 왕후 윤씨를 폐비시킨 사건이다.

윤씨는 1473년(성종 4년) 후궁으로 간택되었다가 3년 후 왕비로 책봉되고 그해에 세자 융을 낳았다. 그런데 왕비가 된 후 그녀의 투기가 너무 심했고 부덕(不德)한 일을 자주 일으켰다.

1477년 비상을 숨겨두었다가 발각되어 왕과 왕 주위의 후궁을 독살하려 했다는 혐의를 뒤집어쓸 정도였다. 그녀는 빈으로 강등되려는 위기를 가까스로 넘기지만 2년 후 임금 얼굴에 손톱자국을 내고는 성종의 모후 인수대비의 엄명에 의해 폐비되었다. 아, 현군 성종이라더니 침실 일이 왜 이리 어지러운가. 그 일은 왕도 어쩔 수가 없는 것인가.

어쨌거나 친정으로 쫓겨나 바깥 세상과의 접촉이 일체 금지된 그녀는 근신에 힘썼고, 1482년 세자의 어머니를 일반 백성처럼 살게 해서는 안 된다는 상소가 이어지기에 이른다. 그러나 정희왕후와 소혜왕후가 여전히 폐비를 혐오했고 숙빈들의 모함이 극심했다. 이것이 정치적인 문제로 떠오르는 가운데 세자가 성장하여가고 인심도 폐비를 동정하는 쪽으로 기울게 되자 성종은 3정승과 6조 관원 및 대간들을 모아 논의케 한 후, 폐비에게 사약을 내리기로 결정했다.

처음에는 묘비명조차 허락되지 않고 장단에 매장되었다. 1489년 성종은 '윤씨지묘'라고 명명하고 묘지기를 두어 관리케 한다. 그리고 세속 명절 때마다 제사를 지내게 하였다.

이것은 세자 즉위 후를 고려한 성종의 배려였다. 그러나 아예 폐세자까지 하면 모르되 이 일이 어찌 이 정도로 무마될 수 있겠는가. 세자가 왕위에 오르니 그가 그 유명한 연산군이다. 유자광이 '날릴(?)' 시대가 온다.

연산군 뒤집어보기   13장

사화(士禍)와, 다시 조광조에 이르기까지

앞장에서 조광조의 개혁 그 자체까지는 매우 멀다. 그러나 그것은 분명 조광조의 개혁으로 가는 매우 흥미로운 길이다. 그 도정으로서 연산군 치세를 뒤집어, 구체적으로 본다. 죽은 사람은 왜 죽었으며, 산 사람은 어떻게 살았는가? 실제로 부딪친 것은 무엇이었던가. 무엇보다, 우리는 유자광의 생애에 집착해보자.

유민탄(流民嘆)/서정과 방관, 그리고 생애/폭군 연산(1476~1506년)/조의제문(弔義祭文)/간신과 내시/무오사화/사실과 진실/임사홍(?~1506년)과 유자광/갑자사화/중종반정/주모자/학문과…

유민탄(流民嘆)

백성들 살기 어려워라
백성들 살기 어려워라
해마다 흉년 들어 먹을 것 없으니
돕고 싶은 마음 간절하지만
내게 아무런 힘이 없다

백성들 살기 어려워라
백성들 살기 어려워라
날이 추워도 입을 것 없으니
저들은 도울 수 있지만
마음이 없다, 도와줄 마음이

어무적이 지은 〈유민탄〉 전문이다. 유민의 탄식. 이제까지 문인·학자들이 쓴 백성시는 많았다. 고려시대 이인로와 이규보, 그리고 이제현의 시가 그랬다. 조선의 경우 유학자들은 '위민(爲民)' 정치의 사상가답게 백성들의 피눈물에 대해 읊었다.

아니, 조선에서는 그렇지 않은 경우가 드물다 할 것이다. 하지만 그들이 그러한 백성시로 인해 필화를 당한 적은 없다. 왜 그랬을까? 사후에 발표되었으므로? 그런 점도 있겠다. 하지만 사초의 경우에는 필자 사후에도 대참사를 불러오지 않는가.

왜 그랬을까? '자신의 입장' 혹은 자신의 책임감, 자신의 자책이 표현되지 않기 때문이다. 유학자가 쓴 백성시로 가장 절박하달 수 있는 다음의 시를 읽어보자.

새벽밥 먹고 밭에 나가 하루종일 땀흘려 일했다
해 저물어 집에 와서는 눈물로 얼굴 적신다

낡은 옷 해어져 두 팔꿈치 다 나오고
쌀독은 텅 비어 낟알 하나 없다

굶주린 어린 것들 옷을 잡고 울지만
어디 가서 죽 한 사발 구해올 수 없다

마을 관리는 세금을 독촉타가
끝내 늙은 아내를 묶어간다

'원한의 노래'라고 이름붙여진 이 시의 저자는 성간(1427~1456년). 집현전 박사를 지내다가 요절한 것으로 알려져 있다.

서정과 방관, 그리고 생애

두 번째 시는 매우 애절하고 서정적이며 얼핏 매우 사실적으로 들린다. 그런데 이 시는 작자 자신의 이야기인가? 아마 아닐 것이다. 그에게 '늙은 아내'가 있었을 리 없다.

그렇게 보면 뭔가 애매하다. 삽시간에 위 시는 매우 감상적이고 상투적인 것으로 느껴진다. 그리고 더 나아가, 우리는 이제까지의 지식인들의 백성시가 대체로 매우 상투적임을 깨닫게 된다. 위민의 당위, 백성의 고통이라는 2분법에 머무르고 있는 것이다.

앞의 시와 비교해보면 이 시의 '방관성'은 두드러진다. 〈유민탄〉에는 '돕고 싶은 마음 간절하지만 / 내게 아무런 힘이 없다'는 자책이 담겨 있다.

〈유민탄〉을 쓴 어무적은 생몰년 미상이다. 그러나 생애의 흔적은 남겼다. 비록 이름은 무적(無跡)이지만. 그의 아버지는 어엿한 사대부였다. 어머니가 노비라서 관노로 되었으나 아마도 천한 신분은 면하였다. 뛰어난 시재에도 불구하고 과거에 응시하지 못했다. 서얼(서자와 그 자손) 출신에게 주는 말직을 차지한 적은 있다. 그런데도 인간 자체는 매우 의연하고 진실했다 한다.

1501년(연산군 7년) 그는 김해 땅에서 장문의 상소를 올린 적이 있다. 그 서문은 이렇다.

나는 천민이므로 벼슬할 생각은 않지만 옛 말에 '집이 위에서 새는 것을 아래에서 잘 안다'고 일렀듯이, 지금 세상을 나만큼 아는 자가 없다……

그렇게 그는 백성의 어려운 사정을 낱낱이 밝혔으나 그 상소는 묵살되었다. 그가 살던 고을에서 매화나무에까지 세금을 매기자 어느

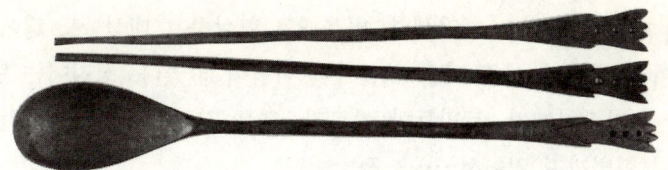
유기로 제작된 조선시대 수저. 연산군의 폭정으로 굶어죽는 백성들이 비일비재했다.

백성이 그 나무를 도끼로 찍어버린 사건이 일어났다. 그는 〈작매부(斫梅賦)〉라는 시를 지어 규탄했다.

고을 원이 크게 노하여 그를 잡아들이라 하므로 그는 도망쳐 유랑하다가 어떤 역사에서 객사하였다. 그렇다. 그의 생애, 구체적이고 참여적인 생애가 시의 구체성을 낳고, 문학적 힘을 발하며 필화를 초래한다.

폭군 연산(1476~1506년)

이때가 어느 때인가. 연산군이 전대미문의 폭정을 강행하고 있었다. 이때 사림은 무엇을 했는가? 훈구대신들과 특히 유자광에게 농락당하다가 급기야 김종직의 〈조의제문〉으로 거의 몰살당한 상태였다.

찬찬히 훑어보자. 성종은 달리 마땅한 아들이 없어 그를 세자로 삼았다고 한다. 연산군은 원래 시기심이 많고 성품이 모질었으며, 자질이 총명치 못했고 문리(文理)에 어둡고 사무능력조차 없었다. 그는 특히 학자를 싫어했다.

기록으로 보면 연산군은 왜구와 여진에 대비하여 병기를 만들게 했다는 것, 변경지방으로의 주민 이주를 독려했다는 것,《국조보감》《여지승람》을 수정했다는 것 외에는 치적이 없다. 실록 첫머리 사평에 의하면 그의 만년은 이렇다.

더욱 황음하고 패악했다. 마음대로 학살하고 대신들도 많이 죽여서 대간과 시종 가운데 살아난 사람이 없었다. 심지어는 단근질, 가슴빠개기, 토막토막 자르기, 뼈를 갈아 바람에 날리기 등의 형벌까지 있어서……

과연 그가 폐주(廢主)되어 묘호와 능호도 못 받고 일개 왕자의 신분인 '연산군'으로 기록될 만하겠다. 하지만 어찌 이럴 수가 있었을까, 왕의 수기(修己)를 강조하던 사림이 조정에 대거 포진해 있던 이 시기에? 이것은 무엇의 최악화(最惡化)일 것인가? 혹자는 그가 즉위한 후 생모 윤씨 폐비사건을 알게 되어 그 충격 때문에 성질이 포악해졌다고 한다. 그러나 사실(史實)은 거의 거꾸로이다. 폐비 윤씨 사건이 그의 폭정의 수단으로 되는 것이다.

연산군은 즉위 이듬해 생모의 복권을 모색했다. 그 2년 후 윤씨의 묘를 개장하고 묘호를 추봉했다. 왕후 직위의 복권은 아직 힘들었지만 그것이 갈등을 초래하지는 않았다. 이 시기는 어느 정도 질서가 유지되었던 시기이다.

정인지, 신숙주, 한명회, 서거정은 죽었다. 하지만 조정에 노사신, 성희안 등이 버티고 있었다. 그리고 김종직의 제자 김굉필, 정여창, 김일손 등이 곳곳에 포진해 있었다. 연산군이 폐비 윤씨 사건을 다시 들고 나오는 것은 1504년. 그의 폭정이 절정에 달했고, 폐주되기 2년 전이다.

조의제문(弔義祭文)

연산군의 패악한 본성이 드러나기 시작한 것은 즉위 4년째부터이다. 그 이듬해 사림들의 대참극(사화)이 벌어진다. 이해가 무오년이므로 '무오사화'라 부르는 이 참극은 그 경과가 매우 흥미롭다.

물론 훈구파와 사림파 간에 전운(戰雲)은 있었다. 사림파는 3사를 중심으로 은연중 세력을 구축했다. 그러나 역시 명분 싸움을 벗지 못했다. 사림파는 주자학의 정통 계승자임을 자부하면서, 요순시대를 이상으로 하는 도학 실천의 군자로 자처하면서, 훈구파들을 불의에 가담하여 권세를 잡은, 사리사욕과 현상유지에 급급한 소인배들로 멸시, 배척했다.

훈구파는 사림파들을 고고자존(孤高自尊)하고 경조부박(輕佻浮薄)한 야심배라 지탄, 배척하였다. 이 대립은 물론 경제적·하부구조적인 이유와 내용을 갖는 것이었지만 다만 표현·형식이 매우 언론적이었다는 점이다. 그렇게 갈등이 소란중의 소강상태를 유지하는 가운데 유자광 등 간신이 연산군의 포악한 성질을 부추기는 것이다.

이극돈은 훈구파로 분류되는 자인데, 세조비 정희왕후 국상 때 전라감사로 있으면서 근신하지 않고 장흥 기생과 놀아난 일이 있었다. 김일손이 《성종실록》 편찬을 위한 사초를 작성하며 그 일을 기록했다. 그런데 이때 실록청 당상이 바로 이극돈이다.

이극돈은 그 기록을 빼달라 했지만 김일손이 거절한다. 이때가 바로 1498년, 즉 연산군 4년이다. 이극돈은 김일손이 사초에 올린 김종직의 〈조의제문〉을 문제삼기로 결심한다.

〈조의제문〉의 의제는 초나라 회왕. 김종직은 세조 3년 답계역에서 잠을 자다가 꿈에 회왕을 만났는데 뜻한 바가 있어 〈조의제문〉을 지었다고 한다. 세조를 의제를 죽인 항우에 비유, 은근히 비난한 내용이다.

간신과 내시

김일손은 이 〈조의제문〉을 사초에 기록하면서 '충분을 은연중 나타냈다' 했고, 사관 권경유·권오복은 김종직전을 사초에 실으며 '그의 〈조의제문〉에 모두 눈물을 흘렸다'고 하였다.

　이때 사림파가 그토록 힘이 강력했던가? 아니다. 세조의 '찬탈'에 대해 사림파는 정식으로 왈가왈부해본 적조차 없다. 그런데 이 용기는 대체 무슨 망발인가. 이것은 아마도 언론의 폐해일 것이다. 훈구파와 입씨름을 하면서 사림파들은 뭔가 안보 불감증에 걸렸을 것이다. 아니면 이 내용을 정식 논의절차 없이 어떻게 사초에 공개적으로 올린단 말인가. 그 불감증의 대가는 너무도 컸다. 하긴 훈구파도 불감증은 마찬가지였다. 이극돈은 〈조의제문〉이 세조를 헐뜯은 것이라고 총재관 어세겸에게 고하였지만 반응이 없었다.

　그는 다시 유자광에게 고한다. 유자광의 눈이 번뜩인다. 김종직에게 당한 수모를 갚을 절호의 기회였던 것이다. 유자광은 노사신 · 윤필상 등 세조의 총애를 받던 신하, 그리고 족당이 궁중과 얽힌 한치

알레잔드로 콜롱가, 〈우는 여자〉.

형 등 정확한 인물을 들쑤신다.

그리고 유자광은 세 사람의 동의를 받아 도승지 신수근을 불러 임금에게 아뢰게 한다. 신수근 또한 사림파에 대해 원한이 많은 사람이었다. 그가 승지가 될 때 사림파들은 그가 왕의 처남이라는 이유로 반대했던 것이다.

학자들을 원래 싫어했던 연산군은 유자광 등이 아뢰는 말을 듣고 반색을 하였다. 그리고 유자광에게 옥사를 직접 맡기고 왕명 출납은 내시 김자원에게 맡겨 다른 사람은 끼여들지 못하게 했다.

김자원은 왕 앞에서 자상하고 공손한 태도를 보였지만 물러나와서는 '보통으로 다스려서는 안 될 것이다'라며 큰소리를 쳤다. 유자광은 옥사가 완화될까 염려하며 밤낮으로 전전긍긍, 죄를 부풀릴 기회만 찾았다.

유자광은 소매 속에서 〈조의제문〉을 꺼내어 조사관에게 보이며 글귀마다 주석을 달아가며 해석해주고, 연산군이 알아듣기 쉽게 풀이해가며 드디어 본심을 말한다.

무오사화

'김종직이 우리 세조를 비방하고 헐뜯었으니 마땅히 대역부도로 논죄하고 그가 지은 글을 모두 불살라 없애야 한다…….' 유자광을 너무 무시했던 걸까? 사림파는 이때까지 별 반응을 보이지 않았다.

연산군은 김종직의 시문을 간직하고 있는 자들은 이틀 안으로 자진해서 바치게 하고 빈창 앞뜰에서 태워버린다. 유자광은 성종이 김종직에게 명하여 쓰게 했던 환취정 기문도 떼어버리라고 청했다. 신문은 7월 12일부터 26일까지 진행되었다. 그리고 내려진 판결은 엄청났다. 이미 죽은 김종직은 부관참시, 김일손·권오복·권경유·이목·허반 등은 능지처사형, 강겸은 곤장 1백 대에 가산을 몰수하고 변방 관노로 보냈다.

표연수·홍한·정여창·강경서·이수공·정희량·정승조 등은 불고지죄로 곤장 1백 대에 3천 리 밖으로 귀양, 이종준·최보·이원·이주·김굉필·박한주·임희재·강백진·이계맹·강혼 등도 곤장을 때리고 귀양 보내 관청 횃불을 관리케 했다.

무오사화는 훈구파와 사림파 간의 (현재(顯在)적이 아니라) 잠재적인 대립의 결과물이었다. 같은 주모자였던 이극돈마저 보고하지 않은 죄로 파면되는 것이다.

그리고 훈구파의 거장 노사신은 벌이 너무 과하다고 부분적으로 반대하다가 도리어 유자광의 힐난을 받았다. 그는 계속 형벌을 줄이려고 진력하다가 이해 9월 사망한다. 이런 지경에 대체 사림파는 무엇을 했단 말인가. 사림파는 그 성격상 중앙·정치 자체에 걸맞지 않았던 것이 아닌지.

그들은 이후에도 여러 차례 중앙무대에서는 사화를 겪고 그 공백을 다시 지방의 향약과 서원 출신 신진사류로 메우는 매우 '끈질긴'(?) 악순환을 거듭하다가, 선조(1567~1600년)대에 이르러서야 정계의 주류를 이루게 된다. 그러나 그때 국력은 소진되고, 그들은 곧 우리나라 역사상 최대 난국인 임진왜란을 맞게 될 것이다.

사실과 진실

연산군은 문신들의 직간(直諫)이 귀찮아서 경연을 폐하고 사간원·홍문관을 없애버렸으며, 정언 등의 언관도 줄이거나 제도 자체를 없애버렸다. 상소와 상언, 격고(신문고) 등 여론과 관련되는 온갖 제도를 중단시켜버렸다. 그리고 '한 달을 하루로 계산하는, 당시로는 가장 패륜스러운' 단상제(短喪制)를 감행했다. 성균관과 원각사를 주색장으로 만들고 선종의 본산 흥천사를 마구간으로 삼았다.

황음과 관련된 흉측한 이야기들은 부지기수이다. 사냥을 위해 마을 30여 리를 없앴고 사대부의 부녀를 농락하기 일쑤였다. 암말과 수말이 살을 섞으며 왕성하게 씩씩대는 것을 보고는 자신도 흥분하여 대궐 뜰 앞에 콩을 뿌리고 대궐 기생 3백 명에게 알몸으로 힝힝대며 주워먹게 하고는 그 뒤를 무차별로 덮쳐 난교(亂交)를 벌였다는 이야기는 대표적이다.

이 모든 것은 기록에 남겨진 사실(史實)이다. 하지만 이토록 황음무도한, 폐정 일색의 패륜무도한 임금이 어떻게 10년 동안 권좌에 앉아 있을 수 있었을까? 간신배들의 통치능력이 그만큼 뛰어났다는 이야기인가?

이것은 아마도 당시 정치권, 특히 사림파의 무능을 설명 혹은 변명하기 위한 한 방편이 아니었을까? '일체 포악의 군주 연산군'은 수난의 명분을 강화시키기 위한 장치가 아닐까?

그렇다면 이것은 〈조의제문〉을 올려 역사의 대의명분을 밝히려 했던 사림파들의 '진실 가리기'라고 할 수밖에 없다. 그게 사실이라면, 이 모든 것이 고의일 리는 없지만, 그들은 역사를 보는 구체적인 안목도, 총체적인 안목도 결여되었다고 하지 않을 수 없다.

무오사화 이후 유자광은 '독사 같은' 권신의 지위를 누리게 된다. 누구도 그의 뜻을 거스르지 못하고 눈치만 살필 뿐이었다. 그러나 간신은 하나로는 부족한 법. 두 번째 참극인 갑자사화에는 또 하나의 간신 임사홍이 주역으로 등장한다.

임사홍(?~1506년)과 유자광

'사화'가 사림이 겪은 참극을 뜻하는 용어라면 엄밀히 말해서 갑자사화는 '사화'가 아니다. 훈구파가 더 호되게 당하는 것이다. 앞으로 사화는 '문신들이 당한 화'를 뜻하는 용어로 사용될 것이다.

임사홍. 그는 세 아들 중 두 명을 왕실 사위로 들인 자로서 '서얼 출신' 유자광과 일찌감치 손을 잡은 인물이다. 둘은 1477년(성종 8년) 지평 김언신을 사주하여 도승지 현석규를 왕안석의 추종자로 모함하다가 잘못되어 오히려 유배에 처해졌었다.

임사홍은 성종 때에 별 활약을 하지 못했다. 연산군대에 들어서서 유자광은 재기하였으나 그는 아들 임희재가 김종직 문하로 무오사화에 연루되는 바람에 기회를 갖지 못했다.

그러던 그가 1504년 유자광과 신수근의 도움을 받아 연산군 생모 폐비 사건을 다시 들추어낸다. 이렇게 그가 주도한 사화가 바로 '갑자사화'이다. 갑자사화는 훈구파 거의 모두를 타도하고 사림파에게도 상당한 타격을 입히게 된다. 훈구파가 사림파에 의해서가 아니라 임사홍·유자광 등 간신과 외척들에 의해 타도되는 아이러니컬한 역사의 현장이다.

연산군은 쾌재를 부를 경제적인 이유가 있었다. 자신의 사치스럽고 방탕한 생활 때문에 왕실 재정은 구멍이 숭숭 뚫려 있었고 그는 훈구 재상들의 토지를 몰수하려고 호시탐탐 기회를 보고 있었다.

그러나 훈구파들은 그 대응이 사림파와 달랐다. 훈구파 재상들은 왕의 그러한 조처를 막으려는 구체적이고 실천적인 행동을 보이고 있었다. 이때 생모 폐비 사건은 연산군에게 그야말로 막다른 골목에서의 호재였던 것이다.

갑자사화

폐비 윤씨가 사약을 먹고 흘린 피가 낭자하게 묻어 있는 한삼자락을 임사홍이 연산군에게 전하면서 촉발된 갑자사화는 그 형벌의 잔인함과 연루자의 범위에 있어 무오사화에 비할 바가 아니었다.

폐비 당시 윤씨를 모함했던 성종의 두 비(妃)를 궁중 뜰로 끌어내

에드바르트 몽크, 〈비명〉

어 때려죽였고 인수대비도 구타, 치사케 하였다. 성종의 유명을 어기고 폐비 윤씨를 왕비로 추숭(追崇)하려 할 때에 아무도 감히 반대하지 못하고 응교 권달수와 이행만이 반대하다가 한 사람은 죽고 한 사람은 귀양에 처해진다.

그리고 대대적인 피바람이 불었다. 당시 윤씨 폐위를 주장한 자와 수수방관한 자 모두가 참혹한 화를 입었다. 윤씨 폐위와 사사에 찬성했던 윤필상, 이극균, 성준, 이세좌, 권주, 김굉필, 이주 등 10여 명이 사형에 처해졌다.

이미 죽은 한치영, 한명회, 정창손, 어세겸, 심회, 이파, 정여창, 남효온 등이 부관참시에 처해졌다. 이밖에 30여 명이 넘는 사람들이 참혹한 화를 당했으며 자녀·가족·친족에 이르기까지 연좌되었다.

그뿐이 아니다. 차제에 명망 있는 선비, 연산군에게 미움을 받았던 신하들이 모조리 오라를 받게 되었다. 정성근은 효도가 지극하다는 '죄'(?)로 죽임을 당했고, 홍귀달은 손녀를 세자빈으로 달라는 청을 거절하여 귀양에 처해졌다가 죽임을 당했다.

이후 공신세력으로서의 훈구파는 거의 소멸된다. 단지 기득권을 유지하고자 하는 보수파들을 '훈구파'로 명칭할 뿐이다. 그리고 사림파 또한 궁중에서는 완전히 제거된다. 유교적 왕도정치는 눈을 씻고 찾아보아도 볼 수 없고 학계 자체가 크게 위축되는 상황이 계속된다. 민간이 한글로 투서한 사건이 일어나자 그는 한글 사용 자체를 엄금해버렸다.

연산군은 임사홍을 채홍사로 삼아 각지의 미녀들을 뽑아올리게 하였다. 하지만 이 상황은 오래 가지 못했다. 연산군이 패륜을 극하여 결국 월산대군의 부인 박씨까지 범하고 박씨가 스스로 목숨을 끊는 사건이 생기자 궁정에서 모반이 시작된다.

중종 반정

주모자는 월산대군 부인의 동생 박원종, 이조참판을 지낸 성희안, 그리고 현 이조판서 유순정. 그들은 연산을 몰아내고 성종의 둘째 아들 진성대군을 왕위에 올렸다. 그가 바로 중종(1506~1544년). 이 사건을 '중종반정'이라 한다. '반정(反正)'이란 바르게 돌려세웠다는 뜻. 폐출된 연산군의 묘는 지금의 서울특별시 도봉구 방학동에 있는데, 아직까지도 '연산군지묘'라는 석물 외에 아무런 장식이 없다.

임사홍은 반정 와중에 그의 아버지 및 신수근과 함께 피살되었다. 유자광은? 질기기도 하다. 그는 성희안과 연이 닿아 공신 1등에 다시 책록된다. 그의 끈질김은 다른 평가를 요하는 대목이 아닐까?

그러나 아니다. 그의 가족이 스스로 재평가를 거부해버린다. 반정 1년 후 탄핵이 잇따라 그는 훈작을 삭탈당하고 관동으로 유배되었다. 그리고 곧 경상도 변방으로 옮겨졌다가 눈이 멀고 두 해 만에 죽었다. 조정은 그의 자손에게 장사지내는 것을 허락했지만 아들 진은 여색에 빠져 끝내 가보지도 않았고 아들 방 또한 병을 칭하고는 손님들과 술을 마시며 장사를 외면했다.

연산의 학정에 시달리던 백성들은 환호하였다. 연산군의 폐정은 나라 살림을 엉망으로 만들었고 그것은 곧장 백성들의

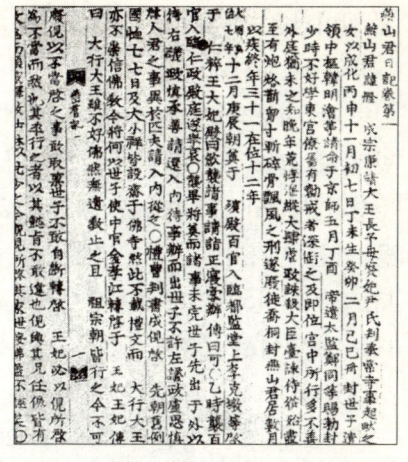

연산군 일기. 연산군이 즉위한 1494년 12월 25일부터 폐위된 1506년 9월 2일까지 약 12년 간의 실록.

고통으로 직결되었다. 아사자가 날로 늘어갔고 거리에는 도둑과 거지들이 들끓었다.

백성들은 새로운 왕이 빨리 세상을 바로잡아주기를 바랐다. 그러나 그들의 기대는 충족되지 않았다. 텅 빈 조정을 반정 공신들이 차지하면서 일시에 큰 세력을 이루고 빠르게 권신화된다. 그들이 훈구대신의 권력과 부를 독점하고, 스스로 훈구파가 된다. 경연이 부활되고 홍문관이 강화되고 과거제와 사가독서제를 엄중히 실시하는 등 문풍 진작에 힘썼다. 무오사화 때 몰수했던 김종직 등의 재산을 다시 돌려주기도 했다.

주모자

그러나 그것은 훈구파들의 권력을 강화시키는 데 오히려 도움이 될 뿐이었다. 그들의 세력은 중종 초기 10년 동안 쉽게 왕권을 능가했다. 주모자 세 사람은 어떤 사람이었던가. 아니, 이 사람들은 어떻

게 살아남을 수 있었던 사람들인가.

박원종(1467~1510년)은 연산군의 배려로 고속승진을 했지만 재정 긴축 등 시무책을 자주 건의하면서 점차 연산군의 미움을 사게 된다. 반정 때 그는 경기 관찰사로 있다가 다시 삭탈관직당한 상태였다.

성희안(1461~1513년)은 성종의 중유정책에 신진으로서 많은 영향을 끼친 학자이다. 그는 연산군이 즉위한 후에도 문무 요직을 거쳤다. 그러나 1504년 이조참판 겸 오위도총부도총관으로 있을 때 왕이 베푼 주연에서 풍자·훈계적인 시를 올려 무관 말단직으로 좌천된 상태였다.

흥미로운 것은 유순정(1459~1512년)이다. 그는 김종직의 문하였고 여느 무신들보다 활을 잘 쏘았다. 연산군 즉위 후 그는 사헌부 관리로서 임사홍의 잔악함을 논박했고 평안도 절도사 전림의 권력 남용을 추궁했으며, 여진족 문제에 대한 대책을 진언했다.

그는 실제로 압록강 연안의 여진족 정벌 때 큰 공을 세웠다. 1503년 공조참판, 1504년 평안도 관찰사에 올랐는데, 이때 연산군의 밤사냥이 극심한 민폐임을 진언했다가 임사홍의 모략으로 추국당했었다.

이 세 사람은 반정의 주모자로서 왕조를 튼튼하게 다질 능력이 있는 인물이었을까? 큰 과오가 있는 것은 아니다. 이들은 이듬해 이과 등의 견성군 추대 역모를 잘 처리했고 서로 권력 다툼을 벌이지 않았으며, 명 황제의 고명을 받아냈고, 1510년에 발생한 삼포왜란을 평정했다.

이해에 박원종은 사망한다. 유순정은 이자놀이를 했다는 탄핵을 받았지만 군공 때문에 오히려 영의정에 올랐고 박원종보다 2년 후에 죽었다. 성희안은 반정 때 자신이 동원했던 무관들을 너무 비호, 사풍(士風)을 능멸했다는 탄핵을 받았지만 좌의정·영의정을 거치다가 유순정보다 일년 후에 죽었다.

훈구파라 하기에는 참 일찍(들)도 죽었다. 그러나 이 어정쩡함이 더 지독한, 거의 유자광에 가까운 간신·보수파들을 키워낸다. 그러고 나서야 비로소 사림 출신의 '혁명가' 조광조가 등장하는 것이다.

학문과…
이때 조광조(1482~1519년)는 무얼 했을까? 왜 유순정은 사림파를 등용하지 않았을까?

조광조는 17세 때 무오사화를 입고 유배중이던 김굉필에게 배우게 되었다. 이때부터 그는 《소학》과 《근사록》 등을 토대로 성리학 연구에 진력, 김종직의 학통을 이은 사림파의 영수로 부상한다. 사람들은 공부에만 전념하는 그를 보고 '광인(狂人)' 혹은 '화태(禍胎)'라고 불렀고, 친구들과 자주 연락이 끊겼으나 그는 개의치 않았다. 중종 5년 사마시에 장원 합격, 성균관에 들어갔던 그는 5년 후 최초로 관직에 입문하게 된다.

그를 추천한 것은 성균관 유생들과 이조판서 안당. 반정 훈신들의 사망과 보수파들의 잠복으로 새로운 기운이 일기 시작할 때였다. 김종직이 영남 출신이면서 문장과 경술에 능했다면 조광조는 기호 출신으로 정통 도학에 능했다. 김종직 대에는 사화(詞華, 문예)에 힘쓰는 문사가 많았지만, 조광조 대에는 도학의 비중이 절대적으로 높아진다. 사림파들이 그렇게 사관직이 아니라 행정부에 적극 포진하게 되는 것이다.

그는 관직 첫해에 증광문과에 급제, 전적·감찰·예조좌랑을 역임하게 되면서 왕의 두터운 신임을 받게 된다. 그는 지치주의(至治主義)에 입각한 왕도정치의 실현을 역설하면서 우선 언관으로서의 의도를 펴기 시작했다.

폐위된 중종비 신씨를 복위하자는 상소가 대사간의 탄핵을 받기에 이르자, 조광조는 대사간이 상소자를 벌하는 것은 언로를 막고 국가 존망의 위기를 초래케 하므로 불가하다 하여 오히려 대사간을 파직시켰다. 이로써 조광조에 대한 왕의 절대적인 신임이 확인된다. 잠재했던 보수파들도 이때부터 행동을 개시한다. 하지만 당분간은 조광조의 추진력이 워낙 강하다.

개혁과 문제의 심화 14장

이론과 현실, 남녀와 적서(適庶), 그리고 귀천(貴賤)

조광조의 개혁은 실패로 끝난다. 그러나 이 개혁은 사림파가 자신의 정치철학을 현실 정치에 적용한 첫 시도였다. 그것이 실패한 이유는 무엇인가? 역적 몇 사람의 간계에 의한 것이라는 우연론의 관점을 우리는 우선 벗어나야 한다. 그때 사회 전체에 무슨 문제가 있었는가? 유자광은 서출의 문제를, 외척은 여성의 문제를, 삼포왜란은 국방의 문제를, 백성의 굶주림은 경제의 문제를 상징한다. 조광조의 개혁은 그것을 어떻게 해결하려 했는가? 실패는 무엇의 실패인가? 조광조는 김종직의 반전(反轉)일 뿐인가?

도학/조광조의 도학/안당(1461~1521년)과 정광필(1462~1538년)/급진적?/곤정(袞貞)/네 사람/최후의 승자/
삼포왜란/폐쇄성, 그후/민생과 개혁/김안로(1481~1537년)와 대윤·소윤/희생양?/을사사화

도학

도학은 송대에 와서 크게 일어난 정주성리학 혹은 주자학의 별칭
이다. 북송의 정호·정이 등 5군자가 창도했고, 남송의 주희에 의해
집대성되었다.

공자·맹자·순자의 원초(原初)유학은 한대의 훈고학(문헌 해석 위
주), 당대의 사장지학(詞章之學, 문장 위주)을 거쳐 송대의 정주성리학
으로 발전한다. 이것이 명대의 양명학(心學 위주)으로 또 청대의 고증
학(실사구시 위주)으로 변해간다.

이 변천은 분명 앞 세대에 대한 반성에서 나온 것이다. 그러나 동
시에 반복적이기도 하다. 정주성리학이 유교의 정치·경제학적 선언
임은 앞에서 말한 대로이다. 한·당대의 유학을 주자는 이렇게 비판
한다.

세속 유학자들이 소학(小學)보다 '글줄이나 쓰고 읊는(記誦詞

章)'데 열심이었지만 쓸모가 없었다. 그리고 노장·불교의 허무 적멸의 도는 대학보다 높았지만 실(實)이 없었다.

권모술수와 온갖 사설(邪說)과 기예로 혹세무민하고 인의지도를 막아서 지도층은 진리의 방향을 모르게 되고 백성은 지치(至治)의 혜택을 받지 못하게 하였다……. 주자의 전대(前代) 비판은 이렇게 혹독하다.

그러나 송대의 정주성리학은 물론 명대의 양명학까지도 청대에 이르면 실사구시의 고증학파들에 의해 '선학·불학과 다를 바가 없다'는 동일한 비판을 받기에 이른다. 결국 중국의 유교발전사는 합리화를 위한 불교·도교로부터의 해방사인 것이다.

우리나라의 경우는 좀 다르다. 고려 말 안향과 백이정에 의해 수입된 주자학은 조선 태동기에 경학 중심의 정몽주계와 사장 중심의 정도전계로 나뉘게 된다. 그런데 정몽주는 갈수록 보수적으로, 정도전은 갈수록 혁신적으로 되어갔다.

즉 '사장'이 불교·선가 등 '비합리적'인 것으로 환원되는 통로가 아니라 혁명적 열정의 통로로 작용했던 것이다. '사장파' 정도전의 불교 비판은 강도가 정몽주 못지않았다.

조광조의 도학

그러한 정황 때문에 정몽주의 직계랄 수 있는 김종직만 하더라도 '사장'이 우위였다. 조광조를 조선 도학의 시발로 보는 것은 이 때문이다. 조광조의 도학은 2중성을 갖는다. 내용이 매우 보수적이면서도 형식은 급진적인 것이다. 크게는 보수가 뒤늦게 정착하는 기현상 때문이겠고 더욱 직접적으로는 연산군의 패륜에 경악한 결과일 것이다.

그를 중심으로 한 신진사류는 예법(禮法)에 따른 실천을 중심축으로 강조하면서 매우 구체적이고 광범위한 사회개혁 정책을 입안했으며 신속하게 실시했다. 궁중 여악(女樂)의 폐지, 궁궐의 장리채 혁파, 주자 《가례(家禮)》의 전국적 확대 실시, 대대적인 '미신' 타파, 향약의 광범한 보급, 현량과 설치……. 《가례》의 실시로 일반 백성들까지 상례(喪禮)를 다하게 했고 또 젊은 과부는 재혼이 금지되었다.

'미신' 타파는 소격서를 폐하는 것으로 시작되었다. 소격서란 태조 때 설치한, 하늘·땅·별에게 지내는 도교 제사를 주관하는 관청. 그 후 승려와 무당들에 대한 대대적인 탄압정책이 시행된다. '글줄이나 이론만 일삼는 사람을 멀리하고 예법에 힘써 올바른 덕을 갖춘 사람을 쓰시오…….' 그렇게 해서 설치된 것이 바로 현량과이다.

부적판(符籍板). 조광조는 승려와 무당들에 대한 대대적인 탄압정책을 시행한다.

이 모든 일이 단 4년 만에 벌어졌다. 그리고 이 모든 일은 숱한 반대를 무릅쓰고, 왕에게 덕치(德治)를 직접 호소하는 방식으로 행해졌다. 그러나 동시에, 조광조 개혁의 내용은 매우 조직적이고 권력 지향적이기도 하다.

향약 실시는 지방·경제적 토대의 확대를, 현량과 설치는 중앙 권력의 담보를 겨냥하는 것이다. 내용적 보수, 형식적 급진이라는 모순에 왕과의 담판, 조직적 정권 지향이라는 모순이 덧씌워진다.

안당(1461~1521년)과 정광필(1462~1538년)

조광조의 개혁은 그 방법의 급진성 때문에 숱한 반대에 부딪치지만, 내용상으로는 보수파 대신들의 동조를 받기도 했다. 아니 이들의 동조가 아니었다면 그의 개혁은 불가능했을지 모른다.

조광조에 호응한 대표적인 대신은 안당과 정광필이다. 안당은 조광조를 천거한 인물. 그는 대사헌·형조참판·병조참판·전라도 관찰사를 거쳐, 1514년 호조판서에 이어 1515년 이조판서를 지낸 후 좌의정이 되었다. 그는 조광조뿐 아니라 김식·박훈 등 젊은 인재들을 많이 천거했다. 조광조를 등용하던 해, 박상·김정 등이 중종의 폐비 신씨 복위를 청하자 대간의 탄핵을 받게 되는데 그는 언로를 막으면 안 된다며 극구 변호, 더욱 사림들의 존경을 받게 되었다.

1518년 5월 우의정으로 승진할 때에 그는 김전과 경합했는데, 사림 계열의 지지로 그가 제수받게 되었다. 그는 소격서 혁파와 현량과 설치를 주도한 장본인이다.

정광필은 연산군의 사냥이 너무 잦다고 간하였다가 아산으로 유배되었던 사람. 반정 이후 그는 부제학·이조참판·예조판서·대제학을 거쳤고, 1510년 전라도 순찰사로서 삼포왜란을 수습하고 병조판서에 올랐다.

정광필은 조광조가 등용된 해 왕비가 죽고 중종의 총애를 받던 후궁이 자기 소생을 끼고 왕비에 오르려 하자 그 불가함을 극간, 새로운 왕비를 맞아들이게 하였다. 그 이듬해에 그는 영의정에 오르고 점차 조광조의 개혁에 동조하게 된다.

1519년 처음 실시한 현량과에서 김식·박훈 등 28인을 선발, 행정 요직에 포진시킨 조광조는 마침내 '훈구세력'에게 직격탄을 날린다.

'반정공신 중 상당수가 가짜이다……' 그렇게 그는 강력하게 위훈삭제(僞勳削除)를 주장, 성희안·유자광 등이 대대적인 비판의 도마에 오르게 되고, 3등공신 일부와 4등공신 전원 모두 76명의 훈작이 삭탈되기에 이르렀다.

급진적?

이것은 반정공신 전체의 4분의 3에 해당하는 숫자이다. 안당은 처음에 반대하다가 나중에 적극 옹호로 기울었다. 정광필도 마찬가지였다.

이 조처가 훈구파의 강력한 반발을 불렀을 것은 자명한 일이다. 아니, 중종조차 고개를 절레절레 흔들었다. 후세의 사가들은 대체로 이 위훈삭제가 과도하고 급진적이었으며, 바로 이 점이 조광조의 개혁이 실패로 치닫게 된 원인이라고 본다. 그러나 이 관점은 훈구파와 사림파의 정치적 대립을 전제로 하고 있다. 그런데 정말 대립이 있기는 있었는가? 그것이 실제로 있었고 조광조의 개혁이 '과도한 급진'이었다면, 왜 '1등공신'들의 훈작이 삭탈되지 않고 '조무래기'들만, 그것도 무더기로 처리되었을까?

여기에 또한 내용과 형식의 모순이 작용하는 것 아닐까? 안당과 정광필이 조광조 개혁에 동조한 바로 그만큼 조광조 개혁 또한 안당·정광필 '수준'의 보수성과 내용적 동질성을 갖고 있는 것이 아니었을까? 그 동질성이, 이제껏 그래왔듯이 전체 4분의 3을 무더기로 삭탈 훈작하는 형식상의 과격성을 낳는 것 아닐까? 왜냐하면 조광조를 모함, 그를 실각시키면서 또 한 차례 사화를 엮어내는 자들은 정통 훈구파가 아니고, 다시 간신과 외척들이다.

남곤은 김종직의 문인으로 갑자사화 때 서변으로 유배되었던 자로서 중종반정으로 풀려나 모반을 무고, 벼슬이 높아졌고 한때 좌천되었으나 문한(文翰), 즉 사장의 1인자로 인정받아 다시 복권되었다가 정광필의 천거를 받았던 자이다.

신씨 복위 상소사건 때 그는 우참찬으로 영의정 유순정과 함께 반대 의견을 제시했고 그후 벼슬이 예조판서에 이르렀다. 심정은 반정공신 3등. 그 또한 남곤과 함께 무고에 가담, 인망을 잃었다. 1515년 이조판서까지 승진했지만 3사 탄핵으로 물러났고, 1518년 형조판서 물망에 올랐으나 사림의 반대와 안당의 거부로 임명되지 못했다.

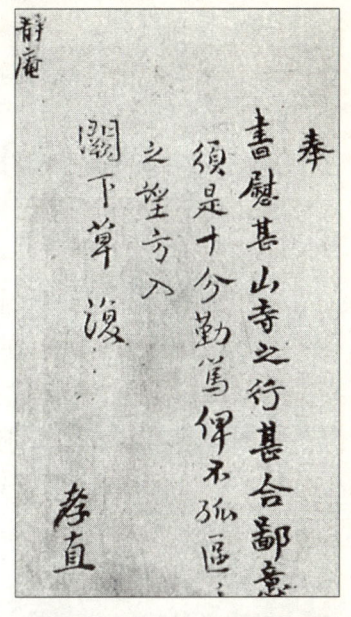

조광조 글씨. 행서체 서간. 조광조는 성균관 유생들을 중심으로 한 사림파의 절대적 지지를 바탕으로 도학정치(道學政治)의 실현을 위해 적극적으로 활동했다.

곤정(袞貞)

후에 '곤정'으로 불리며 끝까지 사림파의 증오의 대상으로 남게 되는 남곤과 심정이 조광조 제거를 모의한다. 둘은 희빈 홍씨의 아버지 홍경주를 끌어들였다.

홍경주의 궁궐 드나들기가 전에 없이 잦던 어느 날 대궐 안뜰을 거닐던 희빈이 나뭇잎 하나를 따와 중종에게 보였다. 나뭇잎에는 글자 네 개가 뚜렷했다.

주초위왕(走肖爲王)……. 왕은 그 뜻을 금세 알아차렸다. 주초라면 조(趙). 조씨가 왕이 된다……. 이 일로 중종은 조광조를 부쩍 의심하게 된다. 그렇잖아도 임금을 가르치려는 듯한 조광조의 도학적 언행이 지긋지긋해진 터였다.

나뭇잎 글자는 꿀 때문에 새겨진 것이었다. 개미가 그 꿀을 갉아먹으면 자연스럽게 그 글자가 새겨지게 된다. 그러나 중종은 별 의심을 품지 않았다. 아니, 의심하고 싶지 않았을 것이다. 그러던 차에 홍경주와 김전(공조판서), 남곤(예조판서), 이장곤(우찬성), 고형산(호조판서), 심정 등이 비밀리에 왕을 만나 조광조를 탄핵한다.

'파당을 조직, 조정을 위협하고 있습니다……'

왕은 조광조(대사헌), 김구(부제학), 김식(대사성), 김정, 유인숙(승지), 홍언필, 윤사임, 박세희, 박훈 등을 잡아들이게 했다. 그리고 곧 조광조, 김정, 김식, 김구를 사사형(賜死刑)에 처하고 재산을 몰수하며 처자를 노비로 삼는다는 결정이 내려졌다.

조광조 쪽도 만만치는 않았다. 영의정 정광필과 좌의정 안당이 조광조의 죄 없음을 열렬히 고하였다. 오후에는 이약수 등 성균관 유생 150여 명이 대궐문 앞으로 몰려와 통곡을 하며 조광조의 무죄를 외쳤다. 이튿날에는 대간이 모두 사표를 냈고 그 이틀 뒤에는 성균관 유생 3백 명이 상소를 올렸다. 마침내 중종은 사형을 철회하고 네 사람을 귀양에 처했다.

네 사람

그러나 거기서 끝나지 않는다. 영의정 정광필은 영중추부사로 좌천되고 좌의정 안당은 자리에서 쫓겨났다. 김전이 영의정에, 남곤이 좌의정에 올라 심정과 함께 권력을 장악했고 조광조의 사형을 청하는 대신들의 상소가 이어졌다.

마침내 조광조에게 사약이 내려지고, 김정·김식·김구는 외딴 섬으로 보내졌다가 사형되거나 자결했다. 이해가 기묘년. 이 사건을 기묘사화라 부르는 까닭이다.

그후 '곤정'과 정광필, 그리고 안당 네 사람은 어떻게 되었을까? '곤정'은 안당을 끈질기게 괴롭혔다. 안당은 '현량과를 설치하고 세 아들을 모두 천거했다'는 오명까지 쓰고 파직당했다가 곧 영중추부사가 되었지만 대간의 탄핵이 그치지 않았다. 그는 1521년 아들의 '곤정 살해 모의'를 고변하지 않았다는 무고를 받고 교사형에 처해진다. 그는 조광조보다 더 개혁적인 사람이었는지 모른다.

정광필은? 다르다. 그는 1527년 남곤이 죽은 후 다시 영의정에 복귀한다. 그리고 1533년 물러나 회덕에 머물러 있었는데, '곤정' 이후의 권신인 영의정 김안로의 무고를 받아 다시 유배되지만 1537년 김안로가 사사(賜死)되자 곧 풀려나 영중추부사가 되었다.

남곤은 좌의정을 거쳐 영의정이 되었다가 1527년에 죽었다. 사망 31년 후 관작을 삭탈당했고 선조 초년에 다시 추가 삭탈당했다. 심정은 1527년 남곤이 죽은 후 정광필 휘하 좌의정이 되었다가 권신 김안로와 권력투쟁을 벌이는 과정에서 패배, 사사되었다.

둘은 그후 내내 복권되지 않았다. 사림파가 정권을 잡았기 때문이다. 그러나 사림파의 집권이란 대체 무엇인가? 조광조는 비극적인 모순의 희생양이었다. 안당은 구체적인 개혁자였다. '곤정'은 간신배였다. 정광필은 무엇인가?

최후의 승자

그는 조광조 개혁의 최후 승자이다. 이게 무슨 소리인가? 그를 통해 훈구파는 물론 '개혁' 사림파도 해소된다는 이야기이다.

조광조의 도학은 유교의 실천적 정치경제학화이자 보수화이다. 그 보수화는 사장파를 모조리 소인배로 배격하는 형식의 조급함과 경박함 때문에 더욱 닫힌 형태로 된다. 기묘사화는 사장파와 간신, 그리고 몇몇 훈구파가 저지른 '성공한 쿠데타'였지만, 그들의 정권은 오래가지 못했다.

그 쿠데타는 그 짧은 성공 기간 동안 사장을 삭제한 도학의 닫힘을 더욱 닫히게 했고, 사림파는 완전히 보수화된 상태로 권력을 감당하게 된다. 그리고 그때에는 훈구파가 없다! 그리고 곧 당파의 시기가 오게 되는 것이다.

그렇게 조광조의 보수 개혁(?)은 조광조를 희생양으로 조선에 더욱 깊게 뿌리를 내리게 된다. 훗날 이율곡은 조광조를 김굉필, 정여창, 이언적 등과 함께 동방 4현으로 추켜세우면서도 조광조 개혁(의 실패)에 대해서는 이렇게 평하고 있다.

그는 어질고 밝은 자질과 나라 다스릴 재주를 타고났음에도 불구하고 학문이 채 이루어지기 전에 정치 일선에 나간 결과, 위로는 왕의 잘못을 시정하지 못하고 아래로는 구세력의 비방도 막지 못하고 말았다.

그러나 '보수적인' 이율곡은 역사적인 진전을 감안한다면, 사실 얼마나 조광조와 유사한가. 마치 몇십 년 묵은, 몇십 년 보수화된 조광조 같지 않은가! 조광조는 선조(1567~1608년) 초 영의정에 추증된 후 서원에도 봉안되었고 대대로 숭앙받았다.

조광조의 문제는 한마디로 그 철학적 토대에 있어, 합리적인 유교로 대치해야 할 당시 '지는' 불교의 과거지향적 불합리와 사장(예술)의, '불합리를 포괄하며 미래를 향해 열리는' 능력을 혼동·동일시했다는 점이다. 그러한 정치·철학적 보수성과 닫힘은 무엇보다, 그의 취약한 국제감각에서 치명적으로 드러난다. 이때가 어느 때인가.

삼포왜란

세종 1년 상왕 태종의 주도하에 대마도를 정벌한 후 교류가 끊기고 물자공급이 두절되자 대마도주는 우리나라와 교통하기를 간청해왔다. 조정은 내이포·부산포와 울산의 염포를 열어주고 무역할 것

에드바르트 뭉크. 〈굴복〉.

을 허락해주었다.

각 포마다 왜관을 설치하여 왜인들을 묵게 했고 일본 각지의 제후들에게 명목상의 직책을 주어 일정한 제약하에 서울 내왕을 허락하기도 했다. 1443년에 이르면 대마도주에게 매년 쌀 2백 석을 주고 물자를 실어갈 세견선 50척을 허락하며, 그 대신 왜구를 단속케 하는 계해약조가 성립된다. 대마도주는 일본과의 모든 교섭을 중계했다. 일본인은 구리·유황·향료를 보내왔고, 우리는 면포·마포·저포·서적·쌀 등을 보내주었다. 중종대에 이르면 조선 거류 일인들이 상당한 수에 이른다.

이 삼포 거류 일인들이 중종 4년 노략질에 나서더니 이듬해에는 대마도주의 지원을 받아 대규모 폭동을 일으켰다. 폭동 일인들은 순식간에 제포성을 함락시키고 제포첨사를 죽였다. 그리고 수백 척의 일인 병선이 부산포와 거제를 공격하는 한편 민가를 불살랐다. 조정의 군사가 적을 크게 무찌르고 폭동을 진압했지만 우리측 피해도 매우 컸다.

부산·동래·제포·웅천·거제 등지의 군사와 백성 272명이 죽고 796채의 집이 불탔다. 이 폭동을 '삼포왜란'이라고 부를 정도이다.

폐쇄성, 그후

그러나 2년 후 임신약조를 체결하고 조선은 다시 제포를 열고 교역을 허락하게 된다. 그렇게 일본은 이미 우리 코앞에 강력하게 다가와 있었다.

조광조가 처형된 지 3년도 채 못 되어 일본인들은 추자도와 동래에서 왜변을 일으킨다. 그 3년 뒤 다시 전라도 왜변이 벌어지고 그 뒤로도 왜변은 잦았다. 중종 말년인 1544년에는 왜선 20척이 경상도 사량진에 침입하여 약탈을 자행하자 조정은 임신약조를 파기하고 왜인의 내왕을 금지했다.

그 10년 후 을묘왜변이 발발한다. 그리고 12년 후인 1567년 도요토미 히데요시(豊臣秀吉)가 일본 각지의 호족들을 평정, 일본을 통일한다. 그리고 25년 후인 1592년 우리나라 역사상 최대의 재앙인 임진왜란이 발발하는 것이다.

조광조는 일본에 어떻게 대처해야 할 것인지에 대해 궁리했던 적이 없다. 그리고 그가 죽은 후 임진왜란이 벌어지기까지 73년 동안 왜인을 경계한 대신들은 많았지만 일본의 국력성장 과정을 정확하게 파악한 조정 유신은 거의 없다. 혹시 조광조로 상징되는 철학적 폐쇄성이 유전된 결과가 아닐까?

북쪽은 어땠는가? 그가 등용되기 3년 전부터 여진족의 북방 침구도 빈번해졌다. 조정은 여연·무창 등 4군 등지에 거주하는 여진족의 퇴거를 권유하고 6진지대에는 순변사를 파견하는 동시에 의주산성을 수축한다.

조광조가 처형된 5년 후 압록강 유역의 여진족들을 적극적으로 축출하는 작전이 전개된다. 그러나 그후로도 여진족은 6진·4군지대로 부단히 침입해 들어왔고 만포첨사가 피살되기도 하였다. 여기서 1616년 누르하치에 의한 여진족 통일 및 후금(후에 청나라) 건국까지는 물론 아직 멀다. 그러나 조광조 개혁 중 여진에 대한 대비책이 전무한 것 또한 기이하다고 하지 않을 수 없다.

민생과 개혁

그러나 가장 어이없는 대목은 '민생'이다. 당시 백성은 그야말로 도탄에 빠져 있었다. 세상은 반정공신들 것이었다.

조광조 개혁은 백성들에게 주자《가례》와 향약을 강제하는 대신, 양식을 주는 경로를 먼저 모색해야 했다. 물론 그는 위훈삭제를 강행했다. 그러나 권신 제거에는 실패했고 그 의도는 다분히 정치적이었다. 한마디로 이때는 정신무장 운동을 할 때가 아니고, 경제부흥 운동을 해야 할 때였다. 그러나 말 그대로 경제에 대해 그는 관심이 적었다.

이제까지 사림파들의 아니키즘을 한꺼번에 만회·극복하려는 듯 그의 관심은 '위로부터'의 정치개혁과 그것을 위한 권력투쟁에 지나치게 쏠려 있었다.

기묘사화 이후 세상 인심은 걷잡을 수 없이 흉흉해졌다. 궁궐 또한 수차례 옥사를 겪고 왕실은 외척들의 내분과 반목에 걷잡을 수 없이 휘말려들게 된다. 이 모든 것이 조광조의 탓은 아니다. 그러나 조광조의 모순적인 '정치개혁'이 중앙정가를 벌집 쑤신 꼴로 만들어놓았다는 점 또한 전혀 없다고 할 수는 없다.

어쨌거나 중종 치세가 진행되면서 유교생활과 유교의 도덕·윤리는 정착되어갔다. 인쇄술의 발달로 유교서적 편찬사업이 활발해졌다. 중종 말년에는 풍기군 백운동에 서원이 세워진다. 세운 이는 풍기군수 주세붕. 안향을 모셨다. 사설 교육기관은 고려 말 이래로 있었다. 그러나 뛰어난 선대 유학자를 모셔 정신적으로 유생들의 권위를 뒷받침해주는 서원은 이것이 최초이다.

그러나 이것은 '유교의 안정'이지 '유교적 안정'은 아니다. 정치적 불안과 함께 국내의 군사질서가 허물어지는 등 후기 사회로 이행하는 모순들이 드러나기 시작한다.

김안로(1481~1537년)와 대윤·소윤

김안로는 기묘사화 이후 발탁되어 이조판서에 오른 인물이다. 그는 아들 희가 공주와 결혼, 부마가 되자 권력을 남용, 1524년 영의정 남곤·심정, 대사간 이항 등의 탄핵을 받고 경기도 풍덕에 유배되었다. 그러나 남곤이 죽자 유배된 신분으로 대사헌과 대사간을 움직여

파블로 피카소, 〈남자와 여자〉.

심정을 탄핵, 그 이듬해에 재서용된다.

그후 그는 동궁(후에 인종) 보호를 구실삼아 실권을 장악, 정적이나 마음에 안 드는 자를 축출하는 옥사를 수차례 일으켰다. 정광필, 이언적, 나세찬, 이행 등 숱한 대신들이 유배되거나 사사형에 처해졌다.

경빈 박씨와 그녀가 낳은 왕자가 죽음을 당했고 왕실 외척 윤원로·윤원형이 실각당했다. 그는 1537년 중종의 제2계비인 문정왕후의 폐위를 기도하던 중 기습적으로 체포되어 사약을 받았다. 그러나 외척들 간의 권력투쟁이 그 뒤를 잇는다.

중종에게는 이제 두 아들이 남아 있었다. 세자 호와 문정왕후 윤씨가 낳은 경원대군. 두 왕자의 외삼촌들 사이에 암투가 전개된다. 세자 호의 외삼촌은 윤임이고 경원대군의 외삼촌은 윤원로·윤원형 형제였다. 윤임 일파를 대윤, 윤원로·원형 일파를 소윤이라 한다. 소윤은 세자를 폐하고 경원대군에게 왕통을 잇게 할 기회를 호시탐탐 노렸다. 둘 사이 암투가 갈수록 치열해지고 세상은 점점 더 흉흉해졌다.

백성들의 생활은 말이 아니었다. 흉년이 잦고 전염병이 돌았다. 가뭄으로 논밭이 타는가 하면 홍수로 논밭이 떠내려갔다. 도둑이 들끓었으며 노름이 성행했다. 오죽하면 도박엄금법을 만들었겠는가.

중종은 나름대로 최선을 다했다. 특히 중종 33년 이언적을 등용, 《논어》와 《강목》을 가르치게 한 것은 분명 조광조에 대한 그리움의 표현인 바 있었다. 기묘사화에 연루된 사림 중 '죄가 가벼운' 자들은 명예를 회복하고 생전의 벼슬을 돌려주기도 하였다.

희생양?

그러나 그의 노력에도 불구하고 문제는 고스란히 남았다. 1544년 11월 재위 39년 만에 중종은 숨을 거둔다. 세조 호가 왕위에 오르니 바로 인종(1544~1545년)이다. 나이 30세.

그는 왕 자질이 충분했다. 아니, 그의 왕자 시절은 여러 모로 세종에 버금간다. 그는 성품이 조용하고 욕심이 적었다. 효심이 깊고 우애가 돈독하였다. 특히 학문을 사랑하여 3세 때부터 글을 읽었다고 한다. 8세 때 성균관에 들어가 매일 세 차례씩 글을 읽었다. 동궁으로 있을 때는 화려한 옷치장을 한 시녀를 궁 밖으로 내쫓을 만큼 근검·절약에 철저했다. 누이 효혜공주가 어려서 죽자 이를 긍휼히 여기다가 병을 얻었다고도 한다.

배다른 형인 복성군에 대해서도 매우 우애가 깊었다. 특히 그는 중종의 병환이 위독한 지경에 이르자 반드시 먼저 약의 맛을 보고 손수 잠자리를 살폈으며, 끝내는 침식마저 잊었다고 한다.

그는 대윤의 소윤 처벌 상소를 적절하게 물리치고 내치에 힘을 쏟았다. 영의정에 윤인경, 좌의정에 유관, 그리고 우의정에 이언적, 대사헌에는 송인수……. 이 인사조치는 환영을 받았다. 특히 동방 4현 중 한 사람인 이언적은 사람들 사이에 신망이 높았고, 송인수 역시 김안로의 잘못을 간하다가 귀양간 경력이 있는 사람이었다. 인종은 현량과를 다시 두어 인재를 모았고 조광조에게 살아 있을 적의 벼슬을 돌려주었다.

그러나 그 또한 희생양이었던가. 인종은 몸이 매우 약했다. 그는 왕위에 오른 지 겨우 8개월 만에 숨을 거두고 만다. 인종에게는 아들이 없었고 윤임은 희빈 홍씨가 낳은 봉성군을 왕세자로 책봉토록 했지만 이를 물리치고 기왕의 왕세제 경원대군에게 왕위를 물렸다.

그가 명종(1545~1567년)이다. 이렇게 그는 화해를 원했던 것일까? 그러나 그의 예상은 전혀 빗나갔다. 명종이 즉위하자마자 윤원로·윤원형 등 소윤은 대윤에 대한 대대적인 피의 숙청을 감행한다. 이것이 바로 을사사화이다.

을사사화

아니, 인종대에 문제가 더 심각해졌다. 인종 치세에 사림이 기묘사화 이후 다시 정권에 참여하게 되지만, 정권에서 소외된 사림들이 소윤파에 가담했다. 외척 간의 갈등이 사림을 2분시키는 것이다.

명종 즉위 후 정권을 잡은 것은 윤원형. 대윤은 윤원형의 형 윤원로를 탄핵, 귀양을 보내는 방식으로 반격에 나섰다. 윤원형은 평소 윤임 일파에 사감이 있는 무리들을 심복으로 삼아 계책을 꾸몄다. 그러나 여기서 더욱 중요한 것은 그의 첩 난정이다. 그녀는 수렴청정중인 문정대비와 매우 친한 사이였다. 난정은 문정대비에게 대윤 일파의 '역모'를 무고하고 문정대비는 대윤파 대소탕을 명한다.

대윤은 일거에 실세와 그 사림들을 잃고 하루아침에 무너지고 말았다. 그러나 여기서 끝나지 않는다. 윤원로가 동생 윤원형에 의해 다시 처형되고 송인수 등이 대윤 잔당으로 지목되어 죽고 20여 명이 유배되는 '정미사화'가 그 뒤를 잇는 것이다. 이 사건은 전라도 양재역의 문정대비 비난 벽서 사건을 소윤파가 반대파 제거에 악용하여 발생한 사건이다.

왕세자로 추천되었던 봉성군도 화를 당했다. 그러나 거기서 끝나지 않았다. 윤원형은 이런 수법으로 사림 및 반대파를 숙청, 을사사화 이래 5, 6년 간 무려 1백여 명을 처단했다. 자, 이 어지러운 피바람을 그대로 안고 우리는 다음 장으로 넘어가보자.

한일전쟁에 이르기까지 **15장**

백성의 경제, 사회 계층,
일본군 출몰과 의적(義賊) 임꺽정

일본군이 조선 전역을 쑥밭으로 만들기 전 조선 백성
은 어떤 사회 계층구조를 이루며 어떻게 의식주를 영
위했을까? 그들은 어떤 제도 하에 놓여 있었을까? 백
성들에게 '왜구'의 잦은 출몰은 어떻게 받아들여졌을
까? 임꺽정의 난은 어떻게 진행되었을까? 전쟁의 외
인(外因)과 내인(內因)을 결합하기 위해 이 장이 마
련되었다. '조정의 판단 실수'라는 기존의 편협한 시
각을 벗어나려는 문제의식에서다.

이언적(1491~1553년)/당쟁/조선과 일본/을묘왜란/난세/황해도 백성/만남/이별/진위(眞僞)/피체/재회/보우
(1509~1565년)/정난정(?~1565년)

이언적(1491~1553년)

이언적은 조선 성리학의 맥을 잡은 사람이다. 그의 이우위설(理優位說)은 퇴계 이황에게 계승되는 영남학파 성리설의 선구가 되었다. 그는 27세 때 영남지방 두 선배학자의 논쟁에 끼어들어 주희의 주리론적 견해에서 양자 모두를 비판했다. 이 논쟁은 조선 성리학사 최초의 것으로 기록되어 있다. 그의 정치는 어떠하였던가.

그는 이조정랑 · 사헌부 장령 · 밀양부사를 거쳐 1530년 사간이 되었다. 이때 그는 김안로의 등용을 반대하다가 오히려 관직에서 쫓겨나 경주 자옥산에서 성리학 연구에 전념했다. 1537년 김안로가 몰락한 후 그는 다시 관직에 나아갔고 전주부윤으로 있을 때는 송덕비가 세워졌다. 이때 그는 조정에 〈1강10목소〉를 올려 정치의 도리를 논한다.

이 내용에는 민생에 관한 대목이 들어 있을까? 없다. 10조목으로는 가정법도의 엄숙, 국가근본의 배양, 조정기강의 정대, 인재취사의 신중, 하늘 도리에의 순응, 언로를 넓힐 것, 사치·욕심의 경계, 군자의 길을 닦을 것, 일의 기미를 살필 것……

성리학자들의 언관(言官)주의적 한계가 다시 드러나는 대목이겠다. 윤원형이 을사사화를 일으켰을 때 그는 좌찬성·판의금부사로서 선비들을 신문하는 일을 맡았지만 사화 후 스스로 관직에서 물러났다. 그는 불의와 타협하지 않으면서도 온건한 해결책을 추구하며 사림과 간신 사이에서 억울한 사림의 희생을 막으려고 노력했을 것이다. 그러나 이때 학자·중간자로서의 역할이 변변하게 있었을까.

그는 2년 후 양재역 벽서사건에 무고하게 연루되어 유배를 떠났다가 유배지에서 사망한다. 유배기간 중 저술한 책들은 조선 성리학사의 주요한 업적으로 꼽힌다.

당쟁

그는 한국 최현대사의 독재정권이 활용했던 대학 총장 출신의 총리들을 연상시킨다.

그건 그렇고, 윤원형 세도의 폐단은 1553년(명종 5년) 왕의 친정(親政) 이후에도 사라지지 않고 더욱 심화되었다. 문정대비는 막강한 영향력을 지닌 채 불교에 빠져 그나마 정사를 돌보지 않았던 까닭이다. 악정을 시정하기 위해 명종이 등용한 외척 이량은 순종하지 않는 사림을 외직으로 추방하고 심지어 대대적으로 숙청할 음모를 꾸미다가 발각되어 사약을 받게 된다.

그러나 윤원형의 세력 기반은 혈연에 한정되어 있었다. 1565년 문정대비가 죽자 윤원형 세력은 일거에 몰락하고 신진사림이 다시 정계에 복귀한다. 재야의 신진사림이 대거 등용된 것이다. 자, 그렇게 유교정치가 재현되고, 앞으로 사림들이 대체로 조선 정치를 주무르게 된다.

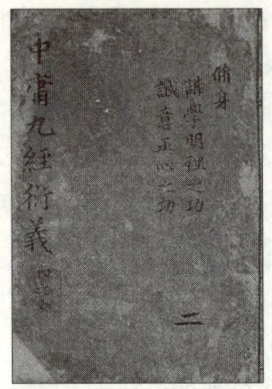
이언적 수필고본 일괄. 이들 5종의 수필고본은 정치 · 예학 · 경학 등에 중요한 자료이며
자필본이라는 점에서 그 가치가 인정된다.

그런데 이 사림이 문제였다. 그들은 모두 사림이고 모두 사화를 당한 피해자이되, 가해자가 각기 달랐다. 훈구파에 당한 사림 계열, 친왕근위파에 당한 계열, 외척에 당한 계열……. 특히 대윤에게 당한 계열, 소윤에게 당한 계열…….

가해자별로 나뉘어지는 이 계열들이 서로 갈등하게 된다. 합리적인 노선 투쟁이 희석화되고 당리당략의 당쟁 성격이 강해지는 대목이다. 우리는 그 당쟁의 정체를 명종 다음 대인 선조(1567~1608년) 때 좀더 자세히 보게 될 것이다. 그러나 그전에, 명종 때 백성들의 형편을 더 살펴보자.

조선과 일본

윤원형의 집에 뇌물이 폭주했다. 성내에 그의 집이 무려 열여섯 채, 남의 노예와 논밭을 빼앗은 것이 이루 헤아릴 수 없었다. 첩 난정은 정부인을 내쫓고 그 자리를 차지했다. 모두 문정대비의 총애 덕분이었다. 문정대비는 불교와 승려 보우에 빠져 보우를 봉은사 주지로 임명하고 궁궐에 불러들이면서 불교 진흥에 막대한 비용을 들였다.

1547년 문제의 양재 벽서 내용은 이랬다.

여자 임금이 위에서 정권을 잡고 간신이 아래에서 권력을 농락하고 있으니 이는 나라가 망할 것을 서서 기다리는 격이다.

그 예언이 맞아떨어지는 것 아닐까? 그런 생각이 만연하던 와중인 1555년(명종 10년) 5월, 전라도 남해안에서 대규모 왜변이 발발한다. 을묘왜변이다.

1547년 맺은 정미약조는 일인들의 내왕 무역에 대한 통제를 사실상 강화한 것이었다. 이 조약으로 일인들은 종전처럼 실리를 추구할 수가 없게 되었다. 일본의 국내 사정도 좋지 않았다. 무로마치(足利) 막부가 중앙통제력을 상실하면서 일본 열도에 혼란이 왔다. 특히 일본 서부 연해민들은 도요토미 히데요시가 일본을 통일할 때까지 1세기 동안 우리나라와 명나라까지 침입하여 노략질을 일삼게 된다. 을묘왜변은 그중 가장 큰 약탈 사건이었다.

을묘왜란

선박 70여 척에 나누어 탄 수천의 왜구가 일시에 전라남도 남해안을 침입했다. 이들은 파죽지세였다. 삽시간에 달량포를 무너뜨리고 이진포까지 함락시켰다.

전라도 도순찰사와 경상도 도순찰사가 원병을 몰고갔으나 여의치 않았다. 그 사이 왜구는 장흥, 영암으로 쳐들어가 마구잡이로 노략질을 벌였다. 절도사와 장흥부사가 살해되고 영암 군수가 포로로 잡힌다. 기겁을 한 조정이 호조판서 이준경을 도순찰사로 한 대대적인 관군을 파견하고서야 비로소 왜구는 토벌된다.

조정이 대마도주에 대한 무역통제를 더욱 강화하자 대마도주는 그해 10월 만행한 왜구의 목을 잘라와 사과하며 물자수송선의 증가를 간청했다. 조정에서는 대마도의 생활필수품 부족 현상을 감안, 5척을 허락해주었다.

그러나 왜구의 침입은 그 뒤로도 여전했다. 그리고 도요토미 히데요시가 일본을 통일하면서 왜구 아닌 정식 일본 관군이 한반도를 아귀처럼 덮치게 된다.

을묘왜변을 일으킨 왜구들의 군사력은 물론 만만치 않았다. 그러나 절도사 · 부사 · 군수를 잡아죽일 정도로 조직적인 군대는 아니었다. 을묘왜변은 우리나라의 혼란이 일본 못지않았음을 짧은 기간 동안 매우 과격하게 보여준다.

조정이 권신의 손아귀에서 놀아나자 수령 방백들도 제멋대로 날뛰고, 백성들의 안녕을 보살피기는커녕 착취에 혈안이 되어 있었다. 정치기강도 엉망이었다. 을묘왜변을 계기로 국방경비대인 비변사가 강화 · 상설화되지만, 돈 받고 군복무를 면제해주는 경우가 허다해졌다.

난세

그럴 수밖에 없겠다. 탐욕과 사치의 권신 전횡 체제를 지탱하기 위해서는 착취의 사슬이 절대불가결하다. 그리고 그 사슬의 최후 · 최대의 피해자는 변방의 서민들일 것이 당연하다. 전라도민들은 왜구의 약탈에 맨살가죽으로 맞섰다. 아니, 그 정도가 아니다.

재상이란 자가 멋대로 욕심을 채우고 수령이 백성을 학대, 살을 깎고 피를 말려 고혈이 다 말라버린다. 손발 누일 곳이 없는데 하소연조차 가당찮다. 굶주림과 추위가 절박한데 아침 저녁거리가 없다.

　이러한 때에 잠시라도 목숨을 잇고자 도둑이 된 것은 왕정의
잘못이지 그들의 죄가 아니다…….

대도 혹은 의적 임격정에 대한 기록을 마치면서 사관은 그렇게 썼
다. 그렇다. 실로 그 지경이었던 것이다. 조선 팔도에 도적 없는 곳
이 없었고 도적들은 날로 늘어났다.

　외척의 발호, 연이은 흉년, 관리들의 수탈. 이것이 가장 심했던 곳
이 황해도이다. 임격정은 황해도를 배경으로 성장한 대표적인 도적
이다.

　그 이유는 황해도의 위치와 산세. 황해도 사람들은 북경에 접했기
때문에 서울에 번을 서는 것 외에도 국경 수자리를 살러 가야 했다.
산세는 이중적이다. 기이한 산세는 기이한 공물 독촉을 끝없이 유발
했고 동시에 도적떼들에게 요새 노릇을 해주었다.

황해도 백성

　황해도에서 나는 토산품이나 인구는 3남 지방에 비해 형편없이 부
족하다. 그러나 진상 물품의 종류와 수량은 3남 지방보다 훨씬 더 많
고 까다로웠다. 노루가 그랬다. 몇 마리를 진상하기 위해 1백여 마리
씩을 잡아야 한다. 큰 노루가 아니면 퇴짜맞기 십상인 까닭이다. 사
슴의 경우는 더 고약하다.

　사슴은 그 무렵 거의 멸종되다시피 했는데도 진상 요구가 끊이지
않았다. 그래서 어떻게? 전에 바친 진상품을 서울 가서 사다가 되바
친다. 그것뿐인가? 번번이 까탈을 잡아 퇴짜를 놓는 하인과 관원들
을 매수해야 한다.

　'진상은 꼬챙이에 꿰고 인정은 바리로 싣는다'는 속담이 그래서 생

겨나게 된다. 그러나 정말 지독한 것은 국경 수자리. 일 년씩 번갈아 의주·강계 등지로 수자리를 사는데 수자리 수준이 멀고 가깝고 낫고 못하고 천차만별이다. 관아의 아전들은 뇌물을 받으면 가깝고 나은 곳에 보내고 그렇지 못하면 멀고 형편없는 곳으로 보낸다.

그래서 또 말이 생겨났다. '수자리 한 번 살면 몸에 남는 것이 없고, 두 번 살면 집에 남는 것이 없고, 세 번 살면 목숨 부지하기 힘들다…….' 목숨을 부지하려고 도망이라도 치면 그 책임이 가족과 이웃에까지 미쳤다.

죽지 못해 사는 경우를 제외한다면, 황해도 백성들이 '나아갈 바'는 도적밖에 없었다. 이들은 무리를 지어 밤에 횃불을 켜들고 마을로 내려와 도적질을 자행했고 이따금씩 서안을 습격해 옥문을 깨뜨리고 관아의 재물까지 빼앗았다. 그런 황해도에서 가장 세력이 컸던 도적떼가 청석골패. 그 우두머리가 바로 임꺽정이다.

만남
임꺽정은 양주 고리 백정 출신으로 힘이 천하장사에 날쌔고 용맹스러웠다. 반면 그의 형 가도치는 힘이 세기는 했으나 저능에 가까웠다.

형과 함께 양반들의 갖은 학대를 받던 꺽정은 양반을 쳐죽이고 형과 함께 동네를 탈출, 도당 몇 명을 모아 민가를 횡행하며 도둑질을 일삼았다. 그러나 곧 백성들의 고통에 동병상련, 의적으로 변모해갔다. 이럴 즈음 그는 서림이라는 미천한 선비를 만나게 된다. 아마도 서얼 출신이었을 그는 여색을 탐하고 비겁하고 간사한 행동을 일삼는 등 문제가 많은 채로 사회에 대한 불만이 가득 찬 사람이었다. 둘은 즉석에서 의기투합하고 임꺽정의 힘에 서림의 모사(謀士) 능력이 합쳐져 곧 커다란 세력을 이루게 된다.

페르난드 레제, 〈서커스〉.

황해도로 진출, 구월산 등을 본거지로 삼은 임꺽정은 경기도와 황해도 일대 관아를 습격하고 창고를 털어 백성들에게 나누어주었다. 이 일대 백성들이 임꺽정 패들을 비호해주었을 것은 당연하다. 아전들도 내통하였다. 그리고 이때쯤 협객들이 그의 휘하에 모여들기 시작한다.

임꺽정 패는 관에서 잡으려 하면 그 정보를 미리 알기 일쑤이고 설령 추적을 받는다 해도 미투리를 거꾸로 신고 달아나 행방을 감추는 등 신출귀몰하였다. 한 선전관은 구월산으로 들어가 그들을 찾다가 오히려 잡혀죽었다.

그뿐이 아니다. 임꺽정은 1559년(명종 14년) 집을 개성에 두고 개성 근방에 출몰하기 시작했다. 급기야 개성부 포도관이 군인 20명을 데리고 그의 집을 습격한다. 그러나 어림도 없는 일이었다. 습격군이 오히려 죽음을 당했던 것이다. 윤원형이 흥분하기 시작했다. 그는 수령들이 도둑잡기를 게을리하면 엄벌을 내리고 공을 세우면 후한 상을 내리는 조처를 취했다. 그러나 별로 성과가 없었다.

임꺽정은 1560년 8월부터 서울에까지 출몰하기 시작했다. 그러나 이것은 무리였다. 여기서부터는 내리막길이다. 그러나 그것은 정말 영웅적이고 호쾌한, 이제까지 사림파들에게서 느꼈던 답답함을 일거에 털어버리는 내리막길이다.

이별

서울에 출몰한 임꺽정 무리들은 관군이 동원되자 활을 쏘며 달아난다. 이때 임꺽정의 아내와 졸개 몇 사람이 잡혔다. 조정은 임꺽정의 아내를 형조 소속의 종으로 삼게 했다. 두 달 후 조정은 금교역을 통한 서울 진입로를 봉쇄하고 연도를 삼엄하게 경비한다. 그러나 임꺽정 무리들이 이번에는 평안도의 성천·양덕·맹산과 강원도 이천 등지에 출몰하여 더욱 극성을 떨었고, 이래저래 황해도 일대는 길이 막힌 상태였다.

의적이라고 했지만 임꺽정의 무리들이 도덕적인 혁명가 집단이었을 리는 없을 터. 서울에 근거지를 마련한 후로 이들은 특히 겁탈을 일삼았다. 황해도에서 빼앗은 재물을 개성에 가서 팔기도 하고 벼슬 아치의 이름을 사칭하거나 감사의 친척으로 가장, 관가를 출입하면서 정보를 알아내기도 하였다. 이 모든 것은 서림의 계략에 의한 것이었다.

그런데 이해 12월 숭례문 밖에서 엄가이라는 도둑 두목이 잡히는데, 그는 바로 서림이었다. 정체가 탄로나자 서림은 곧바로 변절, 임꺽정 무리의 향후 계획을 줄줄이 불며 목숨을 구걸했다. 장수원 전옥서를 파괴하고 임꺽정 아내를 구출할 계획, 봉산군수 이흠례를 살해하려는 계획 등등. 그는 이후 임꺽정 체포에 결정적인 역할을 하게

벽초 홍명희가 1928년 11월 21일에서 1939년 3월 11일까지 〈조선일보〉에 《임꺽정전》이라는 제목으로 소설을 연재했다. 조선시대 최대의 화적패였던 임꺽정 부대의 활동상을 그린 역사소설이다.

된다.

조정은 장수원에 모여 있던 임꺽정 무리들을 기습하는 한편 평산부와 봉산군 군사 천명으로 하여 평산 마산리를 치게 했다. 그러나 도둑 무리는 산을 따라 내려오면서 관군을 무찔렀다. 이때 관군은 부장이 전사했으며 많은 말을 빼앗겼다. 조정은 황해도·평안도·함경도·강원도·경기도에 각각 대장 한 명씩을 정해 도적잡는 책임을 지우기에 이른다.

진위(眞僞)

그러나 소용없었다. 서흥부사가 도적의 처자 몇 명을 감옥에 가두었는데 백주에 도적들이 습격을 감행하여 그들을 구출해간다. 2월이 다 가기 전에 황해도 순경사로부터 임꺽정을 잡았다는 보고가 올라왔다. 조정이 잔치 분위기가 된 것은 물론이다. 그러나 환호는 잠깐. 의금부에 끌려온 '임꺽정'을 보고 서림이 고개를 가로젓는다. 이자는 임꺽정이 아니고 그의 형 가도치이다…… 격노한 조정은 순경사를 파직하고 심문관을 옥에 가두어버렸다.

5도의 군사들이 도적을 잡으러 오가니 민심이 흉흉해지고 또 관군 물자를 대느라 백성들의 원성이 들끓었다. 무고한 사람이 도적으로 몰려 죽기 일쑤였다. 조정은 서림을 시켜 임꺽정을 꾀어내오는 쪽으로 방향을 선회한다. 그러던 중 1591년 또 한 차례 가짜 사건이 벌어진다. 의주목사가 '임꺽정 및 그 심복 하나'를 잡았는데 서림이 보니 또 아니었다. 그런데 정말 해괴한 수작이 밝혀진다.

잡혀온 두 사람은 해주 출신 군사로서 의주목사가 꼬드기는 바람에 임꺽정 등으로 자복한 것이었다. 기강이 정말 형편무인지경 상태였다고 하겠다.

그 다음달 임꺽정 일당은 해주에서 평산으로 들어와 대낮에 민가 30여 호를 불태우고 많은 사람들을 죽였다. 이 사건으로 임꺽정 무리의 의적성은 완전히 소진된다. 조정은 서림을 통해 유인하는 방식을 버리고 대대적인 토벌대 파견 및 검문검색 작전으로 재돌입했다.

피체

황해도 토포사로 남치근, 강원도 토포사로 김세한을 임명, 정예병을 딸려보낸다. 이중 남치근은 왜구 퇴치에 혁혁한 공을 세운 명장이다. 조정은 곧이어 개성과 평양 성내를 샅샅이 뒤지게 하고 서울 동대문·남대문에 수문장 수를 늘렸다.

그리고 날짜를 정해 새벽부터 일시에 수색케 하였다. 아주 사소한 죄를 지은 사람들조차 모두 달아났고 달아나는 자를 잡아 도적으로 족치니 서울은 온종일 호곡소리가 넘쳐났다. 심지어 시장을 폐하고 관청 업무도 모두 중단케 한 적도 있었다. 대신이 사망했을 때말고는 없던 조처였다.

하지만 이러한 조처가 오래 갈 수는 없었다. 군역을 피해 도적에 가입하는 자들이 폭발적으로 늘어나자 수색은 금지된다. 그리고 황해도에는 전세 전부를, 평안도에는 전세 절반을 탕감케 하는 민심 달래기 정책도 실시되었다.

그러나 황해도·평안도 백성들의 형편은 오히려 더욱 악화되어갔다. 남치근의 군대는 정말 많은 도적을 잡아들였다. 그러나 토벌군이 오래 주둔하게 되면서 백성들의 갖은 원성이 들끓었다. 불만은 토벌군 사이에도 번졌다.

황해도와 평안도는 고려시대 이래 화척들이 가장 많이 살았던 곳. 양수척·무자리라고도 하는 그 화척들이 바로 임꺽정과 같은 백정의 조상들이다. 이 지역에 난이 일어난다면 조정은 감당키 어려울 것이었다. 조정은 임꺽정 잡는 일을 평안도·황해도 감사와 병사에게 맡기고 토포대를 귀경토록 조처한다. 그런데 바로 이즈음, 임꺽정이 잡히게 되었다.

남치근이 서흥에서 임꺽정을 잡았다는 보고를 올린 것은 해를 넘긴 1562년 정월이었다. 이때 서림도 남치근과 함께 있었다.

재회

남치근이 진을 설치한 곳은 재령 땅. 임꺽정은 세가 불리함을 깨닫고 구월산으로 깊숙이 들어갔다. 그러면서도 요소요소에 부하들을 배치하였다. 남치근 부대는 산을 올라가며 그들을 죽이고 계속 수색을 벌이는 강공책을 썼다.

마침내 임꺽정은 골짜기를 넘어 도망쳐 민가로 달아난다. 남치근 부대는 민가를 샅샅이 뒤졌다. 포위망이 코앞까지 좁혀오자 임꺽정은 주인 노파를 위협하여 '도둑이야!' 하고 소리치며 뛰어나가게 한 후 곧바로 칼을 빼고 뛰어나오면서 자신이 도적을 쫓는 척하였다.

도둑이 저쪽으로 달아났다…… 군졸들이 엉겁결에 임꺽정이 가리키는 방향으로 발길을 돌리고 임꺽정이 그 틈을 타서 군졸의 말을 하나 집어타고 달아나는데, 때마침 서림의 눈에 그 모습이 잡혔다.

저, 저놈이 임꺽정이닷!…… 천하장사에 의적 기질이 다분했던 대도 임꺽정과 허약한 지식인 변절자 서림은 그렇게 재회했다. 잡혔을 때 임꺽정은 몸을 크게 다친 상태였다고 한다.

임꺽정은 조정에 이름이 알려진 지 3년 만에 붙잡혀 15일 만에 죽었다. 그가 죽고 난 후 명화적(明火賊)들이 그를 의적으로 떠받들게 된다. 명화적이란 조선 중기 이후, 특히 임진·병자 양란(兩亂) 이후 지방에서 극성을 떨쳤던 농민·유랑민 출신의 도적떼이다.

그것이 아니라도 임꺽정을 둘러싸고 많은 설화가 생겨나는데, 이 모든 것을 집대성한 것이 아직도 현대 장편소설 문학의 최고봉으로 평가받는 벽초 홍명희의 동명 작품이다.

임꺽정이 죽은 지 3년 후 문정대비가 죽자 윤원형의 권력은 속절없이 무너졌다. 권력을 휘두른 지 20년 만이다. 그는 귀양에 처해졌고 유배지에서 '정경부인' 난정과 함께 스스로 목숨을 끊었다.

보우(1509~1565년)

문정대비의 신임을 한몸에 받았던 승려 보우는 유림들의 잇따른 배불 상소에 밀려 승직을 박탈당하고 제주도로 귀양갔다가 피살되었다. 보우는 한마디로 매우 불행한 승려였다.

보우는 금강산 일대 장안사·표훈사에서 수련을 쌓고 학문을 닦다가 6년 동안의 정진 끝에 마음을 자유롭게 하는 법력을 얻은 고승이다. 그는 유교에 대해서도 조예가 깊었고 유명한 유학자들과 깊이 사귀었다. 특히 재상 정만종과 친했는데, 그가 보우를 문정대비에게 소개했다. 문정대비는 보우의 인품과 넓은 도량에 깊은 감동을 받게 된다. 봉은사 주지로 부임한 후 보우는 유교법으로 유생을 쳤다.

선왕의 능에 침입하여 난동을 부리고 물건을 훔친 유생을 《경국대전》에 적힌 법규대로 처벌케 했던 것이다. 이것은 당연히 유생과 보우의 대립을 불러왔다. 보우는 봉은사와 봉선사에 방을 붙여 잡인의

크리스티안 롤프스, 〈두 무용수〉.

출입을 금지시킴으로써 유생의 횡포를 막는다.

　이것은 조선시대 들어 처음 있는 일로서 유생들의 격렬한 반발을 사게 되고, 문정대비의 비호를 받은 보우와 유생들 사이에 치열한 암투가 전개되었다. 어쨌거나 봉은사·봉선사의 선례를 따라 전국의 사찰이 방을 붙였고, 보호를 받게 되었다.

　1550년 선·교 양종을 부활시킨 보우는 이듬해에 승과를 설치한다. 이 승과를 통해 휴정·유정이 발탁된다. 이 둘은 임진왜란 때 승병을 일으키는 고승들이다. 유생들의 상소가 끊이지 않았다. 그가 양종을 부활시킨 후 그를 처벌하라는 상소가 6개월 동안 무려 423건이 올라왔고 역적 보우를 죽이라는 계가 75건이나 되었다. 그러나 보우는 '지금 내가 없으면 후세에 불법이 영원히 끊길 것'이라는 일념으로 불교중흥을 밀어붙였다.

　종단이 안정되자 주지를 사임했으나 종단에 자리다툼이 일자 다시 주지직책을 맡았고, 사원을 불법 증축한 사건에 휘말려 물러났다가 다시 복직했다. 그러다가 문정대비와 자신의 죽음을 연이어 맞게 되는 것이다.

정난정(?~1565년)

윤원형과 함께 자살한 정난정은 어떤 여자인가? 어머니는 관비 출신. 정난정 또한 관비였으나 스스로 윤원형에게 접근, 그의 첩이 되었다. 그녀는 곧이어 문정대비에게 접근한다.

을사사화를 통한 윤원형 집권의 결정적인 공신이 그녀였음은 앞서 말했다. 윤원형 집권 이후 그녀는 더욱 문정대비의 환심을 사서 궁중에 무상출입하더니, 1551년(명종 6년) 정실 김씨를 축출하고 윤원형의 적처로 들어섰다.

그리고 곧이어 그녀는 김씨를 독살하고 정경부인의 작호를 받았다. 그녀는 보우와도 밀접한 관계를 맺고 불교진흥에 큰 역할을 했고 상권을 장악, 모리행위를 하기도 했다. 윤원형과 함께 유배지에 있던 중 김씨 부인 독살 사건이 탄로나자 그녀는 스스로 사사될 것을 알았다.

'금부도사가 오면 알려다오…….' 그녀는 그렇게 집안 노비에게 일렀다. 금부도사가 금교역을 지날 때 노비가 이를 알리자 그녀는 윤원형과 함께 독을 마셨다. 그녀가 자살을 주도한 것이다.

정난정은 물론 탐욕에 가득 찬 가증스러운 요부이다. 그러나 여걸이기도 하다. 그녀는 천출에 여성이면서 그 두 가지 신분조건을 모두 극복했고 일세를 풍미했다. 문정대비뿐 아니라 윤원형조차 그녀의 치맛바람에 놀아났다고 해도 과언이 아니다.

정난정의 생애는 조선시대 유교 사회의 뿌리 깊은 두 가지 폐단, 신분적·성적 폐단을 역설적으로 보여준다. 어떻게 보면 외척의 문제 자체가 유교적인 여성 천대의 왜곡된, 그러나 당연한 결과 아닐까? 고려시대와 조선시대의 외척 문제는 그렇게 사회적으로 구별되는 것 아닐까? 이제 근엄하고 고매한 유학자들이 등장하므로, 우리는 의문을 늘 배경으로 두어보자.

명종은 을사사화 때 희생된 자들을 모두 복권시키고 사림을 대대적으로 기용했다. 그는 제일 먼저 퇴계 이황을 불렀다. 이때 이황의 나이, 67세! 그는 여태까지 무얼 했을까? 명종은 곧 죽고 선조 치세(1567~1608년)가 열린다. 임진왜란의 치세이다.

철학논쟁과 정치붕당, 그리고 예술 16 장

퇴계 이황에서 율곡 이이까지
-황진이를 배경으로

선조 즉위년은 도요토미 히데요시가 일본을 통일한 바로 그해이다. 우리는 그것을 염두에 두고 두 철학자를 따라가보자. 주리론(主理論)자 퇴계와 주기론(主氣論)자 율곡을 중심으로 조선 성리학은 대대적인 이기(理氣) 논쟁에 휘말려든다. 그리고 그 와중에 송대 성리학 수준을 뛰어넘어버린다. 하지만 문제는 없는가?. 이 둘의 문하들은 각각 영남학파와 기호학파로서 철학 지도를 양분케 된다. 동시에 철학논쟁이 쓸모없는 공리공론으로 전락, 붕당정치를 초래하기도 한다. 그런 채로 임진왜란이 온다. 이 장의 핵심 내용은 철학과 정치의 분리, 즉 정치·경제학의 파탄 여부가 될 것이다. 그 배경으로는 앞장의 정난정을 뒤집어 황진이가 여러 모로 좋을 것이다.

서얼금고(庶孼禁固)/이(理)와 기(氣)/열림과 조화/서경덕(1489~1546년)의 애인/시 두 편/또 한 편/어진 성장/김안국(1478~1543년)과 김인후(1510~1560년)/관직과. 논쟁/ '에서'와 '의', 기대승(1527~1572년)/주리(主理)와 주기(主氣)/정치와 철학/신세대. 주리론까지

서얼금고(庶孼禁固)

첩의 자식과 그 자손의 관직 진출을 제한하는 서얼금고법이 확정된 것은 《경국대전》 편찬 전후이다. 고려시대 말기로 접어들면서 처를 여럿 거느리는 풍습이 유행했다. 그런데 유교에서는 일부일처가 원칙이다. 정실 한 명을 제외한 다른 여자는 엄격하게 첩으로 구분되게 된다. 여러 처들이 누가 정실이냐를 놓고 심각하게 싸우고 정실이 첩을 적대시하는 경향이 생겨난다. 물론 더 근본적인 이유가 있다.

고려 말에도 처음부터 첩으로 맞아들이는 경우가 있었는데, 이때 첩은 대체로 천한 노비 출신이었다. 천첩 소생의 출세를 제한하는 것은 양천(良賤) 신분제로 보아 당연한 일이었다.

태종대에 국가의 역(役)을 맡길 인력 확보를 위해 아버지 신분을 따라 첩의 자손도 양인이 되게 해주는 제도가 생겨난다. 그러나 이 제도는 결과적으로 서얼 제한을 더 구체화시켰다. 천첩 출신 '양인'을 일반 양인과 구별해야 했던 것이다. 천첩 출신 양인은 군역도 일반 양민과 다르게 정해졌고 군역을 마친 후 오를 수 있는 벼슬길도 제한받게 된다.

1477년(성종 8년), 재가한 여자의 자손도 차별하는 논의가 있을 무렵, 서얼의 과거응시 자격 자체를 박탈하는 등 차별은 갈수록 심해졌다. 첩 소생은 서, 천첩 소생은 얼이라고 한 것 자체가 그 점을 웅변한다. 얼이란 그루터기에서 난 새싹.

죄를 짓고 패가망신한 여자가 요행히 고귀한 남자를 만나 낳은 자식이라는 비유이다. 《경국대전 주해》 편찬시기 전후에는 서얼 출신 명사들이 적지 않았다. 《패관잡기》를 지은 어숙권을 비롯, 조신, 송익필, 양사언, 양대박 등 도학이나 문장, 충의에 뛰어난 인사들이 모두 서얼 출신이다.

그러므로 서얼에 대한 차별을 철폐해야 한다는 주장이 조정에서도 논의되기 시작한다. 조광조가 이미 통용을 제안했고 명종대에는 양첩손들이 직접 상소를 올려 문무과 응시 허용을 촉구한다.

이(理)와 기(氣)

송대 성리학의 이기론(理氣論)은 인간과 세계 사물을 존재론적인 측면에서 해명하려는 이론이다. '기(氣)'는 어떤 요소를 구체적으로 구성하는 요소이고, '이(理)'는 그 존재를 존재이게 하는 원리이다. 이는 법칙·원리·이치·도리 등 일체의 법칙성을 말한다.

이의 법칙성은 형이상(形以上)으로서 소이연(所以然), 즉 '그렇게 되는 까닭'이기도 하고 소당연(所當然), 즉 '마땅히 그래야 하는 것'이기도 하다. 기는 형이하(形以下)로서 질료 혹은 형질인데, 전문용어로는 음양(陰陽)과 오행(五行, 물·불·나무·쇠·흙)이다.

그리고 구체적으로는 경중(輕重)·청탁(淸濁)·수박(粹駁)하다. 또한 기는 운동하며 생멸하고 다하는 성질도 있다. 우주의 모든 현상은 이와 기로 구성되었고 생성되고 있다. 이와 기는 둘이 하나이고 하나가 둘이며 떨어질 수 없고 뒤섞여 있을 수 없다.

무형과 유형, 형식과 내용, 형이상과 형이하, 이상과 현실, 명분과 실제, 이성과 감성, 상부구조와 하부구조, 정치와 경제, 철학과 자연과학으로 무수히 변주될 수 있는 이와 기의 '관계'를 어떻게 파악할 것인가? 이것이 이기론의 핵심 쟁점이다.

반면 사단칠정론은 인성론(人性論)적으로 해명하려는 노력. 사단은 선이 발생할 만한 네 가지 단초로서 측은지심 · 수오지심(羞惡之心, 악을 부끄러워하는 마음) · 사양지심 · 시비지심(옳고 그른 것을 가리는 마음)이다.

이것은 각각 인(仁) · 의(義) · 예(禮) · 지(智)의 착한 본성(德)에서 나오는 것이다. 이 사단설은 인간의 본성은 착하다는 맹자의 성선설의 근간이다. 칠정은 희(喜) · 노(怒) · 애(哀) · 락(樂) · 구(懼) · 애(愛) · 오(惡) · 욕(慾). 칠정은 결국 인간심리의 숨김없는 현실태이다.

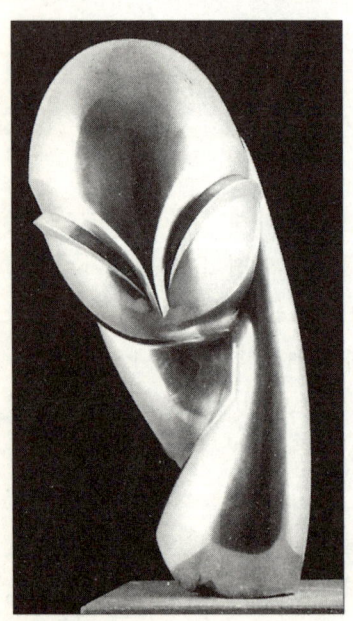

콘스탄틴 브란쿠시, 〈포가니 양〉.

사단과 칠정은 별도로 주장된 것인데 송대 성리학이 성립되면서 사서(四書, 논어 · 맹자 · 중용 · 대학)를 중요시하는 학풍으로 바뀌고, 맹자의 사단설이 중시되면서 그것에 대립되는 칠정을 논의하게 된 것이다.

이황과 이이는 이기론과 사단칠정론을 중첩시키면서 세계 성리학사 최대의, 그리고 최고 수준의 논쟁을 벌이게 될 것이다. 자, 이것만도 복잡한데, 이 철학논쟁과 서얼금고를 억지 상관시켜 배경을 깔아보자. 그것은 이제껏 가장 아름다운 문학의 배경이다.

열림과 조화

> 동짓달 기나긴 밤을 한 허리를 버혀내어
> 춘풍 이불 아래 서리서리 넣었다가
> 어론 님 오신 날 구비구비 펴리라

'기나긴 밤'이라는 시간의 사물·공간화, 다시 '넣었다가'의 시간화, 그리고 '구비구비 펴리라'의 시·공 결합, 그것이 장식하는 님에 대한 그리움과 살섞음의 육감. 전자가 후자를 전혀 궁상맞지 않게, 매우 감각적이면서도 격조높게 환기시킨다.

정말 절묘한 조화라고 하지 않을 수 없다. 장치와 내용의, 내용과 기법의, 이성과 육감의, 그리고 마침내 시간과 공간의 절묘한 조화. 그것으로 열리는 예술적인 세계의 시간과 공간…… 이 시가 중종대에 정말 쓰여졌단 말인가. 예술은 설명하지 않고 포괄한다. 그리고 그 포괄 속으로 제 몸을 열고 스스로 새로운 시간과 공간의 통로가 되는 것이다.

이 시를 지은 사람은 황진이. 그녀 또한 서얼 출신으로 생존연대가 확실치는 않지만, 중종 때 사람이고 아주 일찍 죽었을 것이다. 그녀 아버지는 황진사. 어머니는 그 첩이었다.

그녀는 매우 아름답고 총명했으며, 어릴 때부터 예술적 재능을 보였다. 그녀가 15세 때 동네 총각이 그녀를 흠모하다가 상사병으로 죽었는데 상여가 그녀의 집 앞에서 멈추고 가지 않자 속치마를 덮어서 보내고 그녀 자신은 기생이 되었다 한다. 오로지 예술혼으로써 모든 제약을 훌훌 털어버린 것이다. 기생이 되어서는 가창과 서사에도 정통하고 시가에도 능했다.

그녀는 생불(生佛)로 칭송받던 지족선사를 유혹하여 파계시키고 벽계수와 연애를 하는 등 행동이 자유분방하고 권위 파괴적이었다. 그러나 그녀가 진정 사랑한 사람은 유학자 서경덕이었다.

서경덕(1489~1546년)의 애인

서경덕은 지족선사와 달리 고고한 척하지 않고 자연스럽게 그녀를 맞았다. 그녀는 그의 남성기(男性器)까지 만져보았다. 그러나 그는 자연스러움 자체였으므로 유혹에 넘어가지 않았다. 황진이는 서경덕의 제자가 되어 당시(唐詩)를 배우고 그후에도 이따금씩 거문고와 술상을 들고 찾아가 한데 어울렸다고 한다. 그녀에게는 그것이 진정한 사랑이었다. 둘 사이에 위의 시말고 무엇이 더 필요하겠는가.

서경덕은 어떤 사람인가. 그의 어머니는 공자의 사당에 들어가는 꿈을 꾸고 그를 잉태했다. 14세 때 《서경》을 배우다가 태음력에 의문나는 점을 직접 해명했고, 18세 때 《대학》을 읽다가 '먼저 사물의 이치를 알지 못하면 글을 읽어 어디에 쓰리오'라고 탄식하면서 천지만물의 이름을 벽에다 써놓고 궁극에 도달하려 힘썼다.

19세에 결혼했고 31세 때에 조광조 현량과에 응시하도록 수석으로 추천을 받았지만 사양하고, 개성에 화담 서재를 세우는 등 연구와 교육에 힘썼다. 이기론에 대한 그의 입장은 기 일원론이다. 그는 기의 본질을 태허(太虛)라 했다.

생성하고 소멸하는 모든 것은 무한히 변화하는 기의 율동이다. 기는 모이고 흩어지는 운동은 하지만 기 그 자체가 소멸되지는 않는다……. 에너지 불변 법칙의 철학판인 그의 '일기장존설(一氣長存

작자미상, 〈미인도〉.

說)'이다.

기 밖에 이가 없다. 이란 기의 주재(主宰)이다. 그러나 밖에서 주재하는 것이 아니라 기의 움직임이 그러하므로 정당성을 갖는 주재이다……. 그의 기는 생사를 초월하며, 그러한 기 속에서 죽고 사는 것은 형식일 뿐 불교의 적멸은 없다.

그의 호방하고 자유분방한 기철학은 황진이의 예술과 얼마나 잘 어울리는가. 서경덕과 황진이의 관계 이야기는, 유교와 예술이 그렇게 어울리기를 바랐던 민심의 무의식적인 희망이 형상화한 결과 아니겠는지. 그는 43세에도 어머니의 요청으로 생원시에 장원급제했으나 벼슬을 단념했고, 13년 뒤 김안국 등의 추천으로 관직에 임명되었지만 다시 사양했다.

서경덕·박연폭포·황진이를 송도 3절이라고 한다. 이기론의 엄격하고 정치하며 폐쇄화될 것이 운명인 이론논쟁에 비하면 정말 확 트인, 자연 그 자체의 아름다운 조화라고 하겠다. 아니, 열림이야말로 조화의 내용과 형식일지 모른다.

시 두 편

숲 속 정자에 가을이 이미 늦어
글 읽는 마음 다할 길 없다
먼 물빛 하늘에 닿아 푸르고
서리 맞은 단풍 햇볕에 붉게 타누나

산은 외로운 달 둥글게 솟고
강은 끝없는 바람 속을 흐른다
아, 어디로 가는 기러기

처량한 울음소리 구름 속에 사라져

이율곡이 8세 때 썼다는 시이다. 서경과 서정을 넘나드는 솜씨도 가히 천재라 하겠지만, 그것보다 율곡의 '사장(詞章)' 능력이 그를 어떤 유교 정치·철학자로 키울 것인가? 그런 질문이 우선 떠오르리라.

이황은? 이이가 24세 나이로 칠순이 넘은 이황을 처음 찾아갔을 때 나누었다는 두 편의 시가 전한다. 이이는 이황을 만나 학문과 나라의 장래에 대해 밤늦도록 토론하다가 감동하여 이렇게 지었다.

시냇물 수사 물줄기에서 갈리고
봉우리는 무이산에서 솟은 듯
재산은 오직 경서 천 권뿐
집은 서너 칸 초가집

회포는 보름달처럼 환하고
말과 웃음, 성난 물결로 그치게 하네
제가 찾은 것은 배우기 위한 정성일 뿐
반나절 놀기 위함이 아니라

수사는 공자가, 무이산은 주자가 각각 공부하던 곳이다. 앞 시에 비해 많이 경직되었지만 즉흥으로, 또 예의를 갖추기 위해 쓰여졌다는 것을 감안하면 예술가 본연의 '비유에의 의지'는 여전하다.

또 한 편
그런데 이황이 화답으로 지은 시 한 수는 전혀 다르다.

병(病)에 갇혀 봄을 못 보았는데
그대가 와서 마음 시원히 뚫린다
비로소 좋은 선비 있음을 알고
종래의 내 잘못 뉘우친다

귀한 곡식은 해로운 풀 용납치 않는다
맑은 거울 티끌을 물리친다
지금의 기쁨 글로 다할 것 아니라
더욱 공부해서 나날이 새로 친할 일

이 작품은 매우 교훈적이고 딱딱하며 형식적이다. 비유가 아니라 속담이 동원된다. 한마디로 시적인 대목이 전혀 없다. 과연 이것으로도 이황이 조광조의 후예임을 알겠다.

이 당시 이황은 이미 학문과 인격이 원숙하여 말 그대로 맑은 거울 같았다고 한다. 이이는 젊은 나이에 혈기가 왕성했겠다. 그러나 그것만은 아니다. 학문적인 경향과 기질 자체가 근본적으로 다른 것이다.

둘은 50년 가까운 나이 차로 만나 서로 서신을 왕래하며 우의를 쌓았고 서로에게 배웠다. 이것은 다행이었을까, 불행이었을까? 동년배로 만났다면 어떻게 되었을까?

매우 격렬한 토론을 했겠지만 철학투쟁이 당쟁으로 전락하는 것을 상당 부분 막을 수 있었을 것이다. 둘은 그만큼 사심이 없었고 인품에 각각의 고매한 철학 그 자체가 새겨져 있었다. 각설하고, 이황부터 시작하자.

월프레도 람, 〈정글〉.

어진 성장

그가 생후 7개월일 때 아버지가 죽었다. 어머니는 후실이었다. 하지만 그녀는 인자하고 현명한 부인이었다. 그녀는 이황에게 '사장'을 멀리하고 '예'를 다하게끔 가르쳤다. 글줄이나 외우고 짓는 것만을 일삼아서는 안 되고 몸가짐을 단정히 하며 모든 행동을 예의바르게……. 그녀의 영향력은 이황의 평생 동안 유지된다.

그러나 그는 천성이 워낙 어질기도 했다. 이런 이야기가 전한다. 8세 때 형이 칼을 쓰다가 손을 베었는데, 피가 흐르는 것을 본 어린 그가 형을 껴안고 울음을 터뜨린다.

어머니는 기가 막혔다.

"아니 정작 형은 울지 않는데, 왜 네가 우느냐……."

대답이 걸작이었다.

"형이 울지는 않지만 저렇게 피가 나는데 얼마나 아프겠습니까……."

아들에 대해 온 정성을 쏟던 어머니가 걱정한다.

"너는 어질기만 해서, 조정의 높은 벼슬을 하면 안 되겠구나. 시골 원님쯤이면 모를까. 그렇게 어질기만 해서야……."

어머니의 걱정은 대체로 들어맞았다. 이황은 제대로 된 벼슬을 오래 한 적이 없다.

12세에 작은아버지에게 《논어》를 배웠고, 14세부터 혼자 독서하기를 즐겼다. 이때 그는, 아니 그도 문학에 심취한다. 도연명의 시와 사람됨에 흠뻑 취하는 것이다. 이때가 조광조 개혁이 시작되던 때이니, 묘한 일이라 하지 않을 수 없다. 조광조 개혁이 실패로 끝나고 기묘사화의 혼란이 잦아들 즈음, 그는 도연명에 대한 열병에서 벗어나 《주역》 공부에 몰두한다. 《주역》은 사장과 경학 사이의 매개쯤 되리라. 그는 공부에 지나치게 몰두하여 건강을 해쳤고, 이후로 내내 잔병에 시달리게 된다.

김안국(1478~1543년)과 김인후(1510~1560년)

이황은 27세에 진사시에 합격했고 관직에 나아가기를 바라는 어머니의 소원에 따라 성균관에 들어간 이듬해 사마시에 급제했다.

그는 5년 후 다시 성균관에 들어가는데 이때 김인후와 교유하면서 《심경부주》를 입수, 크게 심취하게 된다. 그리고 이듬해에는 귀향 도중 김인후의 스승 김안국을 만나 크게 영향을 받았다.

김안국은 조광조·기준과 함께 김굉필의 문인으로 도학파이다. 경상도 관찰사로서 조광조 개혁을 적극 시행하다가 기묘사화 때 겨우 화를 면하고 파직당하는 데 그쳤다. 이황을 만났을 때 그는 예조판서였다.

이황이 사장을 버리고 도학에 전념하는 데는 그가 결정적인 역할을 했을 것이다. 왜냐하면 김인후는 시문이 10여 권이나 되는 반면 도학에 관한 저술은 많지 않다. 또 김인후는 이황보다 14년 후배였지만 김안국은 23년 연상 선배였던 것이다.

김인후는 1543년 세자의 스승이 되자 기묘사화 때 희생된 유학자들의 원한을 개진할 정도로 용감하고 적극적이었지만 을사사화가 일어나자 정치에 환멸, 병을 이유로 귀향하고서는 다시 나오지 않았다. 1554년까지 여러 직에 제수되지만 그때마다 사직하고 나아가지 않았다. 그는 훗날 이황의 주리론에 반대한 기대승의 주정설(主情說) 형성에 큰 영향을 끼치게 되는데 역시 문사답다 할 것이다.

그러나 다른 면도 있다. 그는 성(誠)과 경(敬)을 강조했다. 마음이 일신을 주재하지만 기가 섞여 마음을 밖으로 잃게 되면 주재자를 잃게 되므로 경으로써 이를 바르게 해야 한다……. 그는 천문·지리·의약·산수·율력에도 정통했다. 그의 제자 중 가장 유명한 사람은 정철. 그는 일세를 풍미한 시인이었지만, 정치철학이 없고 당쟁을 일으키기 일쑤였다.

관직과 논쟁

이황은 34세에 문과에 급제하면서 관직에 첫 입문했다. 그러나 3년 후 어머니가 돌아가셔서 3년 간 상을 치렀고, 39세에 홍문관 수찬이 되었으나 곧 사가독서에 임명되었다. 그러나 중종 말년 정치가 어지러워지고 환멸한 김인후에게 영향을 받아 그도 산림에 은거할 뜻을 굳히게 된다.

1544년 10월 성균관 사성으로 승진되자 그는 성묘를 핑계로 휴가를 요청, 귀향했다. 그리고 그 이듬해 을사사화 후 모든 관직을 사퇴했다. 그 이듬해에 낙동강 상류 토계의 동암에 암자를 짓고 구름과 학을 벗삼아 독서에 전념했다. 그러나 자꾸 임관의 명이 떨어진다. 그는 영영 퇴거하기는 불가능한 것을 알고 아예 외직을 희망하여 중앙 관계를 피하는 방식을 택했다.

이때가 48세. 그는 경상도 풍기 군수로 눌러앉는다. 이곳은 주세붕이 백운동서원을 지어놓았던 곳. 그는 편액과 서적, 그리고 학전을 하사해달라고 청원, 실현을 보게 되었다. 이것이 최초의 사액서원인 소수서원이다.

이황은 일 년 후 풍기 군수 자리마저 버리고 다시 구도생활에 빠졌다가 52세(1552년)에 성균관 대사성으로 취임했다. 이때 그의 학문은 원숙기에 접어든 상태였다. 집필활동이 활발해졌다. 53세에 정지운의 《천명도설》을 개정하고 후기를 붙였다. 이 작업에서 이황은 정지운이 쓴 '四端發於理 七情發於氣'를 '四端理之發 七情氣之發'로 수정하였다.

'사단은 이에서 나오고 칠정은 기에서 나온다'를 '사단은 이의 발함이고 칠정은 기의 발함이다'로 바꾼 것이다. 무슨 차이지? 그런데 바로 그 차이가 대논쟁의 출발점이 되는 것이다.

'에서'와 '의', 기대승(1527~1572년)

이황의 문하 기대승(그는 이이보다 아홉 살 위이다)이 편지로 반론을 보낸다.

사단과 칠정은 서로 대립적인 것이 아니다. 사단은 칠정의 좋은 면이니, 사단을 이발(理發)로 칠정을 기발(氣發)로 대립시키는 것은 불가하다. 사단과 칠정이 모두 이기의 결합에 의해 생겨나는 것인데, 그렇게 맞세우면 결국 '이'와 '기'가 서로 떨어질 수 없다는 대원칙에 어긋나는 것이 아닌지…….

실로 예리한 분석이었다. 이황은 이렇게 대답하였다.

최초의 사액서원인 소수서원.

　이와 기가 서로 떨어질 수 없다는 원칙은 맞지만, 그와 동시에
사단과 칠정이 어디서 나왔으며 무엇을 중점적으로 가리키는가
를 음미하면 사단과 칠정을 각각 이와 기에 귀속시키는 것이 반
드시 잘못은 아니다……

　성리학 체계에서 이 견해는 일반적인 것이므로 이황의 수정은 전혀
자의적인 것은 아니었다. 7년에 걸쳐 진행된 논쟁과정에서 이황은
《주자어류》란 책을 발견했는데, 거기에 바로 '사단은 이의 발이고, 칠
정은 기의 발이다'라는 구절이 있기도 했다.
　하지만 문제는 더 심각한 데 있었다. '발'은 《중용》에서 사용한, 희
로애락이 '발'하기 이전을 '중(中)'이라 하고 '발'한 후 모두 절도에 맞
는 것을 '화(和)'라고 하는, '중'과 '화' 사이의 매개·운동 개념이다.
　그런데 이 '발'을 이기 개념에 적용하면, 이 무위(無爲), 기 유위
(有爲)라는 기본원칙이 파괴된다. 이 모순은 성리학의 개념 전체로
파급된다. 이황은 이렇게 수정한다. '사단은 이발인데 기가 따르는

것이고, 칠정은 기발인데 이가 타는(乘) 것이다……'

주리(主理)와 주기(主氣)

이 수정은 그가 문제의 핵심인 사단이발을 끝까지 고수했다는 점을 더욱 두드러져 보이게 한다. 이황의 이론을 이기호발설(理氣互發說)'에 근거한 주리론으로 부르는 까닭이다.

이 이기호발설은 이황의 제자 성혼(1535~1598년)에게로 이어졌고, 이이는 기대승의 견해에 동조하면서 논쟁에 끼여든다. 그의 견해를 들어보자.

이는 활동성과 작용성을 갖지 않는데 어떻게 이가 발하겠는가. 사단과 칠정은 모두 정(情)이고 발하는 것은 기이며 발하게 하는 까닭이 이이다.

이것이 이이의 기발이승일도설(一途說)이다. 이황의 주리론에 맞선 주기론인 것이다. 이황의 수정에 의해 촉발된 이기 논쟁은 당대의 유학자들을 모두 흡수하면서 대폭발, 이황 ― 영남파의 주리론과 이이 ― 기호파의 주기론의 양대산맥을 정립시켰다. 주리론과 주기론의 대립은 그후로 내내 지속된다.

그럴 수밖에 없겠다. 이기 논쟁은 그 본질상 끝날 수 없는 논쟁이다. 다만 아쉬운 것은 실천의 대목이다. 주리를 논한들 실천하지 않으면 깊어지지 않는다. 주기를 논한들 실천하지 않으면 허명의 주기일 것이다. 물론 이론적 실천이라는 것이 있다. 그러나 그것은 현실을 객관적이고 좀더 포괄적으로 종합하려는 의지의 산물이지 이론 그 자체에 대한 색탐과는 무관한 것이다.

이들 유학자들은 모두 관직에 있었거나 있을 기회가 있었다. 하지만 대체로 이황의 주리론자들은 은둔과 수양을 지향했고, 이이의 주기론자들은 현실참여파가 많았다. 그러나 거꾸로여야 했던 것이 아닌가?

정치와 철학

주리론은 정책적인 실천을 통해 좀더 깊어지고, 주기론은 이론적인 실천을 통해 좀더 깊어져야 했던 것 아닌지? 그랬다면 이기논쟁은 역사상 가장 우수한 정치와 철학의 결합을 보여주었을 것이 아닌지.

그 이론과 실천의 전도(轉倒)가 철학이 없는 사장파와 사장이 없는 철학파 간의 공리공론을 몰고 오고, 결국 내용 없는 당파·붕당 정치의 근본 원인이 된 것 아닌지. 이 논쟁이 진행되는 기간은 윤원형 세도정치의 말기였다는 점을 감안하면 더욱 아쉽다.

어쨌거나 이제 관심은 이이에게로 넘어가게 되는데, 그전에 이황을 보내자. 그는 60세 때 도산서당을 짓고 이후 이기논쟁을 주도하면서 조선과 송대의 성리학을 두루 섭렵했고 자신의 학문을 역대 최고의 경지로 끌어올렸다.

왕이 수차례 간곡히 불렀으나 응하지 않았는데, 윤원형이 처단되고 2년 후 명 황제의 사절이 오게 되자 조정의 간절한 부름에 응해 입경했다. 그때 그는 67세. 그런데 명종이 돌연 죽고 만다.

이황은 선조의 간곡한 부탁에 못 이겨 68세의 고령으로 대제학을 맡으며 6개 조항의 상소를 올렸다. 어린 선조는 이 상소를 한시도 잊지 않겠다고 맹세했다고 한다. 이황은 이듬해 필생의 심혈을 기울인 《성학십도(聖學十圖)》를 지어 바치고 귀향을 호소했다.

귀향한 이듬해 그는 평소에 사랑하던 매화분에 물을 주게 하고 침상을 정돈한 다음 일으켜달라 하여 단정히 앉은 자세로 숨을 거두었다. 선조는 3일 간 정사를 폐하고 애도했으며 영의정으로 추증했다.

장사 또한 영의정의 예에 맞추어 거행했다.

죽은 지 4년 후 고향 사람들이 도산서당 뒤에 서원을 짓기 시작하여 이듬해 낙성, '도산서원'이라는 사액을 받았다. 시무 6조는 명문이지만 명종에 대한 예의를 다할 것을 제외하고는 매우 추상적이다. 《성학십도》는 유학사상의 정수를 독창적으로 배치, 그 유기적인 통일체로 제시한 걸작이다.

주리론에 반대한 기대승은 선조 즉위 후 조광조·이언적의 추증을 건의했다. 영의정의 불화로 해직당했다가 곧 재임용되지만 벼슬을 그만두고 귀향하다가 객사한다. 이황이 사망한 지 22년 후이다. 주리론을 계승한 성혼(1535~1598년)은 이이의 동향 일 년 선배이다.

신세대, 주리론까지

이이의 어머니는 신사임당. 꿈에 흑룡이 바다에서 집으로 날아들어와 서리는 태몽을 꾸었으므로 이이의 아명을 현룡(見龍)이라 했다.

밤나무 백 그루를 심지 않으면 단명할 것이라는 예언에 따라 나무를 심었는데 한 그루가 모자라자 그 옆나무가 '나도밤나무'라고 했다는 성장설화도 있다. 그는 신동이었다. 13세에 진사시에 합격했고 19

이황이 죽은 지 4년 후 고향 사람들이 도산서당 뒤에 서원을 짓기 시작하여 이듬해 낙성, 도산서원이라는 사액을 받았다.

세 때 성혼과 교분을 맺었다.

23세에 이황을 만났고, 전후 아홉 차례의 과거에 모두 장원을 했다. 29세에 호조좌랑에 처음 임명되고, 그후 관직을 두루 거치면서 성혼과 이기논쟁을 벌였다. 이 기간은 사림이 대대적으로 정계에 복귀하는 시기이다.

윤원형은 이이가 관직생활을 시작한 지 일년 후에 몰락했다. 이이는 두드러진 신세대였다. 이기논쟁이 세대논쟁이기도 한 까닭이다. 성혼은 1573년 2월 공조좌랑에, 7월 장원에 제수되었지만 부임하지 않았고, 그해 12월 이이의 천거로 인한 사헌부 지평 제수도 사양했다.

이이는 39세인 1574년에 우부승지에 올랐고 그해 나라가 재해를 맞게 되자 〈만언봉사〉를 올렸는데 그 내용이 매우 실천적이다. '시의(時宜)에 맞게 법을 만들어 백성을 구해야 한다…….'

이이는 실공(實功)과 실효(實效)를 강조하며 조선이 창업·수성기를 거쳐 중쇠(中衰)기로 접어들었다면서 경장(更張)을 주장한다. 그리고 그는 정치·경제·문교·국방 등에 가장 구체적이고 절실한 방안을 제시하였다.

이황은 기묘·을사사화를 겪으면서 명분론에 집착할 수밖에 없었다. 그러나 이이가 맞은 시대는 다르다. 무언가를 세워야 할 때인 것이다. 1575년 성혼은 다시 지평으로 제수되어 상경했지만 병으로 다시 귀향한다. 이때 두 사람의 주기론과 주리론은 이미 완성된 단계였다.

두 사람의 관계와 이이의 실천 지향이 성리학을 한 단계 더 높은 수준으로 끌어올릴 수 있을까? 불행하게도 그렇지 못했다. 이즈음 사림이 동서로 분열된다. 당쟁이 시작되는 것이다.

국제 정세와 국내 정세 17장

임진왜란-준비하는 일본과 당쟁하는 조선

조선의 당쟁은 당시 국제 정세를 따져볼 때 더욱 그
치명적인 모습을 드러낸다. 한일 두 나라 간의 전쟁은
필연적인 측면을 갖고 있었다는 관점도 시도해보자.
이것은 잘못된 역사를 반성하기 위해서도 조선은 한
일전쟁의 엄연한 승리자라는, 정당한 민족적 자부심
을 위해서도 필요불가결한 관점이다.

두 사람과 한 왕, 그리고 붕당(朋黨)

이이는 《격몽요결》이라는 유학 교과서를 지었고 45세에 《기자실기》라는 역사서를 편찬했다. 47세에 이조판서로 임명되어 이해에 《김시습전》과 《학교모범》을 지었다.

48세 병조판서 때는 10만양병설을 주장했고, 6진에서 3년 간 근무한 서얼들에게 과거볼 기회를 주자고 주장했다. 이 주장은 당시 받아들여지지 않았다. 그러나 임진왜란 중 그의 방안이 실시된다. 이이는 49세의 아까운 나이로 죽었다.

성혼은 더 오래 살아 왜란을 당했다. 왕은 계속 그에게 관직을 제수했고 성혼은 계속 사양했다. 그렇다고 귀향을 허가받은 것도 아니다. 왕은 그가 녹봉을 거부하자 식량을 특별 하사했다. 반면 그가 올린 주장은 별로 채택되지 않았다. 그렇게 승강이가 계속된다. 이이가 죽기 직전 그는 이조참판에 특채된다. 그러나 이이가 죽자 다시 귀향을 청하였으나 허락받지 못한다. 다시 승강이가 시작된다.

선조는 중종의 손자로서 명종이 후사 없이 죽자 왕위에 올랐다. 그는 즉위 초부터 학문에 정진했고 훈구세력을 물리치고 사림들을 대거 기용, 특히 이황과 이이, 성혼 등을 극진히 예우하면서 침체된 정국에 활기를 불어넣고자 했다.

그러나 1575년 이래 정치를 주도하는 것은 이이도 아니고 선조도 아니다. 붕당과 당쟁인 것이다. 붕당은 신하들 사이의 세력결집이다. 그리고 당쟁은 그들끼리의 쟁투이다. 유교정치학에서 붕당이 금기로 여겨질 것은 당연하지만, 붕당 자체가 나쁜 것은 아니다. 송대에서도 정치참여 자격층이 확대되면서 전통적인 금기가 사라졌던 바 있다. 구양수는 모리배들의 위붕(僞朋)을 경계하고 군자들의 '진붕(眞朋)'을 군주가 키운다면 정치는 저절로 바르게 이끌어진다고 했다.

주희는 구양수의 견해에 동조하면서 한 걸음 더 나갔다. 군주까지도 '군자의 당'에 끌어들여야 한다는 것이다. 정말 이쯤 되면 현재의 민주주의가 부러울 일이 없겠다. 하지만 이것은 이상론 아닌가? 그 당시로는 더욱.

김효원(1532~1590년)과 심의겸(1535~1587년), 동인과 서인

조선 성리학은 '군자의 당' 개념을 알고 있는 상태였다. 훈신과 척신들이 사림을 전통적인 붕당으로 규탄했고, 사람들은 훈·척신들을 '소인의 당'이라고 응수했던 것이다. 그러나 바로 그러한 관행 때문에 '군자의 당'은 격렬한 좌절을 맛보게 된다.

심의겸은 이황의 문인으로, 외척임에도 불구하고 사림들에게 명망이 높았다. 김효원 또한 이황의 문인이지만 윤원형의 문객이었던 적이 있다. 어쨌든 둘 다 새롭게 등용된 사림파의 대표적인 인물이었다.

사태는 3년 전, 즉 1572년으로 거슬러올라간다. 김효원이 이조정랑으로 추천되자 이조참의 심의겸은 그가 일찍이 윤원형의 집에 기거했던 점을 들어 반대한다. 김효원은 2년 후에야 이조정랑이 되었다. 그리고 정반대의 사태가 벌어진다.

이번에는 심의겸의 동생 충겸이 정랑에 추천되는데 김효원이 외척이라는 이유로 반대하는 것이다. 양측의 구시대적 하자 혹은 상처가 근본 원인이라서 그랬을까. 둘 사이의 반목은 삽시간에 사림을 김효원파와 심의겸파로 양분시킨다. 김효원파는 동인, 심의겸파는 서인. 이것은 오늘날의 동교동·상도동 계보와 마찬가지로 두 사람의 집 위치에 따라 붙여진 이름이다. 어쨌거나 그 세 결집과 반목의 심화 정도는 두 당사자를 오히려 놀라게 할 정도였다. 그리고 그렇게 결집된 세력들이 거꾸로 정치철학을 규정짓는다.

정승 노수신과 이이가 중재에 나서 김효원과 심의겸 당사자를 외직에 파견하는 조처가 취해졌고, 김효원과 심의겸 모두 사태에 대한 책임을 통감하고 자중했지만 사태는 진정되지 않았다. 모든 관리와 유생이 동인과 서인으로 나뉜다.

배경과 그후

척신정권 때 심의겸의 도움을 받아 정계에 진출한 전배(前輩) 사림과 소윤 몰락 이후 심의겸과 무관하게 진출한 후배 사림 간의 대립은 선조 즉위 초부터 있었다. 전배는 온건했고 후배는 과격했겠다. 전배는 대부분 서인으로, 후배는 동인으로 되었다. 이것은 물론 더러운 과거로부터 해방되려는 필사적 노력인 면이 있었다. 그러나 그 '필사적'이 급기야는 대의를 버리게 한다.

심의겸은 개성 부유수로, 김효원은 경흥 부사로 나갔다. 그러나 동인들은 이것이 김효원을 축출한 것이라며 들고 일어난다. 조정은 김효원을 부령 부사로 옮기게 했지만 이 또한 변방이라며 동인들이 반

타르실라 도 아마랄, 〈흑인 여자〉.

발한다. 할 수 없이 김효원을 다시 삼척 부사로 옮기게 했지만 이이·노수신의 거중 조정은 실패로 끝났다. 선조는 이조정랑의 추천·교대제도 자체를 폐했다.

김효원은 후에 사간의 물망에 올랐으나 선조가 허락하지 않았다. 당쟁이 더욱 심해지자 그는 안악군수로 자청해나갔다. 그후 10여 년 간 한직에 머물면서 당쟁에 책임을 느끼고 시사문제에 입을 열지 않았다. 그는 임진왜란 2년 전에 사망한다.

심의겸은 전라감사를 거쳐 조정으로 돌아왔다가 한때 은퇴했지만 1580년 예조참판에 함경감사를 역임하게 된다. 이쯤에서 놀랍게도 이이가 서인에 참여한다. 그렇게 서인은 이이를 중심으로 하는 학연들이 모여들게 되고 동인은 기왕의 이황, 조식 학맥이 더 강화된다.

이이가 죽은 후, 더욱 놀랍게도 성혼이 서인의 중진 지도자가 된다.

이이가 있는 동안은 '군자의 당'의 가능성이 아주 미약하게나마 있었겠다. 그러나 그가 죽자 그 미미한 가능성마저 사그라졌다. 이이가 죽자마자 심의겸은 동인의 집중공세를 받아 파직당한다.

정여립(1546~1589년)

그리고 이이가 죽던 그해에 한 모반사건이 태동하여 사태를 더욱 악화시키게 된다. 정여립 그는 이이와 성혼의 각별한 후원과 촉망을 받았으나 이이가 죽자 이이를 배반하고 성혼을 비판, 동인 편에 가담했던 자이다.

서인은 그를 극도로 미워하게 되었고 선조의 눈밖에도 나서 그는 주류인 동인의 강력한 추천에도 불구하고 관직을 얻지 못했다. 그러나 동인 내에서 그의 영향력은 강했다. 동인의 영수인 이발이 그를 적극 후원했던 것이다.

감사와 수령이 그를 다투어 찾았고, 그는 대동계를 조직하여 세력을 확대해갔다. 그는 점차 전라도에서 거의 절대적인 존재로 떠받들어졌다. 1587년 왜구 침범 때 전주부윤의 요청에 응해 대동계를 동원, 물리치기도 하였다. 그의 대동계는 그후 황해도 쪽으로 세력을 넓혀 기인·모사들의 비밀결사로 발전한다. 그러던 1589년 급보가 조정에 올라왔다.

'정여립 일당이 한강 결빙기를 이용하여 전라·황해도에서 동시 입경, 대장 신립과 병조판서를 살해하고 병권을 장악하려 한다……' 황해도 수령 몇이 서명한 이 급보는 조정을 발칵 뒤집어놓았고 관련자들이 속속 잡혔다.

정여립은 아들과 함께 죽도로 피신했다가 관군이 포위망을 좁혀오자 자살했다. 그는 세 가지 '반역의 증거'를 남겼다. 첫째는 천하공물

(天下公物)과 하사비군(何事非君). 천하는 공공의 것인데 어찌 일정한 주인이 있으랴⋯⋯.

이것은 대단히 혁명적인 발언이다. 둘째는 목자(木子, 즉 李씨)는 망하고 전읍(奠邑, 즉 鄭씨)은 흥한다는 도참을 퍼뜨린 것. 셋째는 제천문으로 선조의 실정을 열거하면서 조선 왕조의 운이 다하였음을 논하는 내용이다.

이 세 가지로 그의 역모혐의는 굳어졌고, 서인은 이 사건을 절호의 기회로 활용, 이발을 비롯한 동인 1천여 명을 처형하거나 숙청하기에 이르렀다. 그런데 이때 이들을 조사한 것이 서인 정철이다.

의혹

이 사건을 서인에 의한 무고로 보는 시각이 그래서 생겨난다. 무고론의 근거는 네 가지이다.

첫째, 정여립 또한 급보를 받고 도피했는데 그 '결정적인 문서'를 집에 그냥 남겨두었을 리가 없다. 둘째, 급보를 받고 도망갔다면 연고지로 갔을 리가 없다. 셋째는 야사 성격이 짙다. 그는 자결한 것이 아니라 피습을 당해 즉사했다. 즉, 그의 자결 운운 자체가 '반역혐의'를 입증하기 위해 조작된 것이다⋯⋯. 넷째는 고발적인 성격이다.

고변이 있자 대개는 정여립의 상경을 고대하고 있었는데 이상하게도 정철만이 그의 도주를 미리 짐작했고 자진해서 옥사처리를 담당했다⋯⋯. 즉, 정철이 정여립의 유인과 암살을 지령한 음모의 최고 지휘자라는 것이다.

그 배후가 또 있다. 송익필. 그는 노비 출신인데 서인의 참모 역할을 했다. 그래서 동인이 그와 그의 가족 70여 명을 다시 천민신분으로 돌리려고 하자 복수심에 불타 이 사건을 조작하였다⋯⋯.

이것을 다 믿을 수는 없다. 정여립이 혁명적인 사상을 가졌다는 사실을 부인하기는 힘들다. 그러나 동인 1천 명이 이로 인해 희생된 것은 분명 서인의 음모이고, 이것을 주도한 것은 정철이다.

정철은 누구인가? 고전 교과서에 실린 명작 〈사미인곡〉〈속미인곡〉을 쓴 바로 그 정철인가? 유감스럽지만 그렇다. 그는 김인후의 문하로서 '철학 없는 사장파'의 대표적인 인물이다.

그러나 그전에 우리가 점검해야 할 사항이 있고 보내야 할 사람이 있다. 이 옥사가 있기 직전인 1589년 9월, 일본의 도요토미 히데요시가 조선에 친서를 보낸다. '조선의 사절을 보내달라······' 일본은 이때 어떤 상황이었을까?

노수신(1515~1590년)과 성혼

노수신에게는 우리가 이제까지 대접을 매우 소홀히 했다. 그는 대유학자이며 명신이다. 그는 27세 때 이언적과 최초로 학문토론을 벌였다. 을사사화 때 이조좌랑직에서 파직되어 유배되었다. 그리고 곧 양재역 벽서 사건에 연루, 진도로 옮겨져 19년 동안 외딴 섬에서 유배생활을 했다. 이때 그는 이황·김인후 등과 토론했다. 그의 주해는 뜻이 정교하고 명확해서 사림 사이에 명성이 자자했다. 그뿐이 아니다.

그의 유배 당시 진도는 야만상태라. 처녀가 있으면 사내들이 칼을 빼들고 서로 쟁탈할 정도였는데 그의 교화로 혼례풍습이 세워졌다. 부친상을 당했을 때 그가 국상 때처럼 백포립을 썼는데, 그후 민간상(民間喪)에도 백포립이 제도화되었다.

그는 선조 즉위년(1567년)에 유배에서 풀려난다. 그리고 고속 승진을 거듭하여 1585년 영의정에 올랐다. 이이와 공조한 동인·서인 화해 조정이 실패로 돌아간 후이다. 3년 후 그는 영의정직을 사임하고 영중추부사가 되었다.

송강정, 전남 담양군
고서면에 위치.

그러나 곧 파직된다. 그가 바로 정여립을 천거한 당사자였던 것이다. 그가 죽은 것은 그 2년 후, 임진왜란 2년 전이다. 그는 시·문·서예에 능했고 양명학도 깊이 연구했다. 그리고 승려 휴정·선수와도 교분이 있어 불교의 영향을 받기도 하였다.

그러나 성혼에 비하면 노수신은 행복하다. 정여립 사건으로 서인이 주류가 되자 성혼은 그 지도부로서 이조판서에 오른다. 그러나 이듬해 귀향, 《율곡집》을 편했다. 그는 정말 너무 오래 살았는가. 그는 임진왜란을 고스란히, 불명예스럽게 겪게 된다.

왜란 8년 동안 성혼은 열렬한 애국자로서 왕을 수행코자 했고 대사헌·우참찬 등 관직을 지냈다. 그러나 사양지심과 병마의 악순환은 계속되고, 그 와중에 그가 올린 〈편의시무 14조〉는 또다시 거부된다.

대일본 강화 문제로 선조의 눈밖에 나고 선조가 '유식인 동조자' 운운하며 성혼을 암시하자 그는 용산으로 물러나 사직소를 올리고 그 길로 사직한다. 그가 귀향한 것은 이듬해인 1595년. 2년 후, 일본의 재침 때 상경 요청이 있었지만 그는 대죄인이라며 사양했고 그해 죽었다.

성혼은 1602년 기축옥사와 관련되어 삭탈관직을 당하기도 했다.

대유학자의 참으로 허망한 생애는 당쟁의 폐해를 쓸쓸하게 웅변한다
하겠다.

유인력(誘引力)

하지만 일본을 살펴보면 그 쓸쓸함은 일거에 벗겨진다. 정말 그럴
때가 아니었던 것이다. 왜구 침입은 계속 있어 왔다. 그리고 도요토
미 히데요시가 통일에 성공한 후 일본의 국력은 크게 신장되고 있었
다. 그에 비해 조선의 국력은 극도로 쇠약해져 있었다. 조선은 명에
사대하는 형편이었다. 즉 한·중·일 간의 균형이 일방으로 기울고
그렇게 무너지고 있었던 것이다. 훨씬 전이라도 이런 상태는 필히 일
본을 한반도로 유인했을 것이다.

16세기 후반의 국제적인 시대에 그 유인력은 명약관화한 바 있었
다. 15세기 후반부터 서세동점(西勢東漸, 서양세의 동양 진출)이 시작
되어 일본에 유럽 상인들이 들어오게 된다.

신흥도시가 발전되면서 종래의 봉건지배 형태가 무너지고 일본은
혼란기로 접어든다. 이때 등장한 인물이 도요토미 히데요시. 그는 전
국시대 중이었던 일본을 통일하고 봉건적인 지배권을 강화하는 데
전력을 기울였다. 제후들의 막강한 무력을 다스리고 국내의 통일과
안정을 유지하고 신흥세력을 억제하려면 대륙 침략전략이 매우 유효
했을 것이다. 통일일본의 지도자 도요토미 히데요시의 침략계획은
집요하고 철저했다.

오랜 전쟁을 통해 연마한 병법·무예·축성술·해운술을 정비했
다. 그리고 서양에서 들여온 신무기 조총(鳥銃)을 대량생산했다. 대
표적인 훈구대신 신숙주는 이미 1470년대에 《해동제국기》를 집필,
일본 정치세력들의 강약, 병력의 다소 등을 매우 정확하게 밝히고 있
다. 그런데 왜 1세기도 더 지난 시기에 조선정치가들은 일본을 제대

도요토미 히데요시. 전국시대 중이었던 일본을 통일하고 봉건적인 지배권을 강화하는 데 전력을 기울였다.

로 보지 못했을까?

근엄의 내용

이것은 조광조의 닫힘, 이황과 이이의 이기논쟁, 그리고 그것의 당쟁적 귀결로 줄거리가 잡히는 사림의 근시안적 사고가 근본원인이라 하지 않을 수 없다. 물론 이이가 특히 일본을 경계하며 10만양병설을 주장했다. 그러나 그것은 당쟁의 소용돌이 속에서 나왔고 그 소용돌이 속에서 와해된다. 도요토미 히데요시는 일찌감치 조선과 동맹을 맺고 명을 친다는 계획을 세웠다.

그는 여러 방식으로 조선에 수호를 요구했으나 조선 조정은 '왕위를 찬탈하고 왕을 살해한' 나라의 사신을 받아들일 수 없다는 입장을 고수했다. 일본 문제는 앞서 언급한 1589년 사신파견 요청 때에야 심각하게 받아들여진다.

'왜구의 앞잡이를 잡아보내면 통신에 응하겠다……' 결론은 그렇게 났다. 일본 사신은 선뜻 응하여 자국에서 왜구 앞잡이 10여 인을 잡아와 처분에 맡겼다. 조선 조정은 그들을 베어버리고 의논 끝에 '실정과 저의를 파악하기 위한' 통신사를 보내기로 결정한다.

그러나 이때 정여립 사건이 터졌다. 조선 조정은 한 차례 난리를 치르고 통신사를 보내는데 서로 감정이 악화될 대로 악화된 동인과 서인 한 명씩을 정사와 부정사로 보내는, 참으로 어처구니없는 악수를 두고 만다.

도요토미 히데요시는 통신사들을 매우 오만불손하게 대했다. 답서를 뒤늦게 준 것은 물론 그 문구가 실로 방자하기 그지없어서 수정을 요구했을 정도이다. 그런데도 귀국 후 일본 동태에 대한 보고가 동인 다르고 서인 다르다. 아니, 정반대였다.

'일본이 많은 병선을 준비하고 있으니 반드시 병화(兵禍)가 있을 것이다. 도요토미 히데요시는 눈빛이 번득이는 것이 담략이 있어 보인다……'

서인인 정사 황윤길의 보고는 이랬다.

동인인 부사 김성일은 다르다.

'침입할 기미를 발견하지 못했다. 도요토미 히데요시는 눈이 쥐눈이라 두려워할 것이 없다……'

도대체 얼마나 반목을 하면 인상(印相)에 대해서도 정반대로 이야기하게 되는 것일까?

전쟁 전야

그리고 도대체 얼마나 반목하면 주류가 미워 나라의 안위조차 내팽개치고 주류의 정반대만을 주장하게 되는 것일까? 동인으로 김성일을 수행했던 황진은 분노를 참지 못하여 김성일을 책하였다고 한다.

그러나 동인만 문제가 아니다. 조정 전체가 점차 김성일의 견해 쪽을 지지하게 되었다. 아마 김성일의 의견이 맞기를 간절히, 아니 게으르게 소망한 결과이리라. 조정은 각 도에 명하여 왜구 방비를 위해 급히 진행되던 축성작업조차 중단하게 한다.

거기서 끝나지 않는다. 조선에 머무르던 일본 사신 겐소는 여러 차례 일본의 발병(發兵)을 예고해주었다.

'일본은 다음해에 조선의 길을 빌려 명을 정복할 준비를 하고 있다…….'

겐소의 그 말을 오억령이 조정에 전했지만 오히려 그가 파직당한다.

'명이 일본의 입공(入貢)을 거절했기 때문에 분개한 도요토미 히데요시가 발병을 꾀하고 있으나 조선이 앞장서서 일본의 조공로를 열어주면 괜찮을 것이다…….'

겐소의 이 제안을 홍윤일과 김성일이 모두 묵살한다. 겐소는 답서를 갖고 돌아간 후 다시 부산포로 입항, 배에서 내리지도 않고 변장에게 외쳤다.

"도요토미 히데요시가 병선을 정비하고 침략할 계획을 세우고 있다. 조선은 이 점을 명에 알려 양국의 화친에 기여하라……."

겐소는 10일을 기다렸으나 변장의 회답이 없었다.

그후 왜관에 머무르던 일본인들이 점차 본국으로 송환되어 급기야 왜관이 텅텅 비게 되자 조선 조정은 비로소 아차, 일본의 침입을 직감했다. 조선 조정은 중앙관리를 각 도 감사로 파견하여 무기를 정비하고 성과 연못을 만들고, 경비시설을 점검케 했다.

그러나 이미 때는 늦었다. 백성은 불만만 높아갔고 얼마 후 일본군이 한반도를 해일처럼 덮친다. 1592년, 선조 25년 때이다. 격전지 근처에서는 '10리(里)에 한 집'만을 찾아볼 수 있었다는, '난 후 30년이 지났지만 인구가 평상시의 6분의 1일도 못 되었다'는, 실로 '1현 인구가 수십에 못 미치고 1리의 주민이 수명에 불과하게 되었다'는 임진왜란은 그렇게 시작된다.

도요토미 히데요시의 노망이 원인이다? 전혀 아니다. 설령 그랬다 한들 조선의 노망은 도요토미 히데요시의 노망을 몇 배 능가하고 있지 않았던가. 단 한 명, 전라좌수사 이순신만이 전비를 갖추고 적의 침입에 대비하고 있었다.

파죽(破竹)

도요토미 히데요시는 나고야에 본부를 두고 육군 15만 8천 명의 병력을 9분대로 나누어 조선을 치게 했다. 이밖에 수군 9천 명이 해전에 대비했고 1만 2천 명이 바다 건너 후방 경비에 임했다.

그러나 이것은 정규군이다. 그밖의 병력을 합하면 전체 병력은 20여 만 명이었다. 이것은 일본의 총병력 30만 중 3분의 2에 해당한다. 나머지 10만 명은 나고야에 대기했고 3만 명이 경도를 수비했다.

고니시의 1번대는 4월 13일 오전 8시 오우라항을 떠나 오후 여섯 시경에 부산 앞바다에 도착, 그날로 부산포에 침입했다. 부산진 첨사 정발이 전사했고 곧이어 동래부사 송상현도 고군분투 끝에 전사했다. 고니시 부대는 그후 중간 길을 선택, 거의 저항을 받지 않고 양

말콤 몰리, 〈사자에게 잡아먹히는 프랑스 군대〉.

산·밀양·청도·대구·안동·선산을 거쳐 상주에 이르렀다. 그리고 거기서 이일이 이끄는 관군을 파하고 조령으로 향했다.

가토의 제2분대는 부산 상륙 성공 보고를 받자마자 19일 부산에 상륙, 그 길로 경상좌도를 휩쓸며 장기·기장을 거쳐 좌병영 울산을 함락하고 경주·영천·신령·의흥·군위·비안·풍진을 거치다가 문경으로 빠져 고니시 군대와 합류, 충주로 들어갔다.

같은 날 구로다의 제3번대는 동래에서 김해로 침입했다. 그리고 성주·무계에서 지례·금산을 지나 추풍령을 넘고 충청도 영동으로 나오면서 청주 방면으로 침입했다. 4번대는 3번대와 함께 김해에서 창녕을 점령한 후 성주·개령을 거쳐 추풍령으로 향했다.

5번대는 4번대의 뒤를 따랐고 6, 7번대는 후방을 지키며 북상했다. 8번대는 5월 초 부산에 상륙한 후 서울 함락 보고를 받고는 서울을 향해 급히 북상한다. 9번대는 이키도에 남아 있었다.

일본군은 한반도 지형에 대해 매우 정확한 지식을 갖고 있었다. 반면 조선 조정은 일본군에 대한 정보가 없었고, 남쪽으로부터의 침략을 막는 일 자체가 매우 낯설었다.

응전, 처절과 가관

일본군의 대대적인 내습 사실이 조정에 보고된 것은 왜란 발발 4일 후. 조선의 초기 대응은 정말 민간에서는 처절하지만, 조정에서는 가관이었다.

발등에 불이 떨어진 조정은 이일·성응길·조경·유극량·변기·변응성 등을 그야말로 임시변통으로 선발하여 죽령·충주·조령·추풍령·죽산 등을 맡을 벼슬을 내리고 각자 관군을 뽑아가게 한다.

그러나 문약(文弱) 정치에 길들여진 백성들은 모집에 응하지 않았다. 이일은 임관(?) 3일 만에 홀로 떠난다. 그 직후 조정은 별장 유옥을 딸려보낸다. 그리고 다시 여진 섬멸의 영웅 신립을 도순변사로 삼아 이일의 뒤를 이어 떠나게 하고 좌의정 유성룡을 도제찰사로 삼아 감독하게 하였다. 처절과 가관은 계속된다.

경상감사 김수는 각 읍 수령들에게 소속군사들을 안전한 지역으로 옮기게 하고 이일이 오기를 기다렸다. 그러나 여러 날이 지나도 그가 오지 않고 적군이 점차 가까이 오니 군사들이 동요하더니 때마침 비까지 내려 옷이 젖고 군량이 끊기자 밤중에 모두 달아났다. 수령은 이일이 있다는 문경으로 바삐 돌아갔으나 고을은 이미 텅 빈 상태였다.

창고 곡식을 털어 잔여 군사를 먹이고 함창을 거쳐 상주에 이르니 목사는 산 속으로 숨어버렸고 판관 권길만이 읍을 지키고 있다. 그런데 상주로 온 이일이 판관에게 군사가 없음을 꾸짖으며 참수하려 했다.

그는 용서를 빌며 자신이 군병을 모으겠다 하고 밤새 농민 수백명을 징모하였다. 이일은 창고를 열고 관곡을 내어 흩어진 사람들을 모은다. 그는 서울에서 내려온 장사 8～9백 명을 인솔하고 산을 의지, 전세를 갖추었지만 고니시 군에게 대패했다. 이일은 단신으로 탈출, 신립이 있다는 충주로 간다. 신립은 8천여 군사를 이끌고 탄금대에서 배수진을 치고 있었다.

신립(1546～1592년)

그러나 일본군이 산과 내를 따라 내습하면서 쏘아대는 조총 소리가 천지를 뒤흔들었다. 신립은 어쩔 줄 모르며 두어 차례 말을 달려 적진으로 돌진하려 하다가, 그것마저 실패했다. 전군이 함몰하자 신립은 달천강에 투신, 스스로 목숨을 끊는다. 이일은 또 탈주에 성공한다. 그러나 그는 보잘것없는 인간이다. 신립을 찾아왔을 때 이일은 무릎을 꿇고 죽여줄 것을 청했지만 신립은 그를 오히려 선봉장으로 삼았었다.

문제는 신립이다. 신립이 대체 누구인가. 그는 1583년 온성부사로 있을 때 침입해 들어온 니탕개의 여진 1만여 명을 정예 철기병 5백 명으로 막은 명장 중의 명장이다. 이때 6진을 지킬 수 있었던 것은 오로지 그의 용맹 때문이었다.

그렇게 여진에 정통한 만큼, 왜구의 일전은 낯설었던 것일까. 1587년 2월 왜선 18척이 전라도 홍양현에 침입하자 그는 군관 30명을 거느리고 토벌에 나섰지만 왜구가 철수한 뒤라 그냥 돌아왔는데, 도중에 양가의 딸을 첩으로 삼았다. 당연히 대간의 탄핵이 빗발치고 그는 파직되었지만 곧 함경도 낭방사로 다시 임명된다. 역시 이곳이 그의 기질에 맞았다. 그는 1588년 고미포 여진부락에 출정, 적병 20명을 목 베고 말 세 필을 빼앗아 돌아왔다.

그는 성미가 매우 거칠었다. 이해 10월 졸병이 상사에게 맞대놓고 욕을 했다고 목을 벤 죄로 그는 한직으로 전보되었다. 그러나 항상 군비의 부족함을 논하여 조정의 신임을 받았다. 임진왜란이 나자 그는 삼도순변사로 임명되고 보검을 하사받았다.

그리고 일본군과의 첫 전투에서 참패, 자살했던 것이다. 그에게서 처절과 가관이 결합된다. 이일은 일본군이 대적할 수 없을 정도의 대군이라고 보고했다. 김여물 등은 지형이 험한 조령에 잠복하여 전투를 벌일 것을 주장했다. 그러나 신립은 넓은 벌판에서 기병을 적극 활용할 것을 주장했다. 군사들은 물론 그를 믿고 피난하지 않았던 백성과 선비, 그리고 관속들이 떼죽음을 당했다. 김여물과 박안민 등은 신립의 뒤를 따라 투신자살했다.

왕과 신하

충주 전보 전에는 선조만이 피난을 서둘렀다. 대간들은 사직을 버리지 말 것을 호소했고 유생들도 마찬가지였다. 만일의 사태에 대비하자는 대신들의 주장으로 선조는 둘째 아들 광해군을 세자로 책봉했다.

그러나 4월 29일 충주 패전소식이 전해지자 시비를 따질 겨를도 없어졌다. 평양으로 옮겨 명에 원병을 청하자……. 세자 광해군은 어가를 따르고 맏아들 임해군은 함경도로, 셋째 아들 순화군은 강원도로 파견, 근왕병을 모집케 한다는 계획이었다.

우의정 이양원에게 도성을 수비케 하고 김명원을 도원수로 삼아 한강을 지키게 한다……. 그러나 애당초 무리였다. 밤 깊어 '왜적이 금명간 반드시 도성에 닿을 것'이라는 장계가 올라오자 칠흑 같은 밤에 왕의 행렬이 서울을 떠났다. 왕이 서울을 빠져나간 것을 안 백성들의 분노는 걷잡을 수 없었다. 노비들은 노비문서가 있던 장례원과 형조를 불질렀고, 그날 경복·창덕·창경궁이 모두 불타 없어졌다. 왕 일행은 개성까지 3일 걸렸다.

일본군이 서울에 도달한 것은 고니시 군이 5월 2일, 가토 군이 5월 3일이었다. 거의 왕 일행을 추격하는 속도로 북상해온 셈이다. 김명원은 적이 쏜 탄환이 강을 넘어 떨어지자 한강 수비가 불가능함을 깨닫고 임진강으로 퇴각했다. 이양원도 도성 수비를 포기한다. 선조는 개성에 머무르다가 도성 함락소식을 듣고 평양으로 옮겼고, 김명원의 임진강 방어선이 무너지고 개성이 함락당하자 평양마저 포기하고 의주로 옮겼다.

남쪽 바다 건너로부터의 침략이 이리 호될 줄은 미처 몰랐으리라. 서울을 본거지로 삼고 북상하던 일본군은 부원수 신각 군의 기습을 받고 패했지만 북상을 중단할 만한 상처는 입지 않았다. 믿었던 경상·전라·충청도 대군마저 서울 수복을 위해 북상하던 도중 대패했다. 관군에 대한 기대는 절망적이었다.

그러나 그해 5월 초부터, 바다에서는 이순신의 수군이 활약하기 시작한다. 그리고 곧 의병과 의승군(義僧軍)이 봉기하게 된다. 장을 넘기자.

성웅 이순신 18장

수난과 저항

조선 조정의 신하들, 그들의 암투 및 신세대의 등장,
일본군의 조선 침략. 그에 맞서는 백성들의 저항과 수
난, 그런 장면들이 이순신이라는 시대의 영웅을 만들
어간다. 아니, 새겨간다. 그는 백성이 진정으로 추앙하
는 인물이었다. 을지문덕이나 김유신, 그리고 강감찬
등 나라를 구한 여느 장수와 달리 그를 둘러싼 이야
기는 명백히 민간(民間)적이다. 백성의 수난과 저항
이라는 틀과 분위기 속에서 그의 생애와 위대한 승리,
그리고 영웅적인 죽음이 진행된다. 그 '이야기'야말
로, 패전을 승전으로 전환시키는 매개이며 이순신 '자
살' 미스터리를 풀 수 있는 열쇠다. 이 장은 그 서막
이다.

선조의 신하들, 왜란 이전/오성과 한음/이원익(1547~1634년)과 두 사람/퇴장과…/유성룡(1542~1607년)과
원균(1540~1597년)/왜란까지/패주와 회복/역전(逆轉), 한산대첩/심화, 의병 봉기/칠백의사(七百義士). 왕이
계신 곳까지/다시, 바다와 육지/거간(居間)과 막간(幕間), 진주대첩/배후(背後), 행주대첩

선조의 신하들, 왜란 이전

정철(1536~1593년)은 서울 출신으로 구시대 인물이고 외척이다. 인종의 귀인이 그의 큰누이. 어려서 경원대군(후에 명종)과 친했는데 명종 즉위년 을사사화 때 오히려 계림군의 일족으로서 가족이 화를 당했다.

그는 임억령에게 시를, 김인후 · 송순 · 기대승에게 학문을 배웠고, 이이 · 성혼 · 송익필 등 유학자와 친교를 맺었다. 갖은 벼슬을 거치며 예조판서 · 대사헌에 이르기까지 서인의 모사이자 영수로서 동인의 탄핵을 받으면서 좌천 · 은거 · 복직을 거듭했다.

그는 가사 · 시조 · 한시 등 많은 작품을 지었는데 조선 가사문학의 정수라는 〈관동별곡〉〈사미인곡〉〈속미인곡〉〈성산별곡〉은 바로 좌천 · 은둔기에 쓰여졌다. 그런데 여기서 '미인(美人)'은 바로 왕이다. 은둔 · 좌천중에 아름다운 사람, 왕을 사모한다……

이것은 예술=아름다움이 정치에 온전히 복속하는 한 극단을 보여준다 하겠다. 형식 또한 매우 진부하다. 그는 철학이 없고 사장만 있었으며 서인의 영수로 되어가면서도 모사의 성격을 벗지 못했다. 54세 때 정여립 모반사건 이후 우의정에 오르고 이듬해 좌의정에 올랐다. 그러나 그 이듬해 동인 영수인 영의정 이산해의 계략에 빠져 서출인 광해군의 세자 책봉을 홀로 건의하다가 파직된다. 정철의 죄를 논하게 되자 아무도 나서는 이가 없었다.

동인은 정철 처벌을 놓고 온건파인 남인과 강경파인 북인으로, 분당이 구체화된다. 이산해가 북인의 영수로 정권을 잡고 유성룡이 남인의 영수가 되었다. 이때 조사에 나선 사람이 오성대감 이항복(1556~1618년). 신세대인 그가 좌승지 신분으로 날마다 정철을 찾아가 담화를 계속했다. 그는 정철 사건을 태만하게 처리했다는 이유로 파직되지만 곧 복직되어 도승지에 발탁되었다. 이때 그를 도운 것은 대사헌 이원익이다.

오성과 한음

이항복은 5년 연하이자 죽마고우인 한음 이덕형(1561~1613년)과 함께 어린 시절 기지에 넘친 악동 행각으로 더 잘 알려져 있다. 그 '오성과 한음' 이야기는 만인 개구쟁이 시절의 전범이자 임진왜란의 더욱 슬픈 전주곡이다. 이항복은 아버지를 여의고 부랑배 우두머리까지 지냈으나 어머니의 정성에 감화되어 학업에 열중했다.

이덕형은 어려서부터 문학에 통달하여 양사언과 교제를 트고 지낼 정도였다. 이항복은 1571년 당시 영의정 권철의 아들 권율 장군의 사위가 되었다. 그런데 이덕형의 장인은 바로 이산해이다.

이항복이 곤경에 처했을 때 그의 심정은 어떠했을까? 정철 사건 때 이덕형은 남인과 북인 사이의 중도파였지만 마침내 장인을 버리고 남인으로 돌아섰다. 이항복은 평생 당색을 띠지 않았다. 이덕형은 이항복을 옹호키 위해 온건 남인으로 된 셈이다.

당쟁을 초월한 이 우정이 임진왜란을 승리로 이끄는 데 커다란 힘으로 작용할 것이다. 1581년 이이가 다섯 명을 선조의 강연 고문으로 천거했을 때 두 사람 모두 포함되었다. 이듬해 명의 조사 왕경민이 이덕형을 만나고자 했으나 이덕형이 사사로운 만남을 사양하자 이덕형의 인품을 예찬하며 크게 아쉬워했다고 한다. 1583년 둘 다 사가독서를 받았다.

둘은 성균관과 3사직을 두루 거치면서 6조의 정랑과 좌랑직을 오갔다. 이덕형은 1588년 일본 사신 겐소를 접대했고 그들에게 깊은 인상을 남겼다. 이항복은 1589년 역모사건 친국에 참여하여 선조의 두터운 신임을 받았다.

이항복은 동인의 영수이자 대사간인 이발을 파당분자로 공박하다가 오히려 비난을 받고 세 차례나 사직을 청했지만 선조가 허락하지 않았다. 그는 3사에 출입하며 분쟁을 해결하고 시비를 공평히 가렸으므로 그의 덕을 본 자가 많았다.

이항복 영정. 그는 평생 당색을 띠지 않았다.

이원익(1547~1634년)과 두 사람

정철 사건도 그 한 예일 것이다. 이항복을 비호한 이원익은 왕족이다. 유성룡이 일찍부터 그를 알아보았고, 이이가 여러 차례 중앙관으로 천거했다. 1583년 우부승지로 있을 때 승정원이 탄핵을 받게 되자 그는 연대책임을 주장하며 5년 간 야인으로 있었다. 그후 안주목사로 기용되었는데 그는 양곡 1만 석을 청하여 기민을 구호하고 종자를 나누어주는 등 생업을 안정시켰다.

그리고 군역을 연 3개월에서 2개월로 경감했다. 이것은 후에 전국적으로 확대 실시된다. 안주에서 뽕 심고 누에 치는 법도 가르쳤다. 임진왜란이 발발하자 그는 이조판서로서 평안도순찰사 직무를 띠고 먼저 평양으로 향한다. 그는 평양 수비 김명원을 원수의 예로 대하여 군기를 확립했고 평양이 적의 수중에 떨어지자 정주로 가서 군졸을 모

이덕형. 이항복을 옹호키 위해 온건 남인이 되었다.

았다. 이항복은 왕비를 개성까지 호위했다. 그리고 왕자를 평양까지, 선조를 의주까지 호종했다.

이덕형은 북상중인 일본군 대장 고니시가 만나기를 청하여 충주까지 달려갔으나 목적을 이루지는 못했다. 왕이 평양에 당도했을 때 왜적이 벌써 대동강에 이르므로 그가 겐소와 회담하면서 대의로써 그들을 공박했다.

이덕형은 그후 선조를 정주까지 호종했고 의정부 우참찬 이항복과 함께 명에 원병을 청할 것을 건의하고 청원사로 직접 명으로 향했다. 현지에 남은 이항복은 근왕병을 일으켰다.

그리고 다른 한편 '일본·조선 합작설'을 둘러싼 명과의 외교적 우여곡절을 풀었다. 그의 '내조'로 이덕형은 파병을 성취시키고 돌아와 대사헌으로서 명군을 맞이한다. 소규모 명군이 일군에 참패하자 이항복은 다시 대군을 요청하고 성사시킨다.

이덕형은 한성판윤으로서 그들을 맞아 전란 동안 줄곧 명 대군의 지휘관 이여송과 행동을 같이하게 된다. 정철은? 그는 난이 발발하자 유배에서 풀려나 평양에서 왕을 맞이하고 의주까지 호종했다. 삼

도체찰사에다 명에 사은사로도 다녀왔다.

퇴장과…

그러나 동인의 모함으로 다시 사직, 같은 해 죽었다. 이 모든 것이 일년 안에 이루어진다. 업보로다……. 이덕형의 장인 이산해는 원래 이이·정철과 친구였으나 당쟁으로 멀어졌다.

이산해(1539~1609년)는 《토정비결》의 저자 이지함의 조카인데 이지함과 연관된 탄생설화가 있다. 오랫동안 서로 떨어진 부모가 동시에 서로 살을 섞는 꿈을 꾸고 그가 수태되었는데 집안에서 부인을 의심하여 내치려는 것을 이지함이 말렸다고 한다.

그는 1592년 왕을 호종하여 개성에 이르렀을 때 나라를 그르치고 왜적을 침입토록 했다는 탄핵을 받아 파직, 백의(白衣)로 평양에 이르렀으나 다시 탄핵을 받아 유배되었다. 그도 문장에 능하여 선도조 문장 팔가(八家) 중 하나로 불렸다.

그도 철학 없는 사장파였던가. 그는 3년 후 풀려나 북인이 다시 분당될 때 이이첨 등과 대북파를 이끌었다. 그렇게 1599년 다시 영의정에 올랐지만 이듬해 다시 파직되었다. 하지만 선조 사망 후 원상으로 다시 국정을 맡았다. 어지럽다.

김성일(1538~1593년) 또한 전란 발발 직후 파직되었다. 그러나 그의 경우는 좀 낫다. 그는 유성룡의 친구였던 것이다. 김성일은 서울로 소환되던 중 유성룡의 간절한 변호를 받아 직산에서 관직을 다시 제수받고 경상도로 향한다. 유성룡의 변호는 헛되지 않았다. 김성일은 의병장 곽재우를 도왔고 진주목사 김시민이 성을 지키는 데 공을 세웠다. 그리고 1593년 경상우도 순찰사를 겸해 각 고을의 항일전을 독려하다가 병으로 죽었다.

그는 초피 덧저고리를 받았다는 이유로 우의정 노수신을 탄핵할 정도로 청렴결백한 사람이었고 선정을 베푼 수령이었다. 그의 '거짓 보고'는 물론 당쟁의 산물일 것이나, '너무 늦었건만' 민심마저 흉흉 해질까 봐 그랬다는 설도 있다.

황윤길(1536~?)은 일본에서 돌아올 때 조총 두 자루를 들여왔지만 조정에서 그것을 미처 실용화하기도 전에 전란이 일어났다고 한다. 벼슬이 병조판서에 이르렀던 그는 전란중 행방불명되었다. 임진왜란 의 아비규환에 대한 생생하고 아픈 증거이다.

유성룡(1542~1607년)과 원균(1540~1597년)

이순신과 좀더 밀접한 인물은 후원자 유성룡과 경쟁자 원균이다. 유성룡은 이황의 문인이고, 김성일과 동문수학했다. 그는 또 이순신의 동향 3년 선배이다. 어린 시절 이순신을 그는 이렇게 기억하고 있다.

> 얼굴 모양이 뛰어나고 기풍이 있었으며 남에게 구속당하는 걸 싫어했다. 나무를 깎아 화살을 만들고 전쟁놀이를 했으며 자기 뜻에 맞지 않으면 그 눈을 쏘려 해서 어른들도 감히 그의 문앞 을 지나지 않았다…….

유성룡의 관운은 본인이 어머니 병으로 사양한 것말고는 순탄했다. 그러나 정여립의 난 이후 동인으로서 몇 번 사임을 청했고 정철 처벌 문제에서 이산해의 북인에 맞서 남인의 영수가 되었다. 그는 좌의정 에 이조판서를 겸하면서 전란에 대비하여 형조정랑 권율과 정읍현감 이순신을 각각 의주목사와 전라도 좌수사로 천거한다. 경상우병사를 이일로 교체할 것을 요청한 것도, 신립을 파견한 것도 그였다.

전란이 발발하자 그는 병조판서를 겸하고 군무를 총괄하고 곧이어 영의정으로 왕을 호종했다. 그런데 그는 평양에 이르러 반대파의 탄핵을 받고 면직되었다가 의주에 이르러 평안도 도체찰사로 복직했다. 아, 그 전란 중에 정말 용감무쌍한 당쟁이다.

원균은, 그도 북쪽 여진 퇴치에 공이 많은 사람이다. 부령부사로 특진되었다가 다시 종성으로 옮겨 병사 이일 밑에서 많은 공을 세워 1592년 경상우수사가 되었다. 그는 여러 면에서 이순신과 비교될 것이다.

그는 명장이었고 같은 여진족 전공을 세운 신립과 달리 해상전에도 능했고 왜구에도 강했다. 그는 결코 비겁한 사람이 아니다. 다만 그는 이순신과 달리 명예욕을 초탈하지 못했다. 그러나 그 당시 당쟁을 일삼던 대신들보다는 나았다.

이순신이 역사 '상' 가장 위대한 장군이자 성웅(聖雄)이라면 그는 역사 '의' 가장 위대한 피해자일 것이다.

왜란까지

이순신은 4형제 중 삼남이었다. 형은 희신과 요신, 아우는 우신. 희·요·순·우는, 중국 3황오제 중 복희씨·요·순·우 임금의 이름을 딴 것이다. 할아버지가 소장파 사림과 뜻을 같이 하다가 기묘사화로 희생된 후 아버지는 관직에 전혀 뜻을 두지 않았다. 그러나 어머니는 현모로서 가정교육을 철저히 했다. 이순신은 충효가 극진하고, 정의롭고 용감하면서도 인자한 성품에 뛰어난 시재까지 갖추게 된다.

그는 일찌감치 무과를 통해 입신할 마음을 굳혔다. 응시는 늦었다. 28세 때 비로소 무인 선발시험에 응시했으나 말이 거꾸러지는 바람에 낙마, 왼발을 다치고 실격했다. 4년 후에야 그는 관직에 나아가게 된다.

그의 진로는 처음부터 순탄하지 않았다. 한 번은 원병을 요청했으

이순신이 시를 읊으면서 애국충정을
다짐했던 수루.

나 거부당한 차에 여진족이 침입해오므로 그가 세 불리를 깨닫고 후
퇴한 적이 있다. 조정이 그를 문책하자 그는 끝내 자신의 정당성을
주장하며 판결에 불복했다. 그는 중형을 면하지만 첫 번째 백의종군
의 길을 걷게 된다. 그후 그는 전라도관찰사 이광에게 발탁되어 정읍
현감 자리에 올랐다. 유성룡의 추천으로 전라좌도 수군절도사가 되
었을 때 그의 나이는 47세였다.

곧 전란이 있을 것을 확신한 그는 좌수영(여수)을 근거지로 삼아
전선을 제조하고 군비를 확충했다. 군량미 확보를 위한 해도(海島)
둔전 설치를 조정에 청하기도 했다.

일본군의 대대적인 침입 사실이 그에게 알려지는 데는 이틀이 걸
렸다. 이때 남해안 방어를 맡은 것은 경상·전라 양도의 좌수영과 우
수영. 전함은 도합 250여 척. 경상좌수사는 박홍, 경상우수사는 원
균, 전라좌수사에 이순신, 전라우수사에 이억기였다.

소식은 경상우수사 원균에게서 왔다. 왜선 350여 척이 부산 앞바
다에 정박중…… 국기일(國忌日)이라 그는 공무를 보지 않고 있었
다. 곧이어 급보가 들어온다.

패주와 회복

부산과 동래 함락, 적은 북상중……. 부산 앞바다를 맡은 경상좌
수영 수군은 일본 전함을 공격조차 하지 않았다. 경상좌수사 박홍은
부산 함락 후에야 예하 군사를 이끌고 동래에 당도했으나 동래가 함
락당하는 것을 보고 육지로 도망쳤다.

거제도에 근거를 둔 경상우수사 원균은 제1요충 경상좌수영이 순
식간에 궤멸된 충격에 휘하 장병들이 모두 흩어지고 몇 안 남게 되
자, 급히 이순신에게 원병을 요청하고 고군분투하였다. 이때 경상도
에 남아 있던 전함은 단 4척.

원병은 몇 차례 요청이 반복된 후에야 왔다. 이순신은 이제까지 무
엇을 했던가. 그는 즉시 전선을 정비하고 임전태세를 갖추었지만 전
황을 면밀히 분석했다. 그의 휘하 전 함대는 4월 29일 수영 앞바다
에 집결했다. 매일 작전회의가 열렸고 기동연습도 강행되었다. 그는
5월 2일, 고니시 군대에게 서울이 함락되던 날 총사령관으로 기함에
승선했다. 최초의 해전은 5월 4일에서 8일에 걸쳐 옥포·합포·적진
포에서 벌어졌다.

4일 출항, 이때 전함은 전선 24척, 협선(狹船) 15척, 포작선(鮑作
船) 46척, 도합 85척이었다. 원균의 부대는 전선 3척과 협선 2척. 그
러나 연합함대를 조직했다. 7일 옥포 앞바다를 지날 무렵 척후선이
적선이 있음을 알린다.

이때 옥포에 정박중인 적선은 30척이었다. 일본군은 조선 수군의
해상 공격을 예상 못 하고 육지에서 약탈을 자행하고 있었다. 순식간
에 적선 26척이 불탔다. 이때 아군은 경상 1명의 피해밖에 없었다.
다음날에는 적진포에서 적선 13척을 불태운다.

제2차 출동은 5월 29일~6월 10일. 육지에서 관군에 대한 기대가
절망적이 되고 고니시 군이 평양을 점령하고 함경도 감사를 사로잡

파울 클레, 〈나무 위의 처녀〉.

고 친일 반란마저 일어, 병사 이혼이 피살되고 두 왕자가 적군에게 포박된 상태로 인계되는 등 최악의 시기였다.

2차 출동은 전세를 뒤집는 데 커다란 역할을 했다. 특히 처음 등장한 거북선의 탁월한 전투력 때문에 일본 수군의 사기가 급격히 떨어졌다. 거북선은 개량형 철갑선이다. 철갑을 씌운 것은 물론 송곳을 꽂아 적의 침입을 막았고, 몸체 주위에 포구를 만들어서 공격이 자유로웠다.

사천 · 당항포 · 율포 해전에서 조선 수군은 적선 72척을 침몰시켰고 적병 88명을 죽이거나 사로잡았다.

역전(逆轉), 한산대첩

아군의 피해는 전사 11명, 부상 26명. 군관 나대용이 부상했고 이순신도 왼쪽 어깨가 조총탄에 뚫렸다. 그러나 일본 수군 주력함대가 괴멸되고 제해권(制海權)을 되찾은 것에 비하면 경미한 손실이었다.

2차 출동 도중에 전라우수사 이억기의 함대도 가세, 연합함대 규모는 51척이나 되었다. 2차 출동 5일 후 마침내 고대하던 명군이 왔다. 7천 명. 선조는 크게 기대를 걸었다. 그러나 명군은 평양성 싸움에서 대패, 군사 5천을 잃고 요동으로 돌아간다.

3차 출동은 7월 6일부터 13일까지. 그 유명한 한산대첩이 이 기간에 치러진다. 이순신은 이억기와 함께 전함 90여 척을 이끌고 전라좌수영을 떠나 남해 노량에서 원균과 회집, 견내량에 정박중인 일본의 대선단을 한산도 앞바다로 유인하는 데 성공했다.

이순신은 신속하게 학익진(鶴翼陳)을 구사, 각종 총포를 쏘아댔다. 2, 3척이 침몰하자 적선은 일제히 달아나기 시작했다. 그러나 학익진을 빠져나가기가 쉽지 않았다. 우리 함대는 이 대첩에서 층각선(層閣船) 7척, 대선 28척, 중선 17척, 소선 7척을 대파 혹은 나포하는 대전과를 올린다.

일 수군 지휘관 와키사카가 쾌속선으로 겨우 탈출했고 적선 10여척이 간신히 도망쳤을 뿐이다. 이순신은 9일 다시 적선을 찾아 떠나, 10일에서 다음날 새벽까지 안골포에 정박한 구키의 적선을 모두 파괴하고 육지로 도망친 잔적을 소탕했다.

그리고 12일 한산도에 이르러 육상으로 도망친 적을 원균에게 소탕케 하고 13일 여수로 돌아왔다. 3차 출동 전과는 적선 1백 척 격파·나포, 적 250여 명 사살 내지 생포. 최대의 성과였다. 물론 아군의 피해도 적지 않았다.

그러나 이 한산도·안골포 해전으로 제해권이 완전히 조선 수군에장악되고 적군의 서해 진출이 완전히 차단된다.

이 시기에 육지에서는 전국적으로 의병과 의승군이 봉기한다. 이유는 단 한 가지. 국토를 짓밟은 일본군의 만행을 더 이상 눈뜨고 볼수 없었다. 대부분의 고을이 약탈당했고 남자는 눈에 띄는 대로 살해당했고 여자는 겁탈당했다.

1592년 5월 말 곽재우의 정암진 싸움 민족기록화.

의병은 양반에서 천민까지 출신 성분이 다양했다. 그러나 의병활동 기간 동안 계급이나 신분 차별은 거의 없었다. 의병장은 대개 전직관원으로 문반 출신이 압도적으로 많았다.

심화, 의병 봉기

이듬해 정월에 명 진영에 통보한 의병 총수는 2만 2천6백 명. 이는 관군의 4분의 1에 달하는 숫자이다. 그러나 사실은 전해에 비해 많이 줄어든 숫자이다. 관군이 회복되고 의병활동이 어느 정도 정리된 시기인 까닭이다.

의병장을 지역별로 간단히 만나보자. 곽재우는 현풍 유생으로 가재를 털어 경상도 의령에서 의병을 일으켰다. 항상 붉은 옷을 입었으므로 '홍의장군' 이라 한다. 그는 낙동강을 오르내리며 일본군과 싸워 여러 고을을 수복한다. 경상우도가 그의 보호 밑에 있었고 이렇게 적의 호남 진출을 저지할 수 있었다. 정인홍은 합천에서 의병을 일으켜 일본군을 물리쳤다. 그는 이듬해 의병 3천 명을 모아 성주·합천·함안 등지를 방어하게 된다.

김면은 조종도·곽준 등과 거창·고령에서 의병을 규합한 후 적의 선봉을 관군과 함께 지례에서 요격, 격퇴시켰다. 그는 무계에서도 승리, 그 공으로 합천군수에 오르게 된다. 경상좌도가 거점인 권응수는 정세아 등과 함께 의병을 이끌고 영천을 탈환했다.

그는 또 학연·예천·문경 등지에서 연전연승, 적에게 공포의 대상으로 떠오르게 된다. 9월에는 김해가 일어나 경상도 북부지방을 제압하면서 적군의 전라도 침입을 견제하게 될 것이다.

호남에서는 고경명과 김천일이 대표적이다. 고경명은 유팽로 등과 담양에서 의병을 일으키고 의병장으로 추대되었다. 그는 각 도와 제주도까지 격문을 보내고 근왕병을 모았다. 그가 대열을 이끌고 왕이 있는 곳으로 향하려 할 때 금산으로 적이 들어왔다. 7월 9일 그가 이끄는 의병은 적군과 정면대결하였으나 대패, 고경명은 아들 인후 및 유팽로·안영 등과 함께 전사한다.

그뒤 맏아들 종우가 12월에 의병을 일으켜 이듬해 6월 2차 진주성 싸움에서 전사하게 된다. 김천일은 나주에서 의병을 일으켜 선조가 있는 평안도를 향하다가 강화도로 들어갔다. 그는 점령하의 도성에 결사대를 잠입시켜 백성들에게 많은 군자금을 모았고 한강변 적 진지를 급습했다.

칠백의사(七百義士), 왕이 계신 곳까지

충청도에서는 곽재우와 거의 동시에 병사를 일으킨 조헌이 10명의 유생과 회동하고 공주·청주 사이를 왕래하며 의병을 모집, 옥천에서 봉기했다. 차령에서 적에게 포위당했지만 격퇴시켰고 온양·정산·홍주·회덕 등지에서 의병 1천6백 명을 얻었다.

묘향산 노승 휴정(서산대사)이 각 사찰에 격문을 발하니 각지에서 의승군이 봉기했는데, 조헌은 이중 영규가 이끄는 의승군 5백과 합세, 청주성을 회복하고 금산에 주둔한 적군을 공격하기 위해 움직였다. 그러나 약속했던 관군이 오지 않았다.

의병들은 상당수 흩어지고 칠백의사만 남아 생사를 함께 하기로 맹세한다. 의승장 영규와 조헌 부자를 포함한 칠백의사는 적군의 총공세를 받아 장렬하게 최후를 마쳤다. 헛되지는 않았다. 적군도 피해가 커서 후퇴, 호서·호남지방은 온전해졌다.

경기도에서는 홍계남과 우성전이 대표적이다. 홍계남은 아버지를 따라 의병을 일으켰는데 양성·안성을 활동무대로 유격전을 전개, 적이 감히 접근할 수 없었다. 인접한 충청도 여러 읍도 덕분에 안전했다.

우성전은 강화·인천 등지에서 의병을 일으켰다. 황해도는 사정이 가장 열악했다. 구로다 군이 온갖 약탈을 자행한데다 반군들도 많았다. 그러나 전 이조참의 이정암이 의병을 일으켜 연안성을 굳게 지켰다. 구로다는 5천 명의 병력으로 강습한다.

그러나 이정암은 8월 27일부터 9월 2일 아침까지 4주 동안 격렬한 싸움을 통해 구로다 군을 물리친다. 이로 인해 연해의 여러 읍도 회복되었고 해상교통도 강화도와 연안을 통해 의주의 '왕 계신 곳'까지 이를 수 있었다.

함경도에서는 현직 관원 정문부가 경성에서 의병을 일으켰다. 그는 9월에 경성을 수복하고 길주·쌍포 등에서도 가토 군을 격파, 함경도 수복에 큰 공을 세웠다.

의승군의 활약은 매우 크고 또 전국적이었다. 앞서 말한 영규 외에도 처영이 호남에서, 유정이 관동에서, 그리고 의엄이 해서에서 의승병을 일으켰고, 그 수가 매우 많았으며 숱한 전과를 올렸다.

다시, 바다와 육지

이 모든 것의 바탕도 모태도 이순신의 바다이다. 4차 출동은 8월 24일부터 9월 2일까지. 이제부터는 부분·수세·유인·포위전이 아니고 전면·공격전이다. 이순신의 연합함대는 적선 본거지인 부산포를 향했다. 절여도(영도)에 이르러 적선 수척을 격파하고 부산포 내항에 이르니 열지어 정박한 적선이 470척. 이순신 함대는 거북선을 앞세워 적선을 분파했다.

그러나 적장은 군사를 하선시키고 육지에서 총포를 난사한다. 종일 교전 끝에 적선 1백여 척을 파괴했다. 이순신 함대는 적을 완전 섬멸은 못 하고 2일 여수로 돌아왔다. 그러나 일본 수군은 그후 해전을 기피하고 육병으로 화하는 기현상을 보였다.

이순신도 마찬가지였다. 그는 해안에 의지한 채 방어에만 힘쓰는 일본 수군에 육군용 포 비격진천뢰를 퍼부어댔던 것이다. 이 해전에서 이순신은 아끼던 부장이자 거북선의 실질적인 제조 책임자였던 정운을 잃었다. 그를 포함해 전사 6명, 부상 25명……

1차 출동은 불의의 기습이었다. 2차 출동은 선제 공격 및 유리한 지형지물로의 유인작전, 3차 출동 때는 더 넓은 곳으로의 유인 및 학익진, 적이 바다로 나오지 않자 적선을 불태워버리는 작전, 그리고 4차 출동 때는 총진격.

부산포가 요새화된 것을 알고 여러 장수들이 깊이 들어가기를 꺼리자 그는 독전기를 높이 들고 진격을 재촉했다. 이때의 연전연승은 모두 이순신의 탁월한 지휘 및 전술능력, 그리고 적함보다 월등한 거북선의 전투능력에 기인한 것이다.

고니시는 임진강에서 한 번, 대동강에서 한 번 강화를 청했다. 그러나 강화조건은 매우 굴욕적인 것이었다. 명군의 1차 평양 공격이 참패로 끝나자 고니시는 명에 직접 강화를 청하고 명은 화의에 응할

레고 몬테이로, 〈그리스도 강
가(降架)〉.

기세를 보였다.

이때 이항복과 이덕형의 외교적 활약은 앞서 말한 대로이다. 그런
데 변수가 등장한다. 조선에 주둔한 패전 명군이 일본과의 화의 주선
을 심유경에게 맡기는 것이다.

거간(居間)과 막간(幕間), 진주대첩

심유경은 8월 29일 고니시를 만나 강화 조건을 논의한다. 그는 50
일 이내로 구체적인 조건을 가져오겠다고 했고 쌍방은 그 동안 일본
이 평양 이상 침입하지 않고 조선 또한 남쪽에서 작전치 않기로 합
의했다.

이 엉뚱한 짓은 어떤 연유에서인가? 그는, 그도 조국을 위기에서
구하려고 했던 것일까? 그렇지 않다. 그는 자만에 가득 차서 외교의
중간역할과 시간 벌기를 사기술(詐欺術)과 크게 혼동, 나라에 엄청난
위해를 입힌다.

우선 임진년 10월에 정비된 관군과 휴정의 의승군이 합세, 평양성

을 탈환하려는 움직임이 있었다. 그리고 11월에는 의승군 단독으로 평양성에 진격하려는 움직임도 있었다. 그런데 심유경이 '화의차' 적진에 있다는 이유로 불발, 때를 놓치게 된다.

이럴 즈음 남쪽 진주에서는 혈투가 벌어진다. 진주는 호남으로 가는 관문이었다. 적장 우시바가 거느린 군대는 3만. 성 안에는 군사 3천과 백성들이 있었다. 진주목사 김시민은 군인과 백성들을 독려, 마지막에는 끓는 물과 도끼를 무기삼아 3만의 일군을 물리쳤다.

의병장 김천일이 구원병을 이끌고 달려왔고 이 전투에서 일군 1만 명이 사망했다. 김시민 자신도 전사했다. 이것이 바로 진주대첩이다. 화의라…… 그러나 심유경의 화의는 화의냐 전쟁이냐의 문제가 아니다.

후에 일본의 재침(정유재란)이 바로 심유경의 '화의' 때문에 일어난다고 해도 과언이 아니다. 어쨌거나 명 조정은 1차 원병에 실패하자 화전(和戰) 양론으로 나뉘었지만 결국 파병 쪽으로 기울었다.

명 조정은 반란을 평정한 용장 이여송을 제독으로 4만 3천 명의군사를 다시 파병키로 결정한다. 이여송의 명 원군은 이듬해 1월 평양 근방에 이르렀다. 순변사 이일(그가 아직 살아 있다니!)의 관군, 그리고 휴정이 이끄는 의승군 수천여 명이 합세했다.

1월 28일 명군의 대포를 앞세워 평양 공격이 시작된다. 고니시 등은 일찌감치 세 불리를 깨닫고 성 안에 불을 지르고 패주했다. 의승군의 역할이 두드러졌다. 일군은 대동강 얼음도 밟으며 주야로 달려 2월 10일 황해도 배천에 도착했다.

배후(背後), 행주대첩

황해도 해주에 진을 쳤던 구로다가 그들을 맞아 고니시를 먼저 후퇴시키고 자신도 군사를 거두어 개성으로 철수했다. 퇴각인가? 아니다. 좌의정 유성룡이 황해도 방어사를 시켜 고니시 군의 퇴로를 끊게 한 것까지는 좋았다. 이여송이 평양을 탈환하고 곧바로 개성으로 진격한 것도 좋았다. 개성을 지키고 있던 고바야가와는 구로다와 함께 서울로 퇴각한다.

남쪽에서는 1592년 7월 광주목사로서 배티 싸움에 대승한 공으로 전라도 관찰사 겸 순찰사가 된 권율이, 관군·명군의 평양 수복 및 남하 소식을 듣고 서울 수복 작전에 합세하기 위해 북상중이었다. 이여송은 물러나기만 하는 일본군을 얕잡아보고 계속 진격, 일본군을 쫓아 서울로 향한다. 그러나 그게 문제였다. 일본군은 퇴각로가 없었다. 남에선 권율이 올라오고 서해안은 막혔다.

이러는 동안 이순신은 부산과 웅천에서 일 수군을 궤멸시키고 한산도로 진을 옮겼다가 명 원군이 오자 그도 죽도로 진영을 옮겨 장문포에서 일본군을 격파하는 등 적군의 후방을 교란했다. 퇴각하던 일본군은 서울 북쪽 40여 리 지점인 벽제관 남쪽 숫돌고개에 정예병을 매복시켰다가 명군을 기습케 했다. 이 기습작전은 크게 성공, 대패한 이여송은 기가 꺾여 더 이상 진격하지 못하고 개성으로 후퇴했다.

이원익은 평양 탈환에 공을 세우고 평양에 남아, 군병을 관리하고 있었다. 그는 선조 환도 이후에도 평양에 남게 된다. 유성룡은 다시 영의정에 올라 4도 도체찰사를 겸하며 군사를 총지휘했다.

이항복과 이덕형 또한 평양·개성 탈환작전에 참가했다. 유성룡·이항복·이덕형이 재공격을 주장했지만 이여송은 듣지 않았다. 아니, 함경도의 가토 군이 평양을 기습한다는 소문에 그는 명군 부사령관을 개성에 두고, 조선 장수들에게는 임진강 이북에 포진할 것을 엄명한 후 다시 평양으로 후퇴한다.

이순신과 논개 19장

황진이를 배경으로 2

이 장은 이순신의 몰락과 재기, 그리고 죽음을 본격적으로 다룬다. 그런데 그것을 통해 '창조' 되는 이순신의 민간적 역사, 혹은 신화를 이해하려면 우리는 기생 계월향과 논개, 심지어 황진이를 배경삼아야 한다. 그렇게 볼 때, 그렇다. 이순신 이야기는 통틀어 공리 공론의 당쟁에 휘말린 조선의 유교정치의 본질적 불구를 극복하기 위해 백성이 내놓은 총체적인 해답이 된다.

대적

할 수 없이 유성룡은 권율과 경기수사 이빈에게 파주산성을 맡기고 이여송을 따랐다. 이때 서울을 점령한 일본군 숫자는 무려 20만 명. 가토의 평양공격설은 사실과 정반대였다. 가토는 고니시가 서울로 퇴각했다는 소식을 듣자마자 자신도 철군을 서둘러 서울로 물러났던 것이다. 권율의 휘하 병력은 승장 처영의 1천을 포함, 1만 명도 채 못 되었다. 적장들은 배티에서 당했던 치욕적인 패배를 상기하면서 총공세 작전으로 나왔다. 이제까지 한 번도 진두에 나서본 적이 없는 우키타가 대장을 맡았고 본진 장수들까지 7개 대대로 나누어 산성으로 진군해온다.

파주산성은 서울에서 북쪽으로 30리 떨어진, 배수진을 치기에 적합한 장소였다. 성 안에는 화살과 칼·창 외에 화차, 수차 등 특별무기도 마련되어 있었다. 2월 12일 선봉 1백여 기에 뒤이어 대군이 몰려온다. 선봉은 1대장 고니시. 그는 평양 전투에서 패주한 후 벽제관 싸움에도 참전하지 않다가 일거에 만회하겠다는 일념으로 나온 것이었다.

성 안의 아군은 일시에 화차로 소포를 발사하고 수차석포(水車石砲)로 돌을 쏘아댔다. 그리고 진천뢰와 총통에 강한 활시위까지 당겼다. 고니시 군은 궤멸상태에 빠져 물러갔다. 이시다가 인솔한 2대도 마찬가지. 3대를 지휘한 구로다는 연안성에서 대패한 경험을 바탕으로 긴 사다리 위에 누대를 만들고 총수 수십 명으로 하여금 성 안으로 조총을 쏘게 했다. 그러나 조경이 대포를 쏘아 그것을 깨뜨리고 비수화살을 날리니 맞는 자마다 즉사한다.

총대장 우키노가 크게 노하여 선봉에 서자 소속된 제4대 장병들이 모두 그를 따랐다. 그들은 쓰러지면서도 계속 전진, 제1성책을 넘어 제2성책까지 접근했다. 관군이 동요했지만, 권율의 독전으로 위기를 넘겼다.

후회와 모색

그렇게 일군은 7대까지 몰아닥치고 승의군의 동요가 급박한 상황을 연출했으나 권율이 대검을 빼들고 총공격을 호령했다. 불이 오면 물로 막고 가까이 오면 재를 뿌렸다. 일군은 지휘관을 포함, 사망자가 산더미처럼 쌓였지만 공격을 멈추지 않았다.

화살이 다하여 투석전이 벌어진다. 이때 부녀자들이 가세, 치마를 찢어 짧게 하고 돌을 날랐다. 그래서 행주산성이다. 적이 그것을 알아차리고 총공세를 펴려 할 때 이빈이 수만 개의 화살을 배 두 척에 싣고 한강을 거슬러올라온다. 후방을 칠 기세였다. 적은 마침내 당황, 후퇴하기 시작했다. 권율은 그들을 뒤쫓아 130명을 목 베고 숱한 군수물자를 노획했다. 이것이 한산대첩, 진주대첩과 더불어 임진왜란 3대 대첩으로 일컬어지는 행주대첩이다.

이여송은 평양으로 회군하던 중 이 소식을 듣고 급히 회군한 것을 후회하였다고 한다. 그러나 그는 후회와 상관 없이 전의를 상실하고 일본과의 화의를 모색하기 시작했다. 유성룡이 그런 이여송을 정면으로 비난했지만 소용없었다. 권율은 행주대첩 이후 김명원의 뒤를 이어 도원수가 되었다.

그 동안 명군은 심유경을 서울의 일본 진영에 보내어 화의를 계속 추진했다. 일본군도 각지의 의병 봉기 및 명군 진주, 악질(惡疾)의 유행 등으로 전의를 잃고 화의에 응답, 4월 18일 도성을 나와 경남 지방으로 물러난다. 화의는 지지부진하게 진행되고 전쟁은 소강상태로 접어들었다. 휴정에게서 승군의 지휘권을 넘겨받은 유정은 서울을 되찾는 싸움에서 험난한 수락산 쪽을 맡았는데 이 무렵 적장 가토와 만나 평화회담을 독자적으로 열기도 했다.

끔찍한 평화

유정은 왜란이 끝난 후 사신으로 일본에 건너가 우리측 요구를 당당하게 주장한다. 휴정은 서산대사로, 유정은 사명대사로 더 잘 알려져 있다.

어쨌거나, 잠시 평화가 온 듯했다. 그런데 그 평화는 아무것도 해결되지 않은, 아니 끔찍한 평화였다. 그리고 이순신에게도 불행한 평화였다. 1539년 8월 그가 3도 수군통제사로 제수되자 원균은 노골적인 불만을 폭발시킨다. 원균은 이제까지 포상에서 자신이 이순신에게 뒤지는 것이 내내 불만이었다. 이해할 수 있는 일이다. 그는 주관적이라서, 고생 많이 한 자가 공도 많은 것이라고 생각했을 게다. 고생이야 그만큼 한 사람이 또 누가 있겠는가.

원균의 불만은 당분간 그냥 두자. 이순신을 포함한 모든 현장지휘관이 '일본군과의 교전을 삼가라'는 지시를 받은 마당에 일본의 끔찍한 보복전이 벌어진다.

대상은 진주성. 김시민이 이마에 총
탄을 맞으며 5배가 넘는 적군에 맞서
지켜냈던 그곳이다. 2차 진주성 싸움은
1차 때보다 더 처절하고 치열했다. 아
니, 이 '평화시'의 싸움은 임진왜란을
통틀어 가장 대규모적이고 잔혹한 전투
중 하나였다. 의병장 김천일, 경상우병
사 최경회, 충청병사 황진 등이 이 전
투에서 전사했다. 그리고 성 안에 있던
사람 수만 명이 일본군의 칼날에 몰살
당했다.

논개 영정. 그녀는 죽음으로써 사회 전체를
아름다움 속으로 해방시킨다.

논개는 이때 기생이다. 그녀는 적장
을 접대하는 척하다가 끌어안고 남강물
에 몸을 던졌다고 한다. 논개는 성이 주씨이며 최경회 혹은 황진의
애인이었다는 설도 있다.

아름다운 육체

그러나 중요한 것은 그녀가 흡사 정철처럼 아름다움을 조국에 바
쳤다 하더라도, 정철과 달리 천기 출신임에도 불구하고, 아니 바로
그렇기 때문에, 그녀의 정절이 더욱 불타는 것처럼 보여지는 대목이
다. 그렇다. 그녀는 황진이처럼 조선시대의 어떤 본질적인 사회적 불
구를 진한 육체성으로 극복한다. 그녀는 죽음으로써 사회 전체를 아
름다움 속으로 해방시킨다.

확실히 이것은 조선의 유교적 폐쇄성에 적지 않게 부담이 되는 현
상이었다. 과연 그녀를 추모하는 지역민들의 열화 같은 소원에도 불

구하고 그녀를 표창하는 문제는 경종대(1720~1724년)에 이르러서야 공식적으로 논의되기 시작한다.

천한 관기의 '정렬(貞烈)'을 이해하기에는 조선 사회가, 아니 조선의 상부구조가 이미 너무 고루했다. 주민은 봉작을 내려주고 사당을 건립하여주기를 요청했다. 관은 인증자료를 제시하라고 요구하더니 자손의 급복(給復)에 대한 특전을 주는 선에서 그쳤다. 하긴 그녀에게야 무슨 상관이 있겠는가. 그녀는 스스로 해방을 쟁취한 것을. 그녀는 영원히 아름다운 육체인 것을.

다만 1739년(영조 16년) 경상우병사 남덕하의 노력으로 의기(義妓)사당이 세워지고 국고 지원으로 매년 추모제가 치러졌는데 후에 일제의 방해로 중단되었다. 이것은 '살아 있는' 논개의 성정을 다시 앙칼지고 표독스럽게 했겠다.

자, 이제 '남자' 이순신이 응답할 때이다. 그의 아름다운 육체와 영혼은 어떻게 만들어지는가? 개인적으로, 우선 원균이 필요하다. 그는 정말 자기 생각에 뻔뻔스러울 정도로 집착한다. 조정이 이순신을 3도 수군절도사에 임명한 것에 대한 불만이 너무 과하자 조정은 원균을 이듬해 12월 충청병사로 전출시킨다.

극단과 기회

그리고 얼마 후 다시 전라좌병사로 강등되었다. 그는 정말 얼마나 끈질기고 퉁명스럽게 불만의 일관성을 견지했던 것인지. 병사로 재직하면서도 여러 차례 수군작전에 관한 계획을 조정에 건의하는 성실함도 보인다. 조정에서는 점차 그를 기용하자는 의견이 인다. 그런 그에게 기회가 왔다.

그러나 이것은 종국적으로는 이순신을 위한, '국제적' 기회이다. 일본인 2중첩자 사건이다. 아니, 그전에 다른 사람들을 훑어보자.

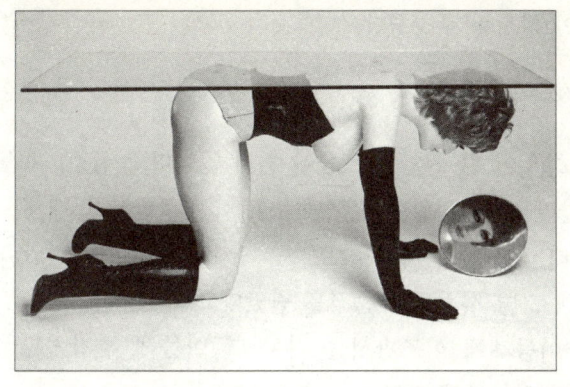

앨런 존스, 〈의자 여자〉.

　유성룡은 이여송의 화의를 비난하면서 군대양성과 함께 화포 등 각종 무기의 제조, 성곽의 수축 등을 조정에 건의했다. 소금을 만들어 굶주린 백성들을 진휼할 것도 요청하였다. 10월 환도 때 이원익은 평양에 그대로 남고 그는 이항복·이덕형 등과 함께 왕을 호위, 환도했다. 군비확충에 대한 그의 관심은 정말 지대했다. 환도하자마자 훈련도감 설치를 요청하고, 이듬해 도감이 설치되자 책임자로서 병서를 간행했다.

　조령에 관둔전을 설치할 것을 촉구하는 등 군량미 확보에도 열심이었다. 그가 일본만 경계했던 것은 아니다. 환도하자마자 그는 변응성을 경기좌방어사로 삼아 '반적(伴賊)'들의 내통을 차단시켜야 한다고 주장했다.

　일본이 재침하기 전까지 그의 활동은 군비보완에 집중되었다. 환도 뒤에도 평양에서 군병을 관리하던 이원익은 1595년 우의정 겸 4도 체찰사로 임명되었다. 그러나 주로 영남체찰사 영에서 일했다.

　환도 이듬해 세자를 남쪽에 보내 분조(分朝)를 설치하고 경상·전라도의 군무를 맡아보게 했는데 이항복은 이때 대사마로서 세자를 보필했다. 같은 해 봄 전라도에서 송유진이 반란을 일으키자 여러 관료들이 세자·분조의 환도를 주장했다.

중용과 거짓

그러나 이항복은 그것이 난 진압에 도움이 되지 않는다고 상소, 환도를 중지시키고 반란을 곧 진압했다. 그는 병조·이조판서로 대제학을 겸하는 등 여러 요직을 거치고 밖으로는 명 사신 접대를 전담했다. 외교에 능란했고 명 사신들의 존경을 받았다고 한다. 이덕형은 1593년 병조판서, 이듬해에 이조판서를 거쳐 그 이듬해 경기·황해·평안·함경 4도체찰부사가 되었다.

그랬다. 그러던 날이었다. 이순신은 적선이 2~3척씩 나타나 노략질까지 하지 않나, 일본측 낌새가 심상치 않은 것을 보고도 아무 조처를 취하지 못하는 것을 한탄하며 일본의 재침에 꾸준히, 그리고 튼튼하게 대비하고 있었다.

뿐인가. 피난민 생업을 보장하고 산업을 장려하는 등 근본적인 대책 마련에도 힘썼다. 다음의 명시는 그때 쓰여진 것이리라.

> 한산섬 달 밝은 밤 수루에 홀로 앉아
> 큰 칼 옆에 차고 깊은 시름 하는 차에
> 어디서 일성호가(一聲胡茄)는 남의 애를 끊나니

화의는 진전이 없었다. 아니, 심유경에게 한계가 왔다. 심유경은 급기야 일본군과 같이 도요토미 히데요시의 본영에 들어가게 되었다. 도요토미 히데요시가 내놓은 '수교조건'은 오만불손 그 자체였다.

첫째, 명 황녀를 일본 후비로 삼을 것. 둘째, 무역 증인(證印)을 복구할 것. 셋째, 조선 8도 중 4도를 할양할 것. 넷째, 조선 왕자 및 대신 12인을 인질로 보낼 것…….

거짓과 충신

자신감의 표현인가. 도요토미 히데요시는 붙들려갔던 두 왕자를 풀어주었다. 하지만 이 조건을 심유경이 어떻게 '발설'이라도 할 수 있단 말인가! 그는 요구조건을 거짓으로 보고하여 '도요토미 히데요시를 일본 국왕에 봉하고 조공을 허락한다'는 내용으로 명의 허락을 얻어냈다.

도요토미 히데요시는 크게 노하여 사신을 돌려보내고 다시 조선 침략을 계획한다. 심유경은 국가를 기만했다는 죄로 처단되고 화의는 끝내 결렬되었다. 일본은 정말 재침을 강행하니 이것이 정유재란이다.

그런데 일본은 재침을 위해서는 그 누구보다도 이순신을 제거하는 것이 급선무였다. 아니면 어떻게 그 바다를 건너기나 한단 말인가? 일본 조정은 스파이 간계를 쓰기로 한다. 이것은 조선 조정의 약점인 당쟁을 정확히 꿰뚫어본 결과였다. 고니시의 부하이며 이중간첩인 요시라라는 자가 있었다.

그가 경상우병사 김응서에게 '긴급정보'를 건네준다. '가토가 몇날 며칠 바다를 건너올 것이니, 사로잡으라…….' 조정에서는 급히 이순신에게 체포 명령을 내렸다. 이순신이 보기에 이것은 분명 거짓정보였다. 가토는 이미 수일 전에 들어와 있었다.

하지만 조정의 명령이니 그는 출동했고, 조정에서는 가토를 체포하지 못한 죄로 이순신을 처벌하라는 상소가 빗발쳤다. 사실, 이 역정보는 당쟁의 틈새를 뚫고 들어간 정도가 아니었다. 당쟁 당사자들이 이 역정보를 활용한 것이다.

표적은 유성룡. 유성룡을 몰아내기 위해서는 그가 천거해서 임진왜란 때 큰 공을 세운 이순신을 모함할 필요가 있었다. 원균은 이때

시의적절한 모함 상소를 올렸다. '이순신이 명령을 어기고 출전을 지연하였다……'

지옥행(地獄行)

크게 노한 선조는 이순신을 잡아들이게 하고 원균에게 그 직을 대신 맡겼다. 유성룡이 간청한다. '통제사의 적임자는 이순신밖에 없다. 만일 한산도를 잃는 날이면 호남지방 또한 지킬 수 없다……' 그러나 그의 세는 이미 기울고 있었다. 그의 호소는 다른 대신들의 처벌 요구에 가려 선조를 설득하지 못했다.

이순신은 전선을 거느리고 가덕도 앞바다에 있다가 소식을 듣고 한산도 본영으로 돌아와 원균에게 직위를 인계했다. 이때 한산도에는 군량미가 외부 것을 제외하고 조 9,914석이 있었고 화약은 4천 근, 총포는 선적 적배분말고도 3백 자루가 있었다.

실로 막강한 군비였다. 이원익은 도체찰사로 영남지역을 순시하고 있다가 체포 소식을 듣고 반대의 뜻을 올렸다. 왜군이 두려워하는 것이 바로 수군인데, 이순신을 원균으로 바꾸어서는 안 된다……. 그러나 소용없었다.

이순신이 압송되는데 가는 곳마다 백성들이 몰려 통곡을 하며 땅을 치고 운다. '사또, 우릴 두고 어디로 가십니까. 이제 우리는 모두 죽었습니다……' 이 장면은 조정 대신을 크게 자극했을 것임에 틀림없다.

이 장면이야말로 조정 간신배들이 공론만 일삼는 '도학정치'와 정말 뼈아픈 대조를 이루었던 것이다. 이순신이 조사과정 중 혹독한 고문을 당하는 것은 주로 그 질투심과 연관이 있다.

조정을 기만하고 임금을 무시한 자, 적을 토벌하지 않고 나라를 저버린 자, 다른 사람의 공을 빼앗고 모함한 자, 방자하여 거리낌이 없

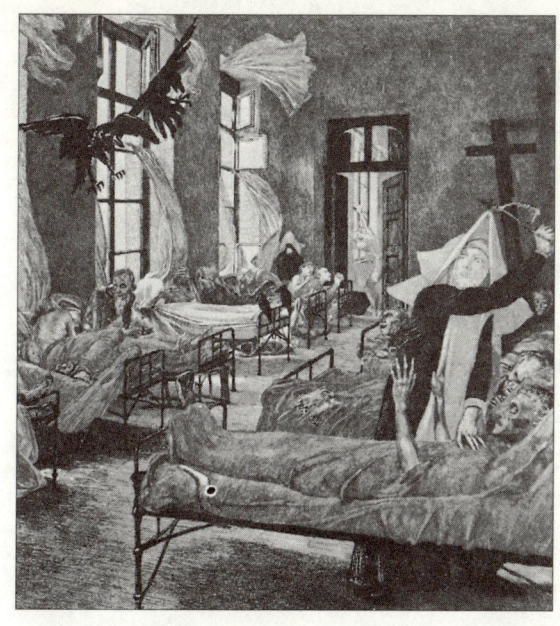

막스 클링거, 〈재앙〉.

는 자……. 이 모든 죄목 공세에 그는 남을 끌어들이거나 헐뜯는 일
없이 자초지종을 낱낱이 고했다.

여기서 사육신 재판 피고들의 강퍅성이 극복된다 할 것이다. 이순
신은 죽을 고비를 맞았으나 73세의 노대신 우의정 정탁의 간곡한 청
으로 겨우 목숨을 건지고 권율 막하에서 두 번째 백의종군을 하게
되었다.

슬픔을 통한 복권

정탁은 이황의 문인으로 경자는 물론 천문·지리·상수(象數)·병
가에 이르기까지 정통했고, 곽재우·김덕령을 천거한 신하로서 정유
재란 발발 후 칠순을 넘긴 몸으로 출전을 자원했다가 만류당한 바
있는 사람이다.

이순신은 권율 부대로 향하던 도중 어머니의 부고를 받는다. '세상 천지에 나 같은 자도 있을까. 일찍 죽는 것만 같지 못하구나…….' 그는 그렇게 한탄하였다고 한다.

원균은 의욕에 넘쳤지만 적을 잘 몰랐다. 이순신에게 당했던 만큼 재침 일본의 수군은 강력했을 것이 당연하다. 그러나 그 점이 원균의 눈에는 보이지 않았다. 이순신을 대수롭지 않게 보았기 때문이다. 원균은 무리하게 삼도 수군을 이끌고 부산의 적을 공격하다가 칠천량 해전에서 대패, 전라우수사 이억기, 충청수사 최호 등과 함께 전사했다. 이 패전으로 이순신이 길러온 무적함대는 전멸하고 말았다.

원균은 앞서 말했던 대로 특히 무능하거나 비겁했던 사람은 아니다. 조정은 후에 그를 이순신·권율과 함께 공신 1등에 책록한다.

어쨌거나 삼도 수군의 전멸 소식에 접한 선조는 얼굴이 하얗게 질렸다. 정말 큰일이었던 것이다. 이순신조차 초계에서 그 소식을 듣고 '다시 희망을 걸 수가 없게 되었구나'라고 탄식했다 한다.

이순신의 명량대첩 민족기록화.

조정은 황급히 비상대책회의를 열었지만 대신들은 뾰족한 수가 없었다. 아니, 조정 자신의 당쟁적 모순을 해결할 수가 없었다. 물론 이순신이 있었다. 하지만 불과 며칠 전에 역적으로 몰았던 그를 정말 염치도 없이 어떻게 부른단 말인가.

이순신을 부른(부를 수 있는) 자는 과연, 어느 당파에도 속하지 않은 자, 즉 병조판서 이항복이었다. 그렇게 이순신이 다시 기용된다. 왕인 선조조차 이순신에게 할말을 잃고 더듬거린다.

당쟁과 난국, 그리고…

'지난번 경의 관직을 빼앗고 죄를 준 것은 또한 사람이 하는 일이라 잘 모르는 데서……. 그래서 패전의 욕을 보게 된 것이니…….'

이 말은 당쟁에 휘둘린 왕의 처지를 적나라하게, 왕의 본의와 무관하게 보여준다. 이순신이 다시 한산도에 도착했을 때 남아 있는 것은 선박 12척에 병사 120명이었다.

그러나 그는 실망하지 않고, 또 조정의 만류에도 불구하고 수전(水戰)에 나섰다. 이제부터 이순신이 순직하는 과정이 펼쳐진다. 이 과정은 계백과 비교하면 매우 흥미롭다. 그는 장병들에게 특별히 필승의 신념을 일깨웠다. 그리고 13척의 전선과 빈약한 병력을 거느리고 명량에서 133척의 대군과 회전, 31척을 쳐부수는 전과를 올렸다. 이 명량대첩은 수군을 재기시키는 데 결정적인 역할을 한다.

명량대첩은 사실 정유재란 전체의 분수령이다. 일본군은 원균을 대파한 후 도요토미 히데요시로부터 호남·호서지역 석권령을 받았다. 이들과 조선·명 연합군이 격돌한 곳은 남원. 격전 사흘 만에 남원은 함락되고 명 부총령 양원은 겨우 목숨을 구했다.

이어 전주성도 무너지고, 도성에서 백성들이 흩어지고 조정에서 다시 왕의 피난을 거론하기 시작했으며, 남쪽에서 밀려 올라온 명군이 한강에서 서울을 지키고, 평양의 명군도 급히 서울로 와서 합류한다. 1597년 9월 5일, 일본군은 소사평 전투에서 대패, 북상을 완전히 차단당했다. 그리고 10일 후 바다에서 이순신이 명량대첩으로 일본의 서진(西進) 자체를 막아버리게 되는 것이다.

그렇다면 김유신 혹은 장보고인가? 아니, 한 단계 더 뛰어넘어야 한다. 그는 분명, 자신의 죽음을 향해 내닫고 있었다.

순직

제해권을 다시 찾은 그는 보화도(목포 고하도)로 옮겼다가 이듬해 2월 다시 고금도로 옮겨 진을 설치하고, 백성들을 모집하여 둔전을 경작시켰다. 장병들이 다시 모여들고 난민들도 열지어 들어와 삽시간에 수만 가를 이룬다. 군진의 위용도 한산도 시절의 10배를 능가하게 되었다. 바다는 이순신 함대에 완전히 장악된다. 여기서 그는 윤관·최영뿐 아니라 이성계까지 능가하게 된다.

겨울이 닥쳐오므로 일본군은 10월부터 남해안으로 집결하기 시작했다. 십수만 명의 일본군이 울산·순천 간 남해안 8백 리에 성을 쌓고 진을 쳤다. 이즈음 유성룡이 실각한다. 조선이 일본과 연합하여 명을 공격하려 한다는 무고가 명 조정에 날아들었는데 이를 해명하러 가지 않는다는 북인들의 탄핵에 그가 관작을 삭탈당하는 것이다. 이것은 물론 권력투쟁에서 그가 밀린 결과이다.

그리고 이러한 때에 일본에서 도요토미 히데요시가 사망한다. 그의 유언은 군대 철수. 일본군은 명 육군제독에게 뇌물을 주어 퇴로를 열었다. 그리고 명 수군제독에게도 뇌물 공세를 폈다. 그러나 이순신이 그를 설득한다.

그 사흘 후인 11월 18일 고니시의 구원요청을 받은 시마즈가 병선 5백 척을 거느리고 야음을 틈타 남해 노량을 습격해왔다. 이순신은 분향을 하며 하늘에 맹세하고 새벽에 출전, 적함대 절반을 파괴했다. 적은 관음포로 빠졌다가 퇴로가 없어 다시 튀어나왔다. 이순신은 친히 그 적진으로 뛰어든다. 그리고 유탄이 날아와 그의 가슴에 꽂혔다. 그의 유언은 이랬다. '싸움이 바야흐로 급하니 내가 죽었다는 말을 삼가라……'.

군함 위에서 지휘하는 이순신 장군의 모습.

운명을 지켜본 아들은 그대로 통곡하려 했으나 이문욱이 곡을 그치게 하고 천으로 시신을 가린 다음 북을 치며 앞으로 나아갈 것을 재촉했다. 이순신이 죽은 것을 모르는 병사들은 왜군을 대파했다.

죽은 자와 산 자

죽은 순신이 산 왜군을 물리쳤다……. 그의 부음이 전해지고, 호남 사람들의 남녀노소할 것 없는 대성통곡이 나라를 뒤흔들고 잦아진 후 사람들의 평가는 그랬다. 계백이 자살이었다면 이순신도 자살이겠다. 그러나 이순신은 계백의 순교정신조차 넘어선다. 계백은 예술을 남겼지만 이순신은 나라를 살렸고, 그만큼 더 도학적이며 더 예술적이다.

이순신은 조선이 염원했던 그 모든 것, 그러나 불가능했으며 설령 가능했더라도 개개가 극단적인 대립을 일삼았던 그 모든 것의 (이상이 아니라) 현실적 실현이었다. 그는 무능한 왕권과 대비되는 백성의 힘 그 자체를 대변한다.

그의 지극한 애국심, 숭고한 인격, 그리고 위대한 통솔력은 조선 백성의 염원 그 자체의 결정인 것이다. 한 영국인 해전사(海戰史) 학자는 이순신을 영국 최고의 해군제독 넬슨에 비유하면서 이렇게 쓰고 있다.

　영국 사람으로서 넬슨과 어깨를 견줄 사람이 있다는 것을 시인하기란 항상 어렵지만 견준다면 그것은 필시 동양의 이 위대한 해군사령관일 것이다……. 그러나 우리는 넬슨과 이순신을 견줄 필요를 느낄 수 없다. 이순신, 그는 백전백승의 명장일 뿐만이 아니다. 그는 수난받는 백성의 피와 땀으로 빚어낸 성자인 것이다.

　강강수월래 이야기가 그 사실을 주해한다. 해남 우수영 진을 치고 있을 때 아군 수가 너무 적었다. 이순신은 마을 부녀자들을 모아 남장케 하고 옥매산 허리를 빙빙 돌게 하였다. 적은 이순신의 군사가 한없이 계속해서 행군하는 줄 알고 퇴각했다고 한다.

　강강수월래. 강한 오랑캐가 물을 건너온다……. 이후 강강수월래는 조선 부녀자의 대표적인 놀이문화로 자리잡게 되었다. 고대로부터 내려온 민족축제 속으로 이순신이 터를 잡는 것이겠다.

　그는 살아서 조국을 구했고 죽어서 나라의 영원한 사표가 되었다. 그 나라는 문무를 겸비한, 아니 인격이 총체적으로 계발된 백성의, 백성에 의한, 백성을 위한 나라이다.

그후, 더 큰 세 나라

　7년 동안 진행되었던 조일전쟁은 이순신의 생애가 상징하는 바 백성들의 힘에 의하여 조선의 승리로 끝났다. 그러나 피해가 엄청났다. 전쟁 전 170만 결에 이르던 경지 면적이 54만 결로 줄어들었다. 국민의 생활은 처참 그 자체로, 서로 죽여 그 살을 먹을 정도였다. 사회적으로도 대변혁이 일었다. 전쟁에 동원하고 민심을 수습하는 과정에서 서얼에게 관직이 허용되고, 향리의 무반 취임이 가능해지고 노비가 풀려나는 등 신분제약이 느슨해졌다.

조정에 불만을 품은 자들은 민심을 선동, 난을 일으켰다. 1594년 송유진의 난, 1596년 이몽학의 난. 이 난은 일반 백성의 의식에 커다란 영향을 미쳤다. 문화재 손실 또한 막심했다. 숱한 건축물과 서적·미술품 등이 소실되거나 약탈되었다.

병제가 급속히 발전했고, 숱한 무기가 발명되었다. 난을 통해 백성들의 애국심이 고취되었지만 사대사상은 더욱 굳어갔고, 명군이 전파한 관우숭배사상이 백성들 사이에 뿌리를 깊게 내렸다

일본침략군 중에는 기아를 못 이겨 조선에 투항한 자가 많았고, 조선백성 중에는 일본에 포로로 끌려간 자가 부지기수였다. 임진왜란은 일본과 명에도 커다란 영향을 끼쳤다. 조선이 난으로 인해 관료제가 완전히 무너지고 경제가 파탄에 이르렀다면 명은 국력이 크게 소모되어 결국 여진족의 청에 의해 패망하게 된다.

일본은? 이중적이다. 무리한 전쟁을 오래 끈 탓에 국민생활이 피폐해졌고 일본 국내의 봉건제후 세력이 약화되었다. 그러나 바로 그렇게 도쿠가와 이에야스는 손쉽게 일본을 재통일하게 된다. 조선에서 약탈해간 성리학 서적과 활자가 일본 지배계층의 통치철학 수립에 지대한 공헌을 하게 된다.

임진왜란을 일본의 변태유학으로 부르는 까닭이다. 조직적으로 납치된 조선 도공들이 도자기 문화를 크게 일으켰다. 임진왜란을 도자기 전쟁으로 부르는 까닭이다. 그뿐인가. 일본은 숱한 양민들을 잡아다가 경작에 종사시키거나 노예로 동남아에 팔아넘겼다. 임진왜란을 노예전쟁으로 부르는 까닭이다.

역대 왕조 계보 　부록
한국사 연표

역대 왕조 계보

조선 〈519년, 1392~1910〉

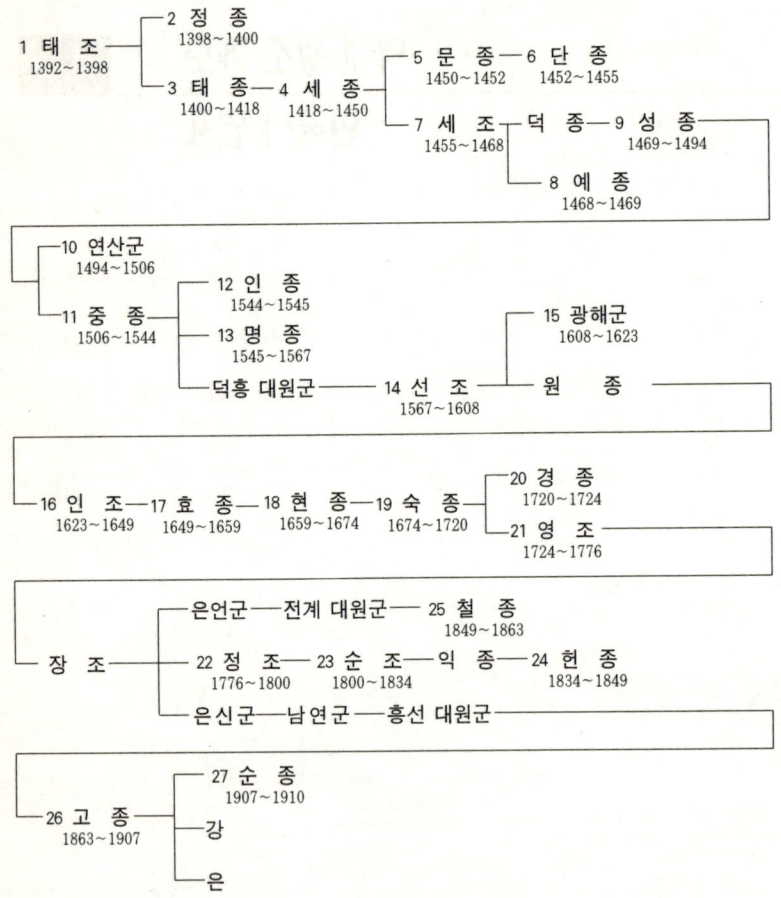

한국사 연표(조선)

정치	사회	문화
1392 이성계(태조), 수창궁에서 즉위(조선왕조 개창). 문무백관의 제도를 정함.		
1393 왕, 계룡산에 가서 왕도가 될 만한 곳을 찾음. 국호를 조선으로 고침	1393 6학을 둠	1393 연복사5층탑이 완성됨. 정도전, 〈몽금척(夢金尺)〉〈수보록(受寶綠)〉〈개언로(開言路)〉 등 악사(樂詞) 3편을 찬진함
1394 도읍지를 한양으로 정함		1394 정도전, 《조선경국전》을 편찬
	1395 신궁을 경복궁으로 함	1395 정도전 등《고려사》 37편 펴냄
1396 4도감 13소를 둠. 김사형 등 왜구의 근거지인 이키·쓰시마 섬을 공격		1397《경국육전》간행
1398 제1차 왕자의 난이 일어남. 왕세자 방과에게 전위함 (정종)		1399《향약제생집성방》을 편찬함

1392 일본, 남북 양 황통(皇統)을 합일하고 황위(皇位)는 북조계통만으로 세습
1395 티무르, 서아시아를 통일하고 킵차크·동타카타이 우국(于國)을 정복

정치	사회	문화
1400 제2차 왕자의 난. 이방원을 세자로 삼음. 방원에게 왕위를 선위함(태종)	1400 노비변정도감을 다시 둠. 천예(賤隷)의 기마(騎馬)를 금함. 문묘가 불탐	
1402 과전법을 처음으로 제정함	1402 호패를 줌	
1405 의정부의 서무를 6조에 귀속시킴		1403 주자소를 설치하여 계미자를 만듦
1407 백관의 녹과를 정함	1406 선·교 양종의 사사(寺社)를 정하고 토전(土田)과 노비의 수를 한정함	
1409 11도에 도절제사를 둠	1408 명나라 사신이 와서 조선의 미녀를 구함. 조선, 진헌색(進獻色)을 설치하여 동녀(童女)를 징집	1409 아악·전악의 천전지법(遷轉之法)을 정함.
		1410 《태조실록》의 편수를 시작함
1414 중앙의 관제를 고침. 의정부에서 담당하던 많은 업무를 6조에 귀속시킴	1413 대소신민에 처음으로 호패를 차게 함	1413 《태조실록》 15권 완성
	1415 각 품(品)의 노비수를 다시 정함	1416 하윤의 《동국약운(東國略韻)》 간행

1402 명나라, 혜제(惠帝)가 죽고 연왕(燕王)이 즉위(成祖)
1402 일본 의만(義滿)이 명의 국서(일본 국왕)를 받음
1405~1407 명나라 정화(鄭和)의 제1차 남해원정
1408~1411 명나라 정화의 제2차 남해원정

정치	사회	문화
1418 태종, 세자에게 왕 위를 물려 줌(세종) 1419 이종무, 왜구 근거 지인 쓰시마 섬을 정벌 1420 집현전에 사를 두고 영전사 · 대제학 등 녹관을 둠 1424 금속화폐 조선통보 를 주조하여 통용 1425 처음으로 동전을 사용 1428 내관 · 궁관의 제를 정함. 일본에 통신 사를 보냄	1422 재인(才人) · 화척 (禾尺)의 이동을 금 하고 모두 돌려보냄 1426 함경도 유민(流民)과 한성부 노비의 폭동 이 일어남 1427 여자는 14~20세 사이에 성혼케 함	1417《향약구급방(鄕藥救 急方)》을 간행(현존 최고의 한의서) 1423 유관 · 윤회에게 《고려사》를 개수케 함 1427 박연, 신제(新製)한 석경1가 12매를 올림 1429 정초,《농사직설》을 지음

1421~1422 명나라, 정화의 제5차 남해원정으로 본대는 수마트라 · 자바, 분대는 아프
　　　　　리카 · 페르시아만까지 도달함
1422 명나라 영락제, 제2차 타타르 친정(살호원 전투)
1424 명나라 영락제, 제 3차 타타르 친정 중 진중에서 사망
1424 명나라 정화, 제6차 남해원정(팔렘방까지)
1430 명나라, 개평위(開平衛)를 독석(獨石)으로 옮기고 북방을 포기

정치	사회	문화
1431 4품 이상을 대부(大父), 5품 이하를 사(士)라 칭함	1431 명에 사람을 보내어 산법(算法)을 배우게 함	1431 춘추관에서 《태종실록》을 완성.
1434 여진족을 추방하기 위해 동북·서북에 6진을 설치(4군 6진 완성)		1434 앙부일귀로 시간을 측정
	1435 화약고 설치. 1품에서 서인까지 혼례의 식을 정함. 호적에 등제를 정함	1435 주자소를 경복궁 안으로 옮김
1436 왜인 206명의 삼포 거주를 허가	1437 흉년으로 도적이 횡행	1437 일성정시의(日星定時議)가 완성됨
		1438 김시습의 《금오신화》가 간행됨
	1440 성혼기를 남 15세, 여 14세 이상으로 정함	1441 장영실·이천 등 세계 최고의 철제 측우기를 설치하고, 양수표(量水標)를 세움
1443 통신사를 일본에 보내어 대마도주와 세유선을 50척으로 약정하는 계해조약 체결		1443 집현전의 정인지·성삼문·신숙주 등이 중심이 되어 훈민정음 창제함
1444 양전산계법(量田算計法)을 제정		

1439 로마교회, 피렌체 종교회의에서 동서교회 합일을 선언했으나 나중에 불이행
1440경 북유럽, 1397년 이후 북구 3국이 통일 왕국을 유지

정치	사회	문화
	1445 절도 3범자는 교수형에 처하기로 함	1445 권제 등이 《용비어천가》 10권을 편찬하여 올림
1446 야인사급(野人賜給)의 정식(定式)을 세움. 환상분급법을 상정함. 군기점고의 법을 고침	1446 평안도 대성산을 근거로 하는 민란 일어남	1446 훈민정음을 반포함
1447 화포를 만듦	1447 부녀자의 상사(上寺)를 엄중히 금함. 함경 · 경기 · 황해 · 강원 등 각 도에서 민란 일어남	
1449 부거현(富居縣)을 부령으로 옮겨 부령부로 함(이로써 동북진이 완성됨)		1449 《석보상절》 《월인천강지곡》 간행
		1451 김종서 등이 《고려사》 139권을 개찬
1453 수양대군, 김종서 · 황보인 등을 죽이고 안평대군 부자를 강화에 압송하고 정권장악(계유정난)	1454 문 · 무관의 상복 · 흉배를 제정	1452 김종서 등이 《고려사절요》를 편찬
		1454 춘추관, 《세종대왕실록》 163권 완성

1445경 신성로마의 구텐베르크, 활판인쇄술 발명
1445경 이탈리아에서 르네상스 번성
1449 오이라트군이 침입하여 명나라 영종을 생포(토목(土木)의 변)
1450 오이라트의 에센을 격파하고 명나라 영종 귀국
1453 투르크가 콘스탄티노플을 함락하고 동로마제국을 멸망시킴

정치	사회	문화
1455 왕, 수양대군에게 왕위를 물려줌. 단종을 상왕이라 함 1456 성삼문·박팽년 등, 상왕의 복위를 도모하다 사형됨(사육신) 1457 상왕을 노산군으로 하여 영월에 유배함. 노산군(단종) 자살 1460 신숙주 등, 두만강 밖의 모인위(毛燐衛)의 여진족을 정벌함 1461 공물의 대납을 금함 1466 과전법을 폐지하고 직전법을 실시함	 1459 호패법 시행. 명경과 설치 1464 세조, 원각사를 건립할 것을 명함 1467 길주인(吉州人) 이시애 등, 반란을 일으킴. 함경도 지방의 농민 호응, 농민전쟁의 형태로 발전됨	 1458 태조·태종·세종·문종의《국조보감》7권 완성 1461 간경도감을 설치 1465 김종직,《경상도 지도지》편찬 1467 규위(땅의 원근을 재는 기구) 인지의(印地儀) 만듦

1455~1485 영국, 장미전쟁
1460 투르크, 그리스 전역을 병합하고 미스타라 전제왕국을 멸망시킴
1462~1505 모스크바 대공국의 이반 3세, 처음으로 차르 칭호 사용
1467 명나라, 건주 여진 정벌(성화3년의 전쟁)

정치	사회	문화
1468 세조, 세자(예종)에게 왕위를 물려주고 죽음. 신숙주 · 한명회 등을 원상으로 하여 조정의 업무를 관할함		
1470 직전세를 관수관급하게 함. 경국대전 이전 · 병전의 관제를 시행	1472 사치를 금하는 절목 11조를 제정	1470 《경국대전》 교정 완성
1473 왜구가 심하여 해안 지방의 방비를 엄하게 함		
1475 영안 · 평안 · 황해 3도에 면화를 경작케 함	1477 일체의 창사(創寺)를 엄금함. 부녀자 재가의 금지를 논의	1476 노사신 등 《삼국사절요》를 편찬
1478 임사홍 · 유자광을 유배	1478 예문관에 참외관을 병설케 함	1478 서거정 《동문선》 편찬
1479 일본에 통신사를 파견함		
1482 폐비 윤씨에게 사약을 내림		1481 서거정, 《동국여지승람》 50권을 찬진. 정극인, 〈상춘곡〉 〈불우헌가〉 〈불우헌곡〉 지음

1467~1477 일본, 응인문명(應仁文明)의 대란으로 전국시대가 시작됨
1475 투르크, 크림 반도를 정복하여 복속시킴

정치	사회	문화
		1484 서거정 등 《동국통감》 찬진함
1485 왜의 동철(銅鐵) 무역을 관에서 관장함	1486 전라도 공부, 공역의 과중으로 굶어 죽은 자가 많음	
1489 대마도주, 황금과 주홍(珠紅)을 바침		
1491 도원수 허종, 두만강 방면의 여진족을 정벌		1493 성현 등 《악학궤범》 완성
	1494 쌀값이 올라서 전국에 빈민들의 봉기가 일어남	
1497 폐비 윤씨를 추숭함. 대간들의 사직이 무려 70여 회에 이름		
1498 무오사화 일어남. 유자광 등의 무고로 김일손·권오복 등 처형됨. 김종직을 부관참시하고 김종직·김일손의 사초와 문집을 수거하여 불태움	1502 양계 입거인의 내지인과의 혼인을 엄금	1499 춘추관에서 《성종실록》을 완성 1500 《농사언해》《잠서언해》 간행

1485경 투르크가 발칸 반도 대부분을 영유
1488 바르돌로뮤디아스가 희망봉에 도달
1498 바스코 다가마가 인도항로 발견
1500 로마교회, 예수 탄생 1천5백 주년 기념제, 교황청이 면죄부를 발매
1503경 알프스 이북에 르네상스 발흥

정치	사회	문화
1504 갑자사화 일어남. 김굉필·권달수·윤필상·이극균·성준·박언·홍귀달 등 수십 명을 처형함		1504 경연을 폐함. 언문의 교수·학습을 금함
1506 박원종 등 왕을 폐하고 원자인 진성대군을 옹립함(중종반정). 폐왕을 연산군에 봉함	1506 연산군의 비행을 폭로하는 괘서사건 빈번	
1510 3포(부산·웅천·동래)에 왜란 일어남.	1509 강도 20여 명, 송화현 관아를 습격	1509《경국대전》《대전속록》을 간행함. 《연산군 일기》 완성
1511 학전 1백 결을 성균관에 줌. 유승조, 세목 10함과 성리학 연원취요(淵源攝要)를 올리고 유생 조광조 등을 천거함		
1512 일본사신과 약조를 맺어 세유선 및 세유미를 줄임(임신조약)		1513《삼국유사》《삼국사기》를 다시 간행

1507 신대륙을 아메리카라고 명명(주로 남미)

1511 명나라, 환관의 격심한 전횡

1511 포르투갈, 수마트라·자바 발견

1513 보아가 태평양을 발견

1513 이탈리아, 마키아벨리의《군주론》이 나옴

1516 영국, 토머스 모어의《유토피아》완성

정치	사회	문화
	1517 조광조 등 이학(理學)의 장려를 누차 건의함	1517 《소학》을 한글로 번역하여 간행. 최세진, 《사성통해》를 찬진
1519 조광조 사사(賜死)됨 (기묘사화)	1519 무학(武學)을 설치함	
1525 유세창·윤탕빙 등 모반하다 처형됨	1520 향약을 널리 장려함	1520 최세진, 《노걸대언해》《박통사언해》《노박집람》 등 편찬.
	1526 경기·강원·함경도에 열병이 만연함	
	1527 경복궁을 수리함. 재상차관(災傷差官)을 각지에 보냄	1527 최세진, 《훈몽자회》를 찬진
1529 비변사, 긴급한 대 사건은 의정부와 같이 의논하고 일반적인 것은 병조와 의논하여 조치하기로 함		1532 최세진, 《여훈(女訓)》을 한글로 번역하여 간행
		1534 조선의 기술자들이 명에 가서 이두석·역청·백철조작법 및 연금술을 습득함

1517 루터의 95개조, 종교개혁의 발단이 됨
1518 츠빙글리가 종교개혁을 주장
1519~1521 코르테스가 멕시코를 정복. 마야·아스테크 문명의 멸망
1519 교황이 루터를 파문
1525경 명나라에 대한 몽고족과 왜구의 위협
1532 에스파냐, 신대륙으로부터 은 수입 격증하여 가격혁명이 발생
1533 칼뱅이 신교로 개종
1533 잉카 제국 멸망
1534 로욜라·사비에르 등이 파리에서 예수회 창립(1540공인)

정치	사회	문화
1537 일본사신이 와서 통신사를 요청하였으나 허락하지 않음	1538《동국여지승람》에 기재된 것 이외의 사찰을 철폐	1538 천문 · 지리 · 명과학의 신서를 명나라에서 수입
	1540 전라도에 민란 일어남	1539 최세진, 《대유대주의》 《황극경세서설》을
	1543 풍기 군수 주세붕, 백운동서원을 세움 (서원의 시초)	찬진
1544 하삼도(下三道)의 죄인을 변방에 이주시킴. 고성 사량에서 왜변이 일어남		
1545 윤임 등이 사사됨(을사사화)		
1547 원상 폐지. 대마도와 수호조약을 개정(정미조약)	1550 백운동서원, 소수서원의 편액이 하사됨(서원사액의 시초)	1550 명에서 양명학이 들어옴
	1551 보우를 판선종사 도대선사로 함	1553 천문 · 의서를 간행. 경복궁 불탐.
1555 전라도 달양포에 왜변 일어남 (을묘왜변)		1555《경국대전주해》 완성

1541 제네바에서 칼뱅 종교개혁
1542 아일랜드 왕국 성립
1543 코페르니쿠스가 지동설을 발표
1547 비로소 러시아 이반 4세를, 공식적으로 전러시아의 차르라 칭함

정치	사회	문화
1557 어사를 8도에 파견	1557 황해도에서 민란 일어남	
	1559 임꺽정의 난이 일어남	1559 이황과 기대승 사이에 사단칠정에 관한 서신왕래가 시작됨
	1561 나주 토호 김응란·김언림 등 난을 일으킴	1561 이지함, 《토정비결》 지음
1563 명나라, 《대명회전》에 기재된 조선왕계의 잘못을 시정(종계변좌 일단락)	1562 황해도 농민봉기의 주모자 임꺽정을 처형, 난을 평정함	
	1566 개성 유생, 송악산 사를 불태움	
1567 명종 죽음. 후사가 없어 하성군(선조)에게 대통을 전함. 왕대비 수렴청정을 실시하고 원상을 둠		1568 이황, 《성학십도》 지음
		1569 이이, 《동호문답》 올림. 《칠대만법》 간행. 《월인석보》 (쌍계사판)
1570 전국적으로 대기근		
		1572 이이와 성혼 사이에 사단칠정에 관한 서신왕래가 시작됨
	1573 군적을 고쳐서 민간에 소동이 일어남	

1558 영국의 엘리자베스 1세, 왕위에 오름
1562~1598 프랑스, 위그노 전쟁
1564~1616 영국, 극작가 셰익스피어
1571 스페인이 마닐라시를 건설

정치	사회	문화
1575 심의겸 · 김효원의 파당이 서로 논쟁 · 배척하여 동서당론이 일어남(을해당론)	1575 신군적을 반포	1575 이이,《성학집요》를 올림
1579 이이, 상소하여 동서사류의 보합을 논함. 백인걸, 동서분당을 규탄함		1577 이이, 〈고산구곡가〉 지음
1583 신상절 · 신립 등 여진족을 격파. 이이, 〈시무 6조〉를 올림. 이이, 10만 양병설을 건의함		1580 정철, 〈관동별곡〉 〈훈민가〉 지음
		1585 《19사략통방》 내사. 권오복의 《수헌시집》 간행
1587 왜구 방비의 강화책으로 암행어사를 남쪽지방에 파견		1588 정철, 〈사미인곡〉 〈속미인곡〉 지음
1589 정여립 모반사건 일어남. 정여립 자살. 이발 · 이길 · 최영경 · 백유양 · 정언신 등 동인 다수가 처형됨(기축옥사)	1589 전국적으로 전염병이 만연	

1579 영국인, 최초로 인도에 옴. 아크바르의 종교령
1579경 신성로마제국, 반종교개혁 일어남
1582 예수회선교사 마테오 리치가 마카오에 상륙
1583 갈릴레이가 진자의 등시성 발견
1588 영국이 에스파냐의 무적함대를 격파, 해상권이 영국으로 넘어오기 시작함
1588 네덜란드공화국 성립(전국회의)
1589 러시아 정교가 그리스 정교로부터 독립, 러시아 총주교구 창설

정치	사회	문화
1590 일본통신사 황윤길 등 일본에 파견. 이 무렵 동인이 남인과 북인으로 나뉨 1592 일본 침략군 21만, 조선에 침입함. 임진왜란 시작됨. 이 때 사천해전에서 거북선을 처음 사용. 이순신 함대 제3차 출동, 한산도 앞바다에서 일본군을 대파하여 제해권을 완전히 장악함(한산도 대첩)		1592 이장손, 비격진천뢰를 발명

1590 도요토미 히데요시, 일본을 통일
1592 명나라 항복 장군 보하이가 영부에서 난을 일으킴
1592 스코틀랜드에서 장로파교회 성립
1592 폴란드 왕 지그문트, 스웨덴 왕을 겸함

백성을 위한 나라

첫판 1쇄 펴낸날 · 1997년 6월 20일

지은이 · 김정환
펴낸이 · 김혜경
편집주간 · 김학원
기획실 · 김수진 조영희
편집부 · 한예원 김선경 임미영
디자인 · 김진
영업부 · 이동흔 엄현진 강진호 김영회
관리부 · 권혁관 임옥희 우지숙

펴낸곳 · 도서출판 푸른숲
출판등록 · 1988년 9월 24일 제 11-27호
주소 · 서울시 서대문구 충정로 3가 270번지
　　　　푸른숲 빌딩 4층, 우편번호 120-013
전화 · (기획실) 362-4457~8 (편집부) 364-8666
　　　　(영업부) 364-7871~3
팩시밀리 · 364-7874

ⓒ 김정환, 1997

값 8,500원
ISBN 89-7184-119-2　04910(세트)
　　　89-7184-127-3　04910

우 편 엽 서

보내는 사람 :

이름 _____ 성별 남☐ 여☐

생년월일 _____ (만 세) 미혼☐ 기혼☐

직업 _____

전화 _____

주소 _____

☐☐☐ - ☐☐☐

우편요금
수취인 부담

발송유효기간
1997.1.1~1998.12.31
서대문우체국 승인
제168호

도서
출판 푸른숲

서울 서대문구 충정로 3가 270번지 푸른숲빌딩4층
전화 364-7871~3 팩시밀리 364-7874

1 2 0 - 0 1 3

독자카드

도서출판 푸른숲은 늘 독자 여러분의 오랜 격려와 채찍으로 나은 책을 펴내고자 노력합니다. 아래의 물음에 답하신 후 우체통에 넣어주시면 푸른숲 독자회원으로 등록되며 저희는 좋은 책을 펴내는 소중한 밑거름으로 쓰렵니다. 푸른숲의 독자가 되신 귀하를 진심으로 환영합니다.

회원 가입여부 : 기존 회원 □   신규 회원 □

구입하신 책 이름 :

구입하신 곳 :   예스24   서점

이 책을 구입하시게 된 동기 :
• 주위의 권유로 □→   ~로부터 권유받은 / ~로부터 선물받은
• 광고를 보고 □→
   광고를 본 매체
   ┌ 신문이나 잡지 이름 :
   ├ 라디오나 TV 프로 이름 :
   └ 지하철이나 기타 :
• 신간안내나 서평을 보고 □→
   서평을 본 매체
   ┌ 신문이나 잡지 이름 :
   ├ 라디오나 TV 프로 이름 :
   ├ 푸른숲 홍보물 :
   └ 서점이나 기타 :
• 서점에서 우연히 (□ 제목 □ 표지 □ 내용)이 눈에 띄어서
• 이미 (□ 저자 □ 푸른숲)을 알고 있어서

이 책을 읽고 난 느낌
• 내용이 기대만큼   □ 만족   □ 보통이다   □ 불만이다
• 재미   □ 좋다   □ 보통이다   □ 나쁘다
• 표지가   □ 좋다   □ 보통이다   □ 나쁘다
• 책값이   □ 알맞다   □ 비싸다   □ 썬 편이다

증가 읽는 책의 분야는
□ 시   □ 에세이나 좋아있는 읽을거리   □ 국내소설
□ 외국 번역소설   □ 교양상식   □ 철학
□ 실용   □ 기타 (   )   □ 역사   □ 과학

구독하고 있는 신문, 잡지 이름

증가 듣는 라디오 프로그램   TV 프로그램
책의 이름

최근에 읽은 책 중 기쁨 기억에 남는 책이나 푸른숲에 권하고 싶은 책?
책의 이름   출판사 이름

구입하신 푸른숲의 책을 읽고 난 소감이나 푸른숲에 바라는 의견

성의있는 답변 고맙습니다. 선물은, 저희 출판사에서 발행하는 책에 대한 신간 안내를 보내드리겠습니다. 주소가 바뀔 때에는 전화나 우편으로 미리 알려주십시오.